本著作获西安财经大学学术著作出版资助

丝绸之路经济带

交通低碳发展
及税收研究

张强◎著

中国社会科学出版社

图书在版编目（CIP）数据

丝绸之路经济带交通低碳发展及税收研究／张强著．—北京：中国社会科学出版社，2020.8

ISBN 978-7-5203-6699-1

Ⅰ．①丝…　Ⅱ．①张…　Ⅲ．①交通运输经济—低碳经济—研究—中国　Ⅳ．①F512

中国版本图书馆CIP数据核字（2020）第103420号

出版人　赵剑英
责任编辑　张　林
特约编辑　张　虎
责任校对　周晓东
责任印制　戴　宽

出　　版　中国社会科学出版社
社　　址　北京鼓楼西大街甲158号
邮　　编　100720
网　　址　http://www.csspw.cn
发行部　010-84083685
门市部　010-84029450
经　　销　新华书店及其他书店

印　　刷　北京明恒达印务有限公司
装　　订　廊坊市广阳区广增装订厂
版　　次　2020年8月第1版
印　　次　2020年8月第1次印刷

开　　本　710×1000　1/16
印　　张　18.5
插　　页　2
字　　数　285千字
定　　价　108.00元

目　　录

图目录

表 目 录

第 一 章

导　　论

第一节　问题的提出与研究意义

一　问题的提出

全球温室气体浓度逐渐上升，引致气候变暖，将影响人类的可持续发展。化石能源燃烧后排放出的 CO_2 是温室气体①的主要成分（占比约为 60%）[1]。随着工业化进程的加快，对化石能源的消费需求不断增加，排放到空气中的 CO_2 浓度增速也在不断攀升（图 1—1）。《BP 世界能源展望》（2017）报告中预测：到 2035 年全球能源消费将增长 30%，其中化石燃料占比为 77%，石油占比为 52%，[2] 而我国和印度能耗占比超过 50%。全球交通运输业能耗将位居行业第二，其中我国交通运输业能耗占比为 33%②。

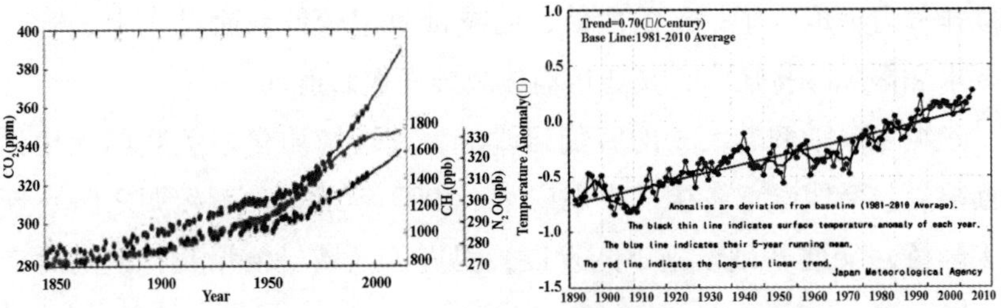

图 1—1　全球温室气体变化及地表温度上升趋势图

① 《京都议定书》规定削减的六种温室气体为：二氧化碳（CO_2）、甲烷（CH_4）、氧化亚氮（N_2O）、氢氟碳化物（HFCs）、全氟碳化物（PFCs）及六氟化硫（SF_6）。

② https://www.bp.com/zh_cn/china/bp-in-china/bp-group.html.

全球 CO_2 排放总量中，约 25% 来自交通运输业。近年来，交通运输业 CO_2 排放量增速最快，已成为全球温室气体第二大排放源[3]，2030 年全球交通运输业 CO_2 排放量将比 2007 年增长 41%。[4] 目前，我国 CO_2 排放总量占世界总量的比重约为 28%，交通能耗增速显著，[5] 交通运输业 CO_2 排放规模不断趋增，占全社会 CO_2 排放总量的比重约为 14%，行业排位第三，[6] 成为影响碳排放的重要行业。[7]

我国交通运输业能耗和 CO_2 排放增速均快于世界平均水平。基于人均能源占有量少、原油对外依存度高、交通运输业石油消费占比趋增①、交通运输规模快速增长的实际，面临国际碳减排压力等严峻形势，[8] 走节能减排、低碳交通的发展之路成为必然。

我国政府高度重视交通运输低碳发展。2010 年提出了“大力培育以低碳排放为特征的交通运输体系”②，2012 年党的十八大部署了“节约能源、低碳发展”战略，2015 年十八届五中全会提出“绿色、协调”等发展理念，“十三五”规划要求“推进交通运输低碳发展”③，党的十九大提出“美丽中国、绿色发展”的举措。④ 同时，我国政府向国际承诺到 2020 年、2030 年单位 GDP 碳排放比 2005 年分别降低 40%—45%、60%—65% 的目标任务。[9]

实践证明，国外发达国家课征碳税，有效地促进了节能减排，改善了环境质量，将碳税与碳交易制度协调搭配，更有效地矫正了环境负外部性、促进了低碳发展。我国现有的环境类税费政策及碳交易制度在抑制碳排放方面取得了一定的成效，但减排效率较低，面对“十三五”规划要求和国际减排压力，交通运输碳减排任重而道远。

丝绸之路承载着大量的客货运输流，其环境质量事关我国现代化建设新格局及沿线欧亚各国的生态安全。1990 年以来，新丝绸之路（新欧亚大陆桥）交通基础设施不断发展，促进了区域经济增长，但同时产生

---

① 2014 年交通运输业石油消费占比 37.7%，2020 年将为 57%。

② 2010 年 9 月 13—15 日，温家宝总理在天津举办的夏季达沃斯论坛中提出。

③ https://baike.so.com/doc/10958512-11495833.html?from=293152&sid=11495833&redirect=search.

④ http://cpc.people.com.cn/19th/n1/2017/1018/c414305-29595155.html.

了环境效应，引致碳排放规模不断增加；2013 年习主席提出了丝绸之路经济带[①]这条连接欧亚地区的国际运输大通道倡议，为我国境内沿线地区尤其是西部地区带来新的发展契机。西部地区交通运输业全要素生产率水平较低，其碳排放增速较快。在丝绸之路经济带一路向西、东西联动、全面开放的新格局下，未来交通运输规模将进一步扩大，碳排放省际转移态势将更令人堪忧。党的十八大报告提出，加快财税体制改革，转变经济发展方式，促进资源环境协调发展。为了促进可持续增长的节能减排绩效水平提升，推动丝绸之路经济带交通运输低碳发展，适时开征交通碳税显得必要而迫切。

二　研究意义

（1）理论意义

本书将交通碳税引入研究框架，模拟最优碳税税率，对于促进交通运输低碳发展提供了一个新思路。基于交通碳税综合效应的实证结果，借鉴国际成功经验，设计的碳税返还制度，验证了“双重红利”理论，拓宽了可持续增长理论的研究框架，对于丰富环境税制、完善低碳税收理论体系具有重要的理论意义。

（2）实践意义

第一，通过系统地梳理丝绸之路交通运输发展史及交通运输低碳发展政策，有助于全面了解丝绸之路交通运输网络发展，为预测运输需求、交通能耗、碳排放趋势及碳排放潜力，判断相关政策的实施效果等提供数据资料支撑。

第二，通过预测丝绸之路经济带交通运输碳减排绩效及省际差异，分析影响交通运输能耗及碳排放变化的核心因素，测算技术效率及技术进步因素对碳减排绩效的影响，对于促进减排技术创新、提升技术效率、降低能耗强度、优化交通运输结构等制度设计及对策建议提供实证支持。

第三，立足“十三五”规划要求和国际碳减排目标任务，设计促进“双重红利”效应实现的碳税制度，可以为交通运输低碳发展的税收政策

---

① 参见习近平主席在哈萨克斯坦纳扎尔巴耶夫大学关于“弘扬人民友谊，共创美好未来”的演讲。

优化提供参考，对于促进“绿色协调、美丽中国”可持续发展目标的如期实现，助推丝绸之路经济带国际交通低碳发展具有重要的实践意义。

第二节 基本概念与研究范围

一 丝绸之路经济带

丝绸之路是一条国际运输大通道。两千多年来，对于促进亚欧国家商贸往来、文化交流发挥了重要的作用。20 世纪 90 年代亚欧国家联手复兴丝绸之路，构建新亚欧大陆桥，2013 年习近平主席提出了新时期构建丝绸之路经济带国际交通、能源运输网络通道的构想。按时间段来划分，丝绸之路经济带国内段被分为两个阶段：一是 1992—2012 年的新丝绸之路（新亚欧大陆桥）——陇海—兰新铁路交通经济带。二是 2013 年以来的丝绸之路经济带——西北、东北及内蒙古、西南交通经济带。

本书研究的丝绸之路经济带属于第二个阶段，即新时期丝绸之路经济带的国内段部分，其沿线地区为西北五省、东北三省、内蒙古及西南四省，共 13 个地区。

二 交通运输低碳发展

为了应对全球气候变化，英国首次提出低碳经济概念①，并于 2007 年率先提出低碳交通②。我国于 2009 年明确提出了低碳交通概念，随着低碳交通战略的不断深入，这一概念的内涵不断完善。

低碳，国际上对其含义的解释有三类：①降碳。降低碳排放的相对规模，常用的指标为碳排放强度。②减碳。减少碳排放的绝对规模。③零碳。发达国家的碳排放变化呈现出“降碳→减碳→零碳”的特征，[5] 这种变化的本质是“低碳化”过程。处于工业化后期的发达国家进入减碳阶段，而处于工业化前中期的大多数发展中国家包括我国则处于降碳阶段。

低碳交通，其含义的解释有两种：①从强调低碳发展的视角，低碳交通被定义为：本着“降能、减耗、降污、减排”的目标，以提高交通

---

① 参见英国《我们能源的未来：创建低碳经济（2003）》，能源白皮书。

② 参见英国《低碳交通创新战略》，2007 年 5 月。

运输能效为核心，降低碳排放强度，调整交通运输能耗结构方式等，逐渐减少其碳排放量的低碳发展模式。②从强调满足交通运输需求的视角，低碳交通被定义为：能满足不断增长的客货运输需求，同时能降低交通运输碳排放强度的低碳发展模式。低碳交通的核心体现在不断“低碳化”的降碳过程，因此，低碳交通也被称为交通运输低碳化。

交通运输低碳发展是现代交通运输系统的发展模式。其含义分为两种：一是指交通基础设施建设、运输工具的生产及技术改造、运营管理工程建设等碳排放逐渐减少的过程（工业环节）①。二是指交通运输工具驱动的能耗所产生的碳排放（尾气）逐渐减少的过程（服务业环节）。主要体现为节能、减排方式，其特征主要体现为：①能源结构低碳化；②技术进步体系化；③结果效应重减排；④清洁运输系统化；⑤制度措施综合化。主要通过创新技术（低碳技术）、开发清洁能源（低碳能源）、调整产业结构（低碳产业）、完善体制（低碳政策）等方式，促进交通运输工具节能降耗、减排控污，逐渐改善环境质量，促进资源环境可持续发展。

本书交通运输低碳发展的含义界定为第二种——交通运输工具消费化石能源排放出 CO_2 逐渐减少的过程，其中，交通运输工具包含公路运输、铁路运输、民航运输、水路运输、管道运输，及私人乘用车、民用车辆、摩托车、农用车辆等运输工具，后续研究中的交通运输碳排放规模根据各种交通运输能耗进行测算，不涉及工业环节交通基础设施投资建设及运输设备制造环节的相关数据。

三　碳税

碳税概念有广义和狭义的界定，狭义的碳税，指碳税是个独立的税种，是对全部化石燃料（如原煤、石油、天然气等）根据含碳量按照低位燃烧热值测算或者直接监测的碳排放量征收的一种税；广义的碳税是混合税种，是将现行与环境相关的税种（资源税、消费税等）整合在一起形成的环境税制体系。按照不同税率，碳税可分为统一税率碳税、差别税率碳税。差别税率主要体现在不同地区、不同行业执行不同的税率

① https：//baike. so. com/doc/5512231 -5747991. html.

标准。

本书研究的碳税属于一个独立的税种，关于促进交通运输低碳发展的税收制度设计，需经论证并综合分析碳税的经济效应、能耗效应、减排效应、收入分配效应及社会福利效应。

目前，碳税已成为用来改善环境的有效工具。碳税可以通过影响价格促进碳减排，其作用机制可用模型来分析说明。图 1—2 中的 *MAC* 线代表边际治理成本，当政府不征碳税时，生产企业的碳排放量为 E_0，当政府课征碳税为 T 时，边际治理成本小于碳税，有利于激励企业碳减排到 E^* 位置，即边际治理成本等于碳税。课征碳税时若企业碳排放量还是 E_0，那么，企业承担的碳税便为 $a+b+c$ 的面积部分。若排放量减至 E^*，企业此时的总成本为 $a+b$ 部分，a 代表应纳的碳税，b 代表减排增加的成本。与未实施碳减排相比，其成本减少了 c 部分，这说明碳税可以刺激企业减排效应的产生。

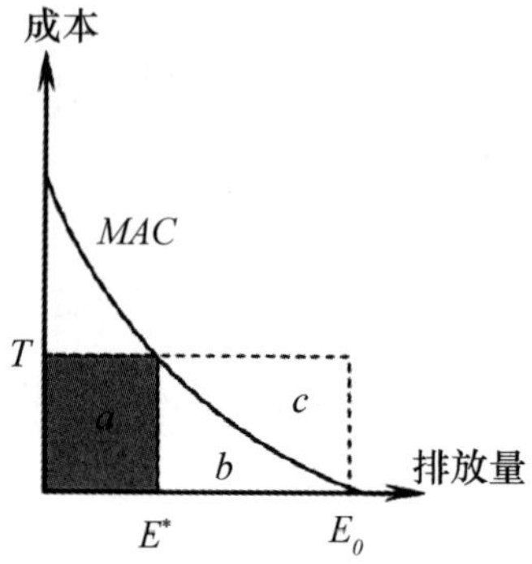

图 1—2 碳税影响价格与碳排放量关系

第三节 理论基础与文献综述

为了从税收角度探析交通运输低碳发展的政策制定，需要梳理支持低碳发展的相关理论基础，为后文政策制定提供理论铺垫。同时，在新的政策制定时，需要关注现有与低碳经济发展相关的财税政策取得的成效及存在的不足，为政策制定提供经验支持。

一　理论基础

碳税属于环境税，其理论基础与环境税相同，碳税的相关理论基础主要有公共产品理论、外部性理论、庇古税理论和双重红利理论。

（一）公共产品理论

萨缪尔森（Paul A Samuelson，1948）[10]认为，纯公共产品具有两大属性：非排他性、非竞争性。非排他性是指没有相应的技术手段将一部分人排除在公共产品的使用范围之外，或者排他成本较高。非竞争性是指每个人对该产品的消费都不会导致别人消费该产品数量的减少。公共产品的两大特性，决定了人们可以不付费来享用，从而造成公共产品供给不足，具体的作用机理如图1—3所示。

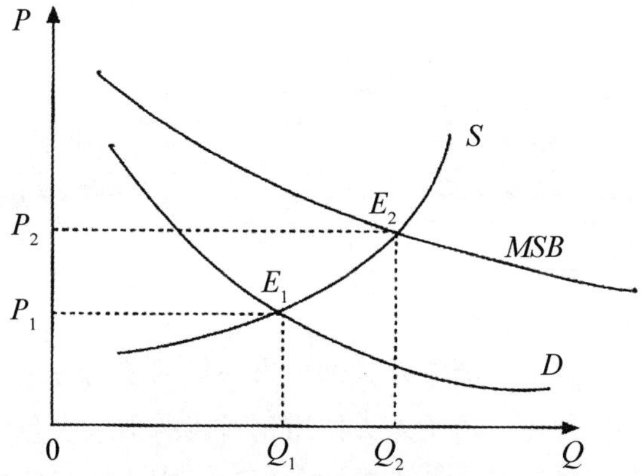

图1—3　公共产品的供给

个人边际收益曲线 D 与供给曲线 S 的交点 E_1 对应的 Q_1 为公共产品的最优供给量，由于公共产品的正外部性的存在，社会边际收益曲线 MSB 始终位于私人边际收益曲线之上，由此决定的社会最优供给量为 Q_2，按照市场价格 P_1 组织生产将导致社会产品供给不足。对环境这一公共产品征收 $\Delta P = P_2 - P_1$ 的碳税就能够弥补部分生产成本，增进整个社会福利，改善环境污染问题。

环境污染或向空气中排放的 CO_2 属于公共产品，具有消费的非竞争性，难以对污染物或排放物在共同消费的行为主体之间进行量化。限于环境的承载力，过度污染引致生态环境恶性循环，粗放式发展、高碳排放在当前发展环境下已不允许，走低碳发展、绿色生态之路成为必然。而治理环境需要资金保障，课征碳税不仅可以降耗减排，改善环境质量，还可以增加政府收入。

（二）外部性理论

新古典经济学派代表马歇尔（Marshall，1890）[11]最早提出了外部经济概念，通过分析企业自身受外部因素影响引致产量增加的逻辑，推导出了企业受外部因素影响引致生产费用增加的外部不经济的含义。尔后其他学者将其发展为外部性。外部性是指生产者或消费者的某项经济活动产生的成本或收益外溢，表现为私人成本与社会成本的不一致性，以及私人收益与社会收益的不一致性，对外溢出收益却得不到收益补偿，对外溢出成本却不承担成本费用，其分类如表1—1所示。

表1—1　　外部性分类表

正外部性	负外部性
社会收益 > 私人收益	社会收益 < 私人收益
社会成本 < 私人成本	社会成本 > 私人成本

现实应用中，常用经济学方法论分析环境问题的理论基础，便是常用的环境的外部性理论。由于人类使用化石能源引致大量的碳排放，对气候变化、生态环境等带来负面影响，因此，这种外部性被称为环境的负外部性。当消费化石能源的生产者为了获取自身最大的经济利益，按照私人生产成本最小化的决策，将具有负外部性的 CO_2 溢出到自然环境中，影响环境质量，其他行为主体（民众）被污染，增大了生存或消费成本却得不到受污染的经济补偿，增大社会成本。

图1—4属于环境负外部性模型，生产者的边际成本曲线 MC_P 位于社会边际成本 MC_S 之下，生产者和社会边际收益重合于曲线 D。MC_S 与边际收益曲线 D 的交点对应的产量 Q_S 代表了最优产量。但是企业做决策时，是根据自己的边际成本线 MC_P 与边际收益线 D 交点所对应的产量 Q_p 来组织生产活动，显然 $Q_p > Q_S$，这表明，在生产存在负外部性的情况下，产

能过剩，环境资源被过度利用，直接导致污染物过度排放，增大了社会成本。若课征碳税（t），将引致生产者碳排放成本增加，可以弥补环境负外部性损失，减少碳排放，降低对环境负外部性影响。

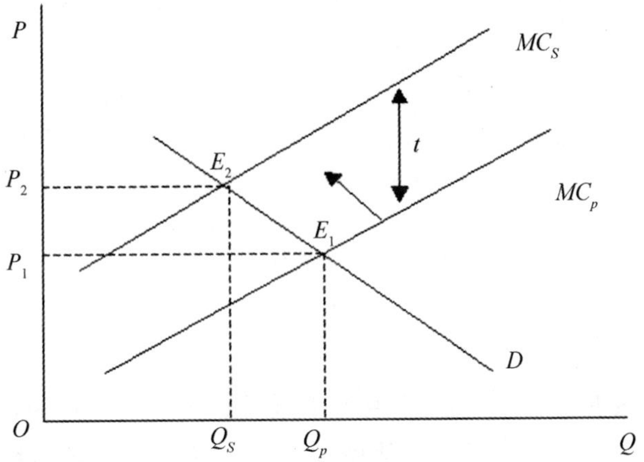

图1—4　环境资源的负外部性

（三）庇古税理论

环境负外部性引致社会福利损失、资源配置低效、有损公平，需要采取手段进行矫正。英国福利经济学家庇古（Arthur C. Pigou，1892）[12]认为，政府征税可将环境负外部性内部化，即政府通过征税或是发放补贴的形式调节私人成本与社会成本，私人收益与社会收益之间的差额，促成社会成本等于私人成本，社会收益等于私人利益。具体来说，企业生产导致环境污染，应该通过政府对污染环境的行为加收重税，对节能减排的企业发放政府补贴这两种形式进行调整，使私人与社会的收益与成本对应，使环境污染的成本内在化，提高环保的主动性，增加社会福利水平，其作用机制如图1—5所示。

社会边际收益 SMR 与私人边际收益曲线 PMR 重合（$SMR = PMR$），社会边际成本曲线 SMC 高于私人边际成本 PMC 曲线，取某一点的产量分别向横坐标做垂线，二者的纵向距离之差 XC 即为社会福利净损失，此时，$XC = SMC - PMC$，XC 为社会福利最大化水平下的最优碳税值，即碳税实质上是庇古税在碳减排方面的具体应用，通过征收碳税，使污染的

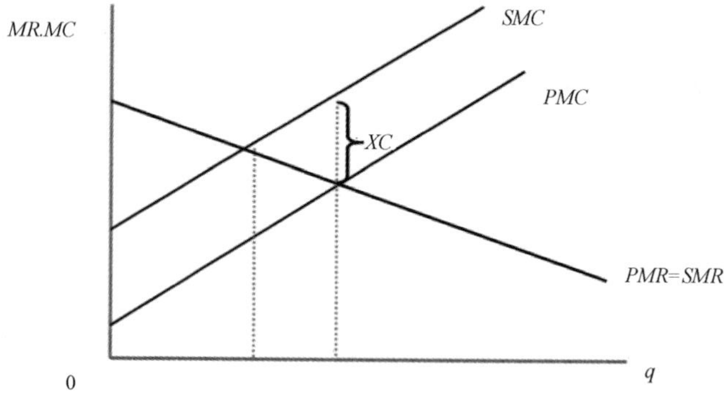

图1—5 庇古税模型图

外部成本内部化，有效实现二氧化碳减排目标。庇古税通过价格机制，引导市场资源达到最优配置，从税收中性立场更加强调效率原则，在减排目标固定时，这一手段的减排成本较低。

（四）双重红利理论

为了矫正环境的负外部性，皮尔斯（Pearce，1991）基于庇古税理论，最先提出了“双重红利理论”。

他认为，第一重红利——绿色环境红利，指碳税的税率等于排放污染物引致的边际环境效应损失时，便能实现环境负外部性的内化效果，将社会污染成本部分内化至生产（消费）行为中，尔后依据污染者的成本—收益变化形成促进减排的激励机制，这种促进减排的激励机制可以推动企业生产技术效率及节能减排技术进步，促进降能耗、减排放，逐渐改善环境质量。

第二重红利——蓝色经济红利，指开征碳税取得财政收入，同时调整财政支出及其他税种，那么，税收交叉重复部分的超额税负得以避免，对调整产业结构，平衡分配关系，促进社会公平，提高社会福利水平与保护环境起着双重的促进作用。其效应分为三种：①弱式双赢效应，指环境税制改革可以改善环境质量，消除所得税征收对个人投资、消费、储蓄带来的消极影响，充实财政资金。②强式双赢效应，指环境税制在改善环境的同时，优化现行税制结构，降低企业和个人税负，兼得双赢。

③就业双赢效应，指环境税收的设立长期能够增加就业。即遵循税收中性原则，在其他税收减少的空间开征碳税，总体减轻税负水平，降低雇主劳动成本，增加企业劳动力供求，创造新的就业机会。

目前相关研究大多数验证了碳税的绿色环境红利效应，而强式与就业双重红利的研究结论尚未统一。

二 相关文献综述

（一）国外相关研究综述

1. 碳税与经济发展关系研究

马歇尔（Marshall，1890）[13]提出的环境负外部性理论认为，征收大小为社会边际成本与私人边际成本之差的碳税，能够优化资源配置，并产生较好的环境效应。庇古（Pigou，1920）[14]将外部性运用到福利经济学的领域，提出了用税收来填补社会边际产值和私人边际产值之间的差值，提高整体社会福利，碳税实质上就是一种庇古税，在约束人们碳排放的同时，改善生产生活行为，长期来说，促进社会福利的提高。萨缪尔森（Samuelson，1954）[15]认为环境是纯公共产品，具有非竞争性，每个人都可以污染环境而不付出相应的经济成本，如果不加以治理，就会发生“公地悲剧”。征收碳税将提高环境污染成本，有效降低碳排放。皮尔斯（Pearce，1991）[16]认为环境税具有“双重红利”，既具有保护环境、节能减排的第一重红利，又具有优化税制、促进经济增长、提高就业的第二重红利。Krugman（1991）[17]最早用库兹涅茨曲线分析了环境污染绝对量与经济增长呈倒 U 形曲线关系，尔后，Dietz（1997）[18]、Agras（1999）[19]、Galeotti（2005）[20]等运用此分析法得到了一致的结论，即人均收入提高到一定的水平，在拐点之后，环境污染将得到抑制，同步实现低碳目标与经济发展目标；另一种则认为 EKC 关系不存在（Lantz，2006[21]；Richard，2010[22]）。治理环境污染的政策分为政令型、市场型、自愿型三种（Kemp，1997）[23]，庇古税、专项补贴、交易许可证、排污权、信息政策等（Hamilton，1998[24]；Sterner，2005[25]）是常用的市场型工具。面对国际能源价格波动的压力（Mulhall，2014）[26]，中国未来能源尤其是石油进口需求将很难得到满足（Yao，2014[27]；Odgaard 等，2015[28]），碳税可以成为提高能效、促进节能降排及再生能源发展等目标实现的一个有效工具（Vogler，2013[29]；Wu，2014[30]；Fan，2015[31]）。

2. 交通运输碳排放及空间转移研究

国外测算交通运输碳排放的方法较多且较早，主要的测算方法有：①交通能耗测算法。Gasparatos（2008）[32]等根据交通运输能耗对应IPCC的能源折合系数、碳排放系数等值，测算碳排放量的变化特征及未来道路运输业碳排放趋势。Christopher（2013）[33]构建交通运输规模与碳排放成本函数模型，分析了美国铁路等能耗，根据能耗计算碳排放量。②投入产出分析法。Lenzen（1998）[34]、Machado（2001）[35]、Bonilla（2015）等[36]依据投入产出表中各个部门数据，按照碳排放系数折算成碳排放。③情景预测分析法。多数学者采用了此法进行预测，主要有基于管理措施、化石燃料价格、车辆动力系统技术的低碳情景（David，2008）[37]，基于城市规模的低碳发展情景（Kei Gomi，2009）[38]，基于燃料经济性的情景（He 等，2011）[39]，基于能源利用效率等情景的碳排放测算（Cheng，2015[40]；Shukla，2015[41]）。

关于交通运输碳排放区域差异及空间转移研究，国外学者主要通过构建 GTAP - E、Merge、GREEN 等模型（Tobey，1990[42]；Copeland，1994[43]；Liddle，2001[44]；Clarke-Sather et al.，2011；Babiker，2005[45]；Levinson，2008[46]；Glaeser 等，2009[47]；Nakano，2009[48]），运用投入产出分析法（Marilyn，2009[49]；Peters，2011[50]；Su and Thomson，2016[51]）分析区域、国际碳排放差异及转移指数，揭示能源结构、能源强度等差异是影响碳排放空间差异化的主要原因，并提出了跨区域或跨国贸易活动引致碳排放空间转移的结论。

3. 交通运输碳排放影响因素及减排潜力研究

美国 Schipper（1996）[52]最早研究了交通运输碳排放问题，在研究交通运输能耗影响因素方面，实证测算方法主要有：①平均迪氏分解法（LMDI）。Mazzarino（2000）[53]、Haan（2007）[54]、Gonzalez（2009）[55]、Wang（2011）[56]、Zhang（2011）[57]、Chung（2013）[58]、Tiwari（2013）[59]、Azlina（2014）[60]、Jiang（2015）[61]等采取此分解法，实证测算得到了相似的结论：经济发展水平尤其交通运输周转量是影响交通运输能耗增加的重要因素，其对交通能耗的促进作用最为显著，贡献率约为99%；以能源强度为代表的技术因素是抑制交通运输能耗增加的重要因素，交通运输结构中的私人车辆占比上升引致客运能耗和碳排放不断增长。②Kaya 公式分解法。以 Xu 和 Lin（2015）为代表，将 2000—2012 年我国省际面板数据纳入非参数可加回归模型中，分析结果认为经济增长、私人汽车消费因素是影响交通能耗增加，引致碳排放增加的主要因素。③STIRPAT 模型分析法。Lin 等（2005）[62]引入城市化率和能源强度指标扩展 STIRPAT 模型，发现影响碳排放程度大小的因素依次为人口、城市化率、工业发展水平和能源强度。④Tobit 回归模型分析法。Cui（2015）等[63]构建 Tobit 回归模型，认为技术、管理、交通运输结构是影响交通碳排放效率的重要因素。近年来，Piecyk（2009）[64]将集中讨论和大规模 Delphi 调查方法引入模型中，加入财政等节能减排政策因素分析交通运输碳排放的影响因素渐成主流。

关于碳减排潜力研究。Yan 等（2009）[65]采用远距离替代能源模型（LEAP）法预测碳排放趋势、减排潜力。Crookes（2009）[66]引入低碳政策分析了公路运输业碳减排潜力。Phdungsilp（2010）[67]配合多准则决策方法分析能源与低碳政策的碳排放规模与结构，结论认为优化交通运输结构对于碳减排有促进作用。

4. 交通运输碳排放效率与减排绩效研究

国外关于交通运输碳排放效率研究主要有三种方法：①Mielnik（2004）[68]、Sun（2005）[69]等，采取单因素 CO_2 排放量与某一要素的对比法，这种方法忽略多变量影响，测算结果不能有效地反映变量之间的替代关系。②Zofio（2007）[70]、Zhou（2010）[71]、Li（2013）[72]等，通过构建时间序列的多维因素，分析其排放绩效的全要素和要素替代之数据包络分析（DEA）法。③William（2007）[73]、Dana（2016）[74]、Arun（2017）[75]等采取 Malmquist 指数法分析碳排放效率。

关于交通运输低碳发展政策评价研究，欧洲环境局（1998）首次构建 DPSIR 模型评价了交通运输低碳发展政策的运行情况。尔后 Marco 等（2000）[76]采取综合静态法，论证了成本—效益分析法评价气候变化的有效性。Chester（2008）[77]等用车辆尾气排放生命周期评价法检测了各类交通运输碳排放政策的效率。Zhou（2010）等[78]用自下而上的交通能耗方程，将相关实证研究更进一步。

5. 碳税效应研究

在国外，Quaas 和 Lange（2004）[79]、Kheder 和 Zugravu（2012）[80]将区域截面数据的环境问题引入新经济地理学研究范畴，Desmet（2014）[81]等增加时间变量，构建一般均衡模型（DGE），分析区域环境变化的低碳特征。尔后，Desmet 和 Rossi-Hansberg（2015）[82]等增加能源变量，通过 DGE 模型测算变量对人口流动、经济增长、社会福利等变量的影响，目前主要用一般均衡分析法研究碳税效应，并形成不同的学术观点。

碳税（环境税）的经济效应方面，Garbaccio（2000）[83]、Bjrner 等（2002）[84]、Richard（2003）[85]、James Hansen（2008）[86]、Jiang（2010）[87]、Miller 等（2013）[88]认为课征碳税利大于弊，他们认为碳税是促减排最经济效率的措施，会促进经济增长、改善能源结构及产业结构。但 Elkins（2001）[89]、Gerlagh 等（2005）[90]却认为碳税的负效应较大，使纳税人承担更多的税负，并对经济造成下行压力。

碳税福利效应方面，碳税具有累退效应，会造成低收入群体经济利益损失，引致社会不公平（Symons，1994）[91]，课征范围不同，碳税的累退效应、社会福利水平变化也会不一样（Speck，2000）[92]。保持碳税政策中性，将会促进福利效应增加，减少污染排放（William，1994[93]；Takeda，2006[94]），否则，会降低社会福利水平（Cornwell，1996）[95]。

碳税的收入分配效应方面，多数学者认为，碳税具有收入分配的累退性，低收入阶层的居民税负较高（Symons，1997[96]；Stefano，2009[97]）。开征碳税会对不同群体的收入带来损失，若采取收入再分配方式，可以减轻经济损失引致的边际超额负担（Creedy，2006）[98]；若将可预计的经济收入损失实施补贴或税式支出，那么，未来开征碳税对社会福利的损失就会减小（Simon，2006）[99]；若对高碳排放的化石能源课征碳税，对清洁新能源产品给予财政补贴，那么，既可以促进减排效应提升，也可以平衡收入分配的负效应，促进社会福利提升（Gregmar，2010）[100]。

碳税的能耗效应方面，Klaus（2002）[101]认为征收碳税，税率逐渐提高时，企业会减少产出、增大高能效的技术投资，提高能源效率。Anton 等（2013）[102]认为，若用碳税代替劳动税，则对提高能源效率、促进碳减排及增加社会福利带来益处。

碳税的环境效应方面，多数学者认为，课征碳税有利于保护环境，少数学者认为碳税的环境效应不明显。开征碳税影响化石能源价格上涨、优化能源结构、提高能源使用效率、促进清洁新能源对高碳能源的替代效应，碳税收入可用于技术研发，降低碳排放量（Baranzini，2000[103]；Toshihiko，2001[104]；Bruboll，2004；Floros，2005[105]）。Wissema（2007）[106]构建了可计算的一般均衡模型，模拟征收碳税的结果认为，碳税有助于爱尔兰能源消费与经济发展转向低碳化。Mun（2014）认为碳税在短期减慢经济增长速度，但促进碳减排效果显著①。Yin（2015）[107]将多因素纳入全球变化评估模型中，分析结果认为课征碳税除对客运部门影响不显著之外，降耗减排的整体效果较好。而 Klimenko（1996）[108]的实证结果却认为，碳税引致化石能源价格提升，降低居民生活质量，增加碳汇②比征税更能有效地降低碳排放。Gerlagh（2005）[109]构建局部均衡模型的分析结果认为，开征碳税促进碳减排效果不明显，引致环境效应不显著。Lin 等（2011）[110]认为芬兰课征碳税促进了碳减排，而在瑞典和丹麦这种减排效应却不明显，这可能与征税对象、税制税率的国际差异有关。

6. 碳税制度研究

科学设计碳税税率（Hofer，2010[111]；Kunert，2007[112]；Cohen，2008[113]；Fu，2012[114]；Chunark，2014[115]）、碳税优惠政策（Baranzini 等，2000）[116]、优化税制（Bruvoll，2004）[117]、适当的政策干预（Treffers，2005）[118]，可以减少交通运输碳排放量，冲抵碳税对经济增长带来的负面影响。

计税依据方面，Manne（1991）[119]认为碳税设计的目标是降低碳排放量，CO_2 排放量是碳税设计的关注对象，碳税应实行基于污染源消费量的从量税，而不是从价税。

最优碳税税率设计方面，应考虑产业竞争力（Lawrence，1994）[120]、化石能源的需求弹性（Rogge，1995）[121]、化石能源不同碳密度（Ber-

① 由哈佛大学工程与应用科学学院中国项目中心、未来资源研究所（RFF）访问学者 Mun Ho，2014 年 3 月在上海财经大学举办的“全球视角下的中国环境挑战”国际研讨会上提出。

② 是指通过植树造林、森林管理、植被恢复等措施，利用植物光合作用吸收大气中的二氧化碳，并将其固定在植被和土壤中，从而减少温室气体在大气中浓度的过程。

nard，1995）[122]设置差别税率。Benjaafar 等（2013）[123]认为，采取节能技术，优化经营决策可以促进碳减排。Tol（2008）[124]、Frank（2012）等[125]认为，碳税税率可按照福利最大化、生产零售的负外部性最小化目标进行设计，考虑区域差异化设计幅度税率。

征税环节方面，Bernard（1995）[126]认为，针对污染源征税较为可行，规避了碳排放检测的技术瓶颈，降低征管难度，根据化石能源含碳量估算碳排放量。Gilbert（2009）认为，选择生产线上游的能源生产厂商征税，便于税收集中征收，节约行政成本，提高行政效率。

配套措施方面，清洁能源与化石能源之间存在替代关系，清洁能源促进碳减排效果较为显著（Chen 和 Fan，2014）[127]。改善燃料质量、调高碳排放标准，可以降低能耗并减少碳排放（Kim，2008[128]；Ahanchian，2014[129]），相关配套措施需及时跟进。

综上文献可以看出，研究方法、研究范围、选取样本不同，得出的结论存在些许差异，但大多数学者认同碳税（交通碳税）有利于保护环境、提高能源效率、改善能源结构、促进经济增长、提升社会福利水平。

（二）国内相关研究综述

可持续发展要求技术进步推动经济转向集约式增长。目前，我国仍有一些高能耗、高排放的粗放式发展的行业，须进一步提高节能减排技术，走低碳发展之路（陈诗一，2009）[130]。与国外相比，我国低碳经济发展研究较晚，交通运输碳排放等测算方法也比较滞后，对交通运输低碳发展进行系统研究的较少，主要研究包括以下内容。

1. 交通运输碳排放及空间转移研究

关于交通运输碳排放影响因素研究，测算方法主要有：①STIRPAT 模型分析法。高标等（2013）[131]认为，柴油能耗过高的能源结构是引致碳排放量增长的主要因素。谢守红等（2016）[132]认为，产业结构、能源效率是碳排放量的主要影响因素。②VAR 模型及协整分析法。魏庆琦（2013）[133]认为，交通运输结构是影响交通运输碳排放的主要因素。张陶新（2012）[134]认为，交通能耗显著地促进了城市道路交通运输碳排放，经济增长对其促进效应具有逐渐弱增的时段性特征。朱长征（2015）[135]认为，交通运输能源强度和交通运输换算周转量对交通运输碳排放影响显著。③对数平均迪氏分解法（LMDI）。沈满洪（2012）[136]等扩展 Kaya

恒等式，用 LMDI 法将交通运输碳排放分解为多个因素的加权贡献值，对其划分时段进行研究。④GTWR 与 ESDA 分析法。肖宏伟等（2014）[137]认为，地区空间异质性影响了碳排放变化。李建豹（2015）等[138]认为，碳排放强度、人均 GDP、人均固定资产投资是影响碳排放的重要因素。张诗青等（2017）[139]认为，能源强度、交通运输结构、城镇化水平对交通运输碳排放的影响较为显著。

关于碳排放空间差异研究，主要聚焦在以下三个方面：①通过探索性空间数据分析法（ESDA），测算数据变量的地理空间相关性，并将其可视化为 Moran's I 散点图或分布图（许海平，2012[140]；吴玉鸣，2013[141]；武红，2015[142]；张翠菊，2017[143]；李灵杰，2018[144]）。②采取Theil 指数法（卢升荣等，2017）[145]、ER 指数及 Dagum 系数法（宋德勇等，2013）[146]测算碳排放相关指标，并将其可视化为分布图。③运用社会网络分析法，构建碳排放空间关联网络结构，将其可视化为空间网络联系图（孙亚男等，2016）[147]，分析省际碳减排的协同效应。

关于碳排放空间转移研究，主要方法有三种：一是碳排放转移指数法（张为付等，2014）[148]，根据指数值判断碳排放省际转移情况。二是投入产出分析法（李磊，2012[149]；孙立成，2014[150]；彭水军，2016[151]；钟章奇，2018[152]），引入贸易等因素构建测算模型，分析地区碳排放转移情况。三是空间计量经济模型法（刘佳骏，2015[153]；林伯强，2016[154]；张友国，2016[155]），测算碳排放相关指标 Moran' s I 指数值、碳排放溢出效应，判断区域碳排放转移情况[156]。

2. 交通运输能耗及减排潜力研究

测算交通运输能耗方面。刘建翠（2011）[157]基于线性回归法，测算了 2050 年我国交通运输能耗与碳排放，估算了节能潜力。高标（2013）[158]根据交通运输能耗量估算碳排放量趋势，认为吉林地区柴油能耗占比过高是引致碳排放增长的重要因素，基于可拓展的随机性环境影响评估模型（STIRPAT）的测算结果认为，交通运输能耗强度对碳减排影响为 -0.2247%。方国斌（2016）[159]用 DEA 与 GWR 分析法的测算结果认为，地理差异因素对交通运输能耗效率影响较弱，综合交通运输能力是引致地区能耗规模及效率趋增的主因。柴建（2018）等[160]构建贝叶斯结构方程模型（BSEM），用路径分析法筛选出影响交通能耗的主要因素，构建 VAR 模型分析了变量之间的长期动态关系，用 BVAR 模型测算我国未来交通能耗。

检验交通运输减排潜力方面，主要采取长期能源替代规划系统模型（LEAP）分析法。杨柳（2015）[161]对北京各种车辆碳减排潜力进行测算，结论认为，低碳政策的减排效果在不同的车辆均有所呈现，限购、限行、电车、轨道交通具有较大的减排潜力。王会芝（2016）[162]对天津市城市交通能耗及碳排放进行预测发现，限购、限行对 2020 年的天津交通能耗、碳排放抑制效应显著。马海涛（2017）[163]对京津冀公路客运交通碳排放的测算结果认为，京津冀尤其是河北地区的碳减排压力增加显著，可采取不同控制情景改变碳减排潜力。

3. 交通运输碳减排绩效研究

目前，碳排放问题已受到各个行业的关注，绿色技术水平（张宇，2014[164]；景维民等，2014[165]）、能源强度、产业结构（邓荣荣，2016[166]；马大来，2017[167]）、环保能力、对外开放（周杰琦等，2017）[168]等因素对碳排放规模和强度的影响较为显著。关于交通运输碳减排绩效测算法主要有以下三种。

（1）对数平均权重（LMDI）分解法。主要从某个地区（吴开亚等，2012）[169]、经济区（李健等，2017）[170]、经济区域（袁长伟，2017）[171]）、全国（欧阳斌等，2018）[172]的研究视角，测算能源结构、能耗强度、运输强度、运输结构等多因素对碳排放规模、强度的影响效应，分析各变量对碳排放的贡献率，分析结果认为技术因素对碳排放效率有正向促进作用，而其余变量则相反，对碳排放效率有负的抑制作用。推动技术进步、制定差异化的碳减排政策可以提高区域交通运输碳减排效率。

（2）动态变化的 Malmquist 指数分析法。王亚华（2008）[173]基于我国交通运输部门全要素生产率变化数据，用 Bootstrap 法判断技术效率置信区域的测算结果认为，2000—2005 年交通运输业技术进步增幅迅速，技术效率降幅减弱，促进了碳减排绩效的提升。王群伟（2010）[174]测算全国碳排放绩效、省际差异及成因分析，他认为技术进步年均增速约为 3.3%，促进碳减排绩效的提升趋于收敛，西部→东北、中部→东部地区的碳减排绩效渐增，区域差异逐渐减小。张璐璐（2017）[175]选取长三角城市样本，应用数据包络分析法及超效率模型分析了公路运输效率，运用 DEA-Malmquist 指数法分析了公路运输全要素生产率的时空差异，结论认为技术进步、规模效率有助于碳减排绩效的提升。

（3）固定影响变系数模型分析法。柴建（2017）等[176]选取各种方式的交通运输流量指标和交通运输碳排放指标，通过此模型分析对比了美、日、欧盟和我国的交通运输结构对碳排放绩效的影响效应，认为低碳化的运输结构对碳减排绩效提升有促进作用，铁路、水运周转量占比与交通运输碳减排绩效呈同方向变化，公路、民航则相反。

4. 碳税效应研究

我国到 2030 年经济快速增长的潜力较大，但是资源环境压力渐增影响了经济社会发展的协调性，需要转变发展方式促进节能减排（许宪春等，2011）[177]，走中国特色的低碳发展之路，实施财政政策（邓子基，2010）[178]，开征碳税，改革税制，完善配套措施，是一项必要而有效的举措（苏明等，2009[179]、2011[180]）。

课征碳税会影响宏观经济、碳排放的变化。国内主要以四种实证分析法测算了碳税的经济效应、减排能耗等效应。①综合能源系统优化模型（Markal-Macro）法。主要观点为设置最佳税率课征碳税将引致 GDP 减少，但有利于碳减排（高鹏飞等，2002）[181]）。②投入产出分析法。考虑动态碳税调节机制设计最佳税率，可以促进碳减排，降低对宏观经济的负面影响（杨超，2011）[182]。基于我国区域发展差异，从不同污染责任的角度（生产、消费）设计碳税，可以刺激产业竞争力提升，西北、东北等落后地区适宜选择消费责任（环节）课征碳税法（潘文卿，2015）[183]。③可计算的一般均衡模型（CGE）法。贺菊煌等（2002）[184]最早采取 CGE 模型研究碳税经济效应。目前用此种方法模拟的结论主要有三种：一是我国开征碳税有利于提高能效，但会抑制经济增长和就业（王灿，2005）[185]。二是不同情景下的生产性与消费性碳税可以促进碳减排，刺激经济增长，但会减少居民收入（朱永彬等，2010）[186]。三是碳税具有双重红利效应。组合差异化的碳税税率、能源利用率、碳税收入分配方式等要素，对能源消费环节征税，保持税收收入中性，降低居民所得税税负，既能促进碳减排又能提高社会福利水平（梁伟，2013[187]；娄峰，2014[188]）。④GQR 与双重差法。不同国家实施无差异的环保税可以降低环境污染在空间转移的概率（叶金珍，2017）[189]。

5. 碳税政策研究

基于我国《新车船税法（草案）》，交通碳税研究成为重点（蔡博峰，2011）[190]，相关研究主要聚焦在以下四个方面。

（1）开征碳税原则研究

张海星（2015）[191]认为，碳税解决的关键问题是长期有效地控制碳排放，应对全球气候变化，应立足国情，本着“总量+价格”混合调控的思路，采取碳排放交易制度与碳税政策双推进的方式发展低碳经济。

段茂盛（2015）[192]认为，碳税政策具有双重效应，设计碳税时需兼顾减排效应与经济效应，考虑碳税与其他相关政策制度的协调性。

刘建梅（2016）[193]认为，碳税设计需兼顾环境效应与经济效率、发展质量与增长速度、创新技术与结构调整的协调发展。

傅志华等（2018）[194]认为，在促进碳减排方面，碳税与碳交易制度并行互补，碳税侧重公平调整，碳交易侧重效率提升，我国应开征碳税，配合碳交易制度共促减排绩效的提升。

（2）碳税效应研究

国内关于碳税政策研究的观点主要有两种：有的学者认为，我国位处交通能耗库兹涅茨曲线之左，若开征资源环境类税种，对于降低交通运输碳排放强度的作用不大（魏庆琦，2013）[195]。多数学者认为开征碳税有助于碳减排，目前与交通运输相关的碳税效应研究主要有以下五点。

一是新车船税+碳税。符淼（2015）[196]通过 TREMOVE 模型分析认为，两种政策同时实施，促进我国未来碳减排、低碳交通发展、社会福利改变的效应显著。

二是多式联运交通碳税。陈雷（2015）等[197]构建货运碳排放成本最小化函数，设置碳排放规模、转运货运方式等约束条件检验结果认为，碳税促使交通运输成本降低、减少碳排放。

三是汽车碳税。李峰（2016）[198]认为，课征汽车碳税，配备差幅补贴引致居民收入分配整体和分配结构更趋公平，碳减排效果更好。

四是复合碳税。李剑等（2017）[199]认为，对生产和零售环节课征碳税并实施碳交易，课征碳税引致能源加价而抑制碳排放，减排投资下的碳交易制度引致生产成本增加而抑制生产环节的碳排放，若协调降低成本则促进碳减排效果较好。

五是航海碳税。张丽（2018）[200]认为，课征航海碳税有助于推动船舶新燃料研发技术的进步，降低航运成本，加速航运绿色发展进程。

（3）改革现有环境税研究

马蔡琛等（2018）[201]认为，后哥本哈根时期，我国应以改革能源税及碳税为重要内容，提高环保税支出效率，补充完善环保税政策。李茜等（2018）[202]认为，改革现有环境类税费——车辆购置税、消费税、燃油税、停车费、拥堵费等，引导交通运输需求总量、交通运输结构调整，有助于提高交通运输低碳发展效率。

（4）设计碳税政策研究

考虑到征管成本、征管技术水平、宏观经济影响、减排政策的导向性因素，我国应开设独立型碳税（高萍，2011）[203]。

碳税税率方面，姚昕（2010）[204]认为，碳税税率设计应考虑我国经济发展特征，基于经济增长条件下的社会福利最大化税率，有助于提高能效、优化产业结构、促进碳减排。司言武（2010）[205]认为，若环境税（碳税）税率高于庇古税税率，环境税的双重红利效应便会呈现。周艳菊等（2017）[206]认为，对高碳排放的加工制造业课征碳税时，税率制定应将零售市场竞争力及环保意识考虑其中，尽量减少社会福利损失。

税收优惠方面，碳税对居民收入具有累退效应，采取有差异的梯度式碳税补贴可以减慢累退速度（樊勇等，2013）[207]。立足促减排增就业的双重红利目标，碳税设计时需考虑碳税收入返还等优惠政策。陆旸（2011）[208]通过 VAR 等模型分析结果认为，采取定额税率征收碳税，并减少个人所得税，保持税收中性与结构性平衡，将有望实现碳减排与增就业的双重红利效果。毛艳华等（2014）[209]认为，不同经济社会发展水平的地区，应实施有差异的比例税率课征碳税。许士春等（2016）[210]通过动态 CGE 模拟结果认为，采取定额税率课征碳税，运用税收返还制度可以减少税收负效应；行业不同税收优惠应有差异，税收返还给居民对社会福利提升的效应显著；对企业所得税采取优惠措施，有利于调整产业结构；对企业生产环节实施优惠或税收返还，其降耗减排、促就业的效果更好。李虹等（2017）[211]认为，改革现有资源税，征收环境税，并降低个人和企业所得税，有利于地区经济增长与环境保护。

征税环节方面，中国环保部环境规划院的王金南（2015）[212]认为，我国应该选择消费环节征税，直接将碳排放成本附加在消费者身上，可以更好地实现减排效应。

配套措施方面，欧阳斌（2014）[213]认为，发展低碳能源，创新低碳技术，提高能效，优化交通运输结构，强化需求管理是很有必要的。李茜（2016）[214]认为立足成本—效益，完善我国低碳技术、排放标准、经济效益、统计监管等系统性政策。崔强（2018）[215]认为，提高国内交通运输低碳发展技术研发效率，引进国外低碳交通前沿技术，全面推广节能减排应用，加强交通运输效能管理，推动我国交通运输低碳发展。

（三）简要述评

综观国内外可查阅到的相关文献，国外从理论分析和实证研究方面均早于我国，且实证方法较多，测算指标系统且方法较为前沿，结合国外发达国家开征碳税政策的检验结果，为我国研究交通运输碳排放、交通运输低碳发展的税收政策提供了丰富的思路，但同时也存在以下不足之处：

（1）研究范围主要聚焦在国家、区域或某一地区层面上，对西部地区关注较少，缺少专门针对“丝绸之路经济带”交通运输低碳发展方面的研究。

（2）从碳税政策角度系统地研究交通运输低碳发展的文献较少。

（3）系统测算区域各种交通运输方式碳排放空间分布、转移特征、减排潜力、低碳政策减排绩效，并设计交通碳税制度的研究更是少见。

鉴于此，本书选取丝绸之路经济带这一具有特殊战略意义的区域作为研究对象，梳理丝绸之路经济带交通运输发展简史、交通运输低碳发展政策简史，构建多种实证模型，测算交通运输碳排放空间分布及空间转移、能耗及碳减排潜力、低碳政策减排绩效，模拟交通碳税税率，设计交通运输低碳发展的碳税制度，提出优化税制及相关配套措施，以期为丝绸之路经济带交通运输低碳发展的税收政策设计提供实证支持和政策参考。

第四节　研究内容与研究方法

一　研究内容

本书的研究内容分为八个部分：

第一章，导论。主要包括问题的提出及研究意义，界定基本概念及研究范围，理论基础与文献述评，研究内容、方法和创新点。

第二章，丝绸之路经济带交通运输发展简史。梳理了丝绸之路三个历史时期的形成过程、路线走向、交通运输发展、运输通道建设及历史意义。

第三章，我国交通运输低碳发展政策简史。梳理我国不同时段的交通运输发展法律制度与促进交通运输低碳发展的财税政策，评估相关政策制度的实施效果及不足。

第四章，丝绸之路经济带交通运输碳排放趋势及空间转移分析。纳入民用车辆碳排放指标，全口径测算各种交通运输方式的碳排放，碳排放空间分布特征及空间转移趋势。

第五章，丝绸之路经济带交通运输能耗及碳排放潜力分析。通过构建贝叶斯结构方程模型，采取通径分析及 VAR 模型分析影响交通能耗的变量之间的动态关系，通过 Gibbs 抽样，构建基于贝叶斯参数估计的 BVAR 模型，预测丝绸之路经济带交通运输能耗规模；构建 STIRPAT 模型，设置不同情景，预测交通运输碳减排潜力。

第六章，丝绸之路经济带交通运输碳减排绩效分析。通过 LMDI 分解法，分析核心因素对交通运输碳排放的影响效应，判断相关减排政策的实施效果。并基于 DEA 模型的 Malmquist 指数法，构建交通运输碳减排绩效模型，测算交通运输碳减排绩效及省际差距。

第七章，丝绸之路经济带交通运输低碳发展的碳税政策模拟。构建 CGE 递推动态模型，纳入各种类型的交通运输部门能耗、碳排放等因素，模拟分析不同的碳税税率、能源利用效率、碳税收入使用方式等情景下的碳税效应。

第八章，主要结论与政策建议。总结主要研究结论，提出促进丝绸之路经济带交通运输低碳发展的税收政策建议及配套改革措施，并对今后拟研究方向进行了展望。

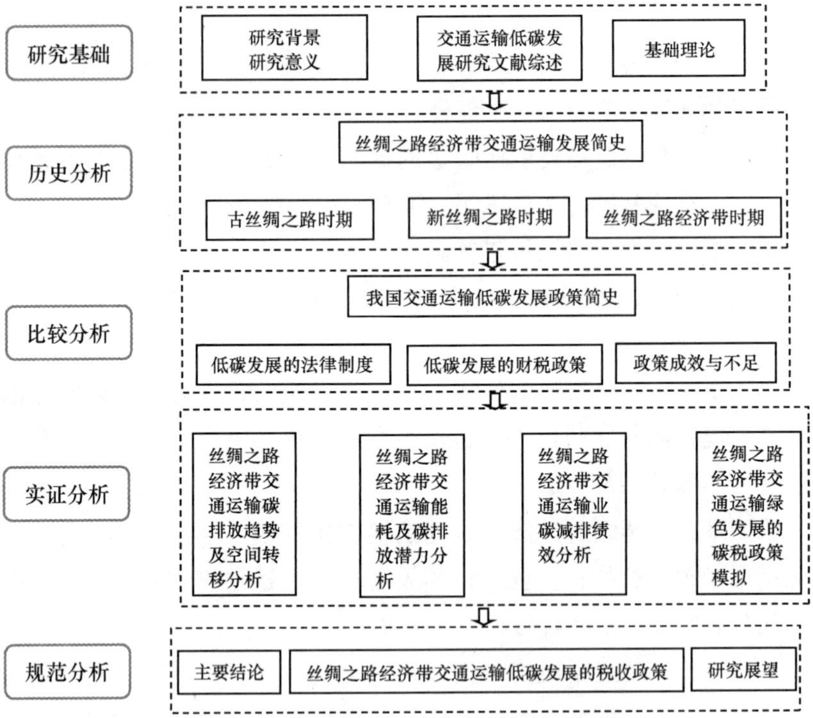

图1—6 研究框架图

二 研究方法

本书采用的研究方法主要有：

（1）实证分析与规范分析相结合。实证分析主要分析是什么的问题。规范分析以价值判断方法分析应该是什么的问题，科会科学问题分析一般基于规范分析进行实证分析，经实证检验后得到规范分析结论，比如政策建议应用于实践中，制度设计政策建议属于规范分析的范畴。在第四至六章中运用了多种统计、动态计量经济学分析、柯布—道格拉斯生产函数等方法测算碳排放、减排潜力、减排绩效等，为丝绸之路经济带交通运输低碳发展的税收制度设计及政策建议做好铺垫。在第八章税制设计与政策建议部分运用规范分析法，基于相关基础理论，结合检验结果，设计交通碳税课税制度，提出促进交通运输低碳发展的配套措施。

（2）历史分析和比较分析相结合。丝绸之路发展至今，其交通运输发展情况、碳排放时空特征等分析，需要采用比较分析与历史分析相结合的方法，正如第二至三章中描述的丝绸之路交通运输发展简史、交通运输低碳发展政策制度。第四章中采取横向比较与纵向对比相结合的方法，分析了丝绸之路经济带沿线 13 个省区交通运输碳排放趋势、时空分布差异，以及第六章中不同地区交通运输碳减排绩效对比，第七章中两种不同碳税税率的模拟结果比较，这有助于分析变量间的关系特征及政策设计。

（3）定性分析与定量分析相结合。本书研究目的是设计交通运输低碳发展的税收政策。全书贯穿了定性描述和定量论证，第一章中的概念界定、理论基础、相关文献综述、交通运输发展史及低碳发展政策等属于定性分析。同时，为了使研究结论更严谨，第四至六章基于不同实证模型方法对丝绸之路经济带交通运输碳排放、减排潜力、减排绩效、税率模拟等进行定量分析，分析变量之间的关系，验证定性结论，通过测算与检验碳税效应及其合理性，定性提出了具体的税收政策建议。

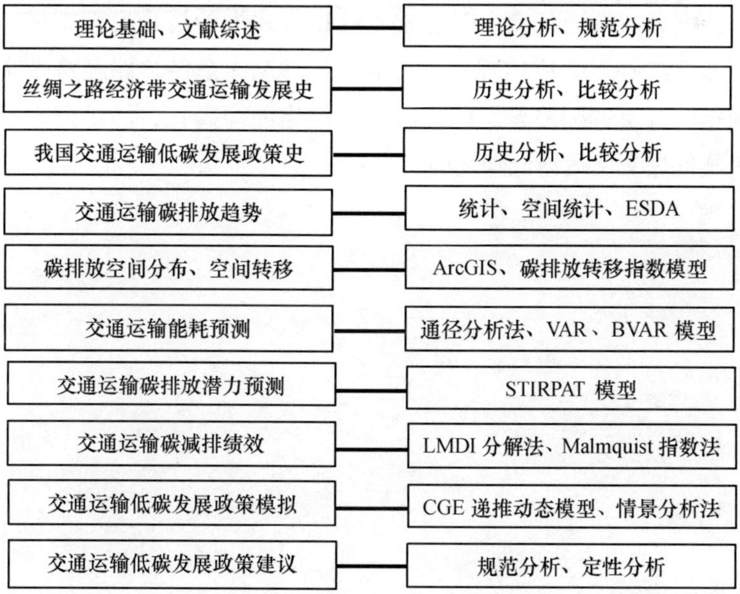

图 1—7　具体研究方法图

第五节　创新之处

（1）研究视角的创新。首次基于碳税视角研究丝绸之路经济带交通运输低碳发展，系统梳理了丝绸之路交通运输发展及低碳制度制定历程，模拟了最优交通碳税税率，提出了促进交通运输低碳发展的税收政策，实现理论研究上有所突破。

（2）研究样本与变量的创新。为了解决传统研究存在的“单纯因素分析、单纯碳排放预测、单环节模拟课税、不能综合考虑经济现象的系统性、复杂性”等问题，本书采取因素影响机理分析→关键因素筛选→VAR 动态关系检验的逻辑体系，科学筛选影响丝绸之路经济带交通运输能耗与碳排放的主要变量，结合丝绸之路经济带国内段 13 个省区发展实际，改进多种实证模型，测算了各种交通运输部门的碳减排潜力、碳减排绩效；同时，在递推动态 CGE 模型中，优化设置政策变量、模拟比例、定额两种不同税率下碳税的综合效应，对比分析择优选择碳税税率。

（3）政策建议的创新。立足“十三五”规划要求和国际碳减排目标任务，依据分析结论及最优碳税收入返还方式下的情景模拟结果，设计促进“双重红利”效应实现的碳税制度，并基于丝绸之路经济带交通运输碳减排绩效及省际差异实际，提出了构建能源高铁，优化交通运输结构等措施促进交通运输低碳发展。

第 二 章

丝绸之路经济带交通运输发展简史

本书根据丝绸之路交通线路的变化将其发展历程分为三个时期：一是古丝绸之路时期（公元前 115 年—公元 1992 年）；二是新丝绸之路时期——新亚欧大陆桥时期（1992—2013 年）；三是丝绸之路经济带时期（2013 年至今）。

丝绸之路的名称主要来源于中国古代与中亚、南亚、西亚以及欧洲等国家和地区开展经济交流，由于当时科技水平有限，人们的交通工具主要依赖动物驮运，而且主要是陆路交通，中国与其他国家或者地区的贸易主要以丝绸、茶叶、珠宝、器皿、玉石、香料等为主。当时《史记》把从中国到上述地区的经济通道称为“外国道”①，到了 19 世纪 70 年代，德国地理学家李希霍芬（Ferdinand Von Richthofen）首次提出了丝绸之路之名②。本章的古丝绸之路是指从西汉时期张骞出使西域开通丝绸之路开始，直到 1992 年新亚欧大陆桥正式通车为止。

古丝绸之路线路走向：从兰州往西到新疆维吾尔自治区，我国地理特征是西高东低，昆仑山、天山山脉是东西走向，祁连山山脉是东南走向，因此发源于这些山脉的河流也是东西流向居多。由于有冰川融化形成的泉水或者河流，在塔里木盆地边缘以及天山脚下形成了数量众多的城邦和村镇，虽然丝绸之路部分地段不可避免地要经过荒无人烟的戈壁

---

① 《史记·大宛列传》：自骞开外国道以尊贵，其吏士争上书言外国奇怪利害，求使。

② 参见李希霍芬（Ferdinand Von Richthofen）的著作《中国，亲身旅行的成果和以之为根据的研究》。

和沙漠，但只要前进的方向正确，那些天然的绿洲和城镇，为远道而来的丝路商人提供了必不可少的休歇场所，游牧民族已经在相邻城邦之间初步开通了往来通道。从《史记》所描述西域当时情况可以知道，早在张骞出使西域前200多年，西域就建立过50多个绿洲城邦小国，互相之间以及与中亚各国之间已经有了比较频繁的商贸往来，这些前期基础为丝绸之路的全线贯通，提供了必要条件，降低了丝绸之路贯通的难度。

据历史学家考证，丝绸之路通道可以分为东段（古长安到西域段）和西段（西域到欧洲段）。东段路线一般认为有北线、中线和南线三条：北线是从关中地区的古长安出发经漠南过张掖、嘉峪关，再顺着天山南坡和北坡的绿洲进入西域，即所谓的“草原路”；中线是从关中地区翻越陇山和甘肃省西北部祁连山，然后进入河西走廊，再进入西域，即所谓“河西路”；南线是顺着祁连山南坡向西走，逆湟水河上（今西宁河）至青海湖，再经由柴达木盆地到达今新疆若羌，最后再从塔里木盆地边缘进入西域，即所谓的“青海路”。

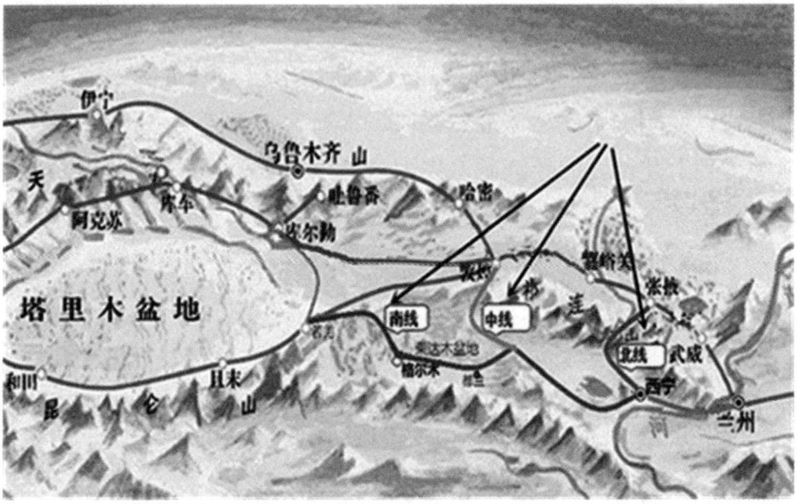

图2—1　古丝绸之路东段走向图

资料来源：徐萍芳：《丝绸之路考古论集》，上海古籍出版社2017年版。

古丝绸之路通道西段（西域到欧洲段）一般认为也有北线、中线和南线三条。

北线：从瓜州（现酒泉瓜州县）—哈密—北庭—乌鲁木齐—昌吉—精河—伊宁—阿拉木图—托克马克—沿咸海、里海、黑海的北岸—萨莱（俄罗斯）—萨克尔—伊斯坦布尔（君士坦丁堡，今土耳其城市）—古罗马帝国。

中线：从瓜州（现酒泉瓜州县）—吐鲁番—轮台—库车—阿克苏—喀什—杜尚别（塔吉克斯坦境内）—塔什干（乌兹别克斯坦境内）—康居国（哈萨克斯坦境内）—马什哈德（伊朗境内）—哈马丹（今阿曼境内），然后继续向西到巴格达与南线汇合。

南线：从瓜州（现在酒泉瓜州县）—敦煌—若羌—于田—莎车—塔什库尔干—帕米尔高原（可由克什米尔进入巴基斯坦和印度），然后继续向西经兰氏国（今克鲁伦河下游至呼伦湖一带）—赫拉特（阿富汗境内）—赫卡托姆皮洛斯（可能位于如今的伊朗达姆甘和沙赫鲁德之间）—巴格达（伊拉克）—大马士革（叙利亚）—君士坦丁堡（伊斯坦布尔）—古罗马帝国。

第一节　新丝绸之路时期的交通运输发展简史

一　新丝绸之路形成

历史的车轮前进到了20世纪80年代，一方面日本和西欧等发达国家经过了第二次世界大战后的黄金发展时期①，物质财富得到了极大的发展，希望输出多余的资金、技术和管理经验，从而获得继续发展的资源；另一方面中国、中亚和东欧发展中国家为了促进本国经济发展，也希望得到资本、技术和经验的帮助。为了顺应亚欧各国发展需要，1990年9月12日，中国铁道部副部长与苏联铁道部副部长共同见证了中国兰新铁路西延线和苏联土西铁路的顺利接轨，从而打通了第二条“亚欧大陆桥”，为了与1971年建成通车全长约为13000公里的西伯利亚大陆桥相区别，人们把这条铁路称为“新亚欧大陆桥”，与原西伯利亚大陆桥相比较缩短了近2100公里路程。它东起太平洋西岸中国连云港，自东向西分别

---

① 具体指20世纪50—70年代。

经过江苏、陕西、新疆等 7 个省、区，最后从新疆阿拉山口口岸进入哈萨克斯坦，把沿途的东亚中国一直到西欧荷兰等 40 余国串连起来，经过国家国土面积达到地球陆地总面积的 26.6%，人口总数接近 23 亿。如此多的国家、众多的人口、丰富的矿产资源、互补的技术水平等条件都为开展国际贸易提供了坚实的消费基础。因此本书将 1992 年 12 月 1 日首列新亚欧大陆桥国际班列开出，一直到“一带一路”倡议提出这个阶段，称为新丝绸之路时期。虽然新丝绸之路时期只有 22 年，但它是古丝绸之路商贸的重现，与古丝绸之路时期相比较，交通工具更先进、贸易规模更大、商品种类更多。

二 新丝绸之路线路走向

（一）新丝绸之路铁路线路走向

中国丝绸之路火车作为交通运输工具的发展情况，严格意义上就是陇海铁路的修筑和通行情况。陇海铁路原名陇秦豫海铁路，是连接中国东西部地区的第一条铁路干线，起于江苏连云港（古称海州，简称“海”），止于甘肃兰州（甘肃简称“陇”）。该条铁路最早开始修建是在 1905 年的清朝末年，由于中国近代战乱不断，工程时断时续，总耗时近 50 年，直到 1953 年才全线通车，全长 1759 公里，是我国东西方向最长的铁路交通线。为了加强新疆和内地的联系，党中央决定修建从兰州到乌鲁木齐的铁路，该段铁路无论是从国防，还是经济发展，以及民族团结方面考虑都非常必要。兰新铁路从 1952 年国庆节开工修建，只用了 10 年时间就建成通车，全长 1947 公里，从此新疆有了第一条铁路，新疆进入内地更便捷了。根据国防和改革开放的需要，1985 年国家决定将兰新铁路从乌鲁木齐市向西延长到阿拉山口市，该段线路虽然只有 476 公里，但是意义却非常重要，在 1990 年 9 月顺利通车后，联通了中国与苏联两国铁路的最后一段，从而使东亚的中国连云港，与西欧的荷兰鹿特丹港有机会能够实现火车往来通行。2015 年国家将新疆作为“一带一路”倡议的两个核心省份之一，这也是与其便利的交通与区位优势分不开的。2009 年 6 月，国家发改委同意修建甘肃兰州到新疆乌鲁木齐的高铁客运专线。经过五年半的修筑和调试，2014 年 12 月 26 日，兰州西站至乌鲁木齐南站动车组列车正式通车。2016 年 9 月 10 日，连接河南郑州和江苏徐州的高铁正式通车。2017 年 7 月 9 日，陕西省宝鸡到甘肃省兰州高铁正式通车。目前陇海高铁全线除连云港到徐州段正在修建外，其他各段已经全部通车。根据规划，到 2020 年连接中国东部经济发达地区和西部落后地区的高铁将全线贯通，这将大大缓解陇海铁路货运压力，对于从中国连云港到荷兰鹿特丹港的新丝绸之路的货物运输将起到极大的促进作用，进而促进丝绸之路经济带沿线国家经济的发展和文化的交流。

新亚欧大陆桥最东端是中国江苏连云港，它经陇海兰新铁路到达中国西北地区最大的边境口岸——新疆维吾尔族自治区阿拉山口站，换装出境后进入中亚门户哈萨克斯坦的边境口岸——德鲁日巴站。2012 年阿拉山口站的实际货运超过 1000 万吨。根据俄罗斯铁路运行线路和欧洲铁路走向，新亚欧大陆桥在哈萨克斯坦可以选择北、中、南三条线路，最后分别并入欧洲铁路网。

北线：从哈萨克斯坦的阿克斗卡向西北方向挺进，与原亚欧大陆桥接轨，最后经俄罗斯、波兰等国进入北欧及西欧国家。中线：由阿克斗卡向西南方向前进，然后再向西穿过哈萨克斯坦进入乌克兰，然后再向正西方向进入罗马尼亚、匈牙利等中欧国家。南线：穿过土库曼斯坦向西南方向进入伊朗首都德黑兰，然后进入土耳其，跨越亚洲和欧洲的分界线博斯普鲁斯海峡，进入保加利亚等南欧诸国，最后进入大西洋沿岸的西欧国家。从上述三条线路来看，经过中亚后，把欧洲的北欧国家、中欧国家和南欧国家都连接起来，新亚欧大陆桥还可以从土耳其的埃斯基谢基尔向南进入中东及北非国家。

除新亚欧大陆桥铁路通道以外，我国还有东北和西南国际铁路通道，东北国际铁路是西伯利亚铁路通道，主要包括中俄国际铁路运输通道和中蒙俄国际铁路运输通道。我国西南的两个铁路口岸是广西凭祥与越南铁路同登接轨的通道、云南河口与越南铁路老街站接轨的通道。中俄国际铁路运输通道在中国主要有满洲里、绥芬河和珲春三个国际口岸与俄罗斯铁路相连接。东北国际铁路通道主要是内蒙古满洲里—俄罗斯后贝加尔斯克跨境铁路通道。满洲里自 1992 年被正式批准为沿边开放城市以来，一直是我国国际铁路运量最大的铁路口岸车站，担负着我国对俄罗斯主要进出口货物运输任务。满洲里站年接运能力已超过 2200 万吨以上，2007 年达到历史最大过货量 2329. 9 万吨，其中进口原油 1000 万吨左右，在中俄原油管道正式投入运行后，满洲里铁路口岸过货量有所下降。由于黑龙江绥芬河—俄罗斯格罗迭科沃跨境铁路通道和吉林珲春—俄罗斯卡梅绍瓦亚跨境铁路通道两个口岸主要通向俄罗斯远东地区，虽然与西伯利亚铁路连接，但由于路途较远，基本没有去欧洲的货物运输。

中蒙俄国际铁路运输是指二连浩特—扎门乌德铁路口岸通道。中国和蒙古国接轨的国际铁路口岸通道目前只有一条，即从中国内蒙古二连浩特到蒙古国的扎门乌德铁路口岸。内蒙古自治区锡林郭勒盟二连浩特市口岸站，首先向北与蒙古国铁路扎门乌德站接轨，然后通过蒙古国过境铁路连接俄罗斯铁路纳乌什基站，并与西伯利亚铁路接轨，形成北部亚欧大陆桥的分支路线。

西南国际铁路通道。一条是从中国广西凭祥到越南同登跨境铁路通道。广西凭祥车站口岸与越南谅山省相邻，从凭祥车站往南进入越南，与河内—谅山铁路线终点同登站相连，因此这条国际铁路可以直达越南首都河内。该条铁路与其他国际铁路通道相比更具有优势，越南国境站至河内的货运站是准轨铁路，因此从中国去越南的火车不用换装，可以直接运行到距越南首都河内市 10 公里的“安员”站。目前，凭祥站现有货运能力每年可达 400 万吨左右。与此同时，广西南宁至越南河内的国际旅客列车于 2009 年元旦正式开通，乘坐这趟列车的旅客从南宁前往河内可实现夕发朝至，南宁成为北京以外的中国第二个国际列车始发站城市。西南国际铁路通道的另一条是中国云南红河州的河口口岸到越南老街跨境铁路通道，这条国际铁路通道是我国最早修建的国际铁路之一，也被称为“滇越铁路”，在 20 世纪抗日战争时期发挥了重要的作用。目前这条铁路轨距仍然是 1 米的窄轨，因此列车只需要在中国云南省昆明火车站换装后就可以直接到达越南首都河内，中途不用再停靠换装，节约了运输时间。目前，河口车站年接运能力可达 85 万吨。

目前，中国通往其他国家的国际铁路除了到越南是不用换装可以直接到达外，其他国际铁路存在的最大问题是火车轨道的标准不一致。中国和欧洲铁路都采用的是“准轨”，而中亚哈萨克斯坦等国的铁轨则是“宽轨”，因此如果中国的货列要运输到欧洲国家，则需要经过两次装卸，到中亚国家也需要一次装卸，轨道的不一致导致时间和运输成本大幅上升，同时，由于信息化建设的落后，客户无法及时掌握货物的运输状态，这也是影响新亚欧大陆桥通行的重要因素。因此，为了提高新亚欧大陆桥的通行能力，铁路轨道的标准化和信息化建设必须尽快解决，这样才可能真正做到互联互通。

在新丝绸之路时期，我国开通的国际货运班线主要有：2005 年 3 月开通的呼和浩特—法兰克福“如意号”集装箱列车、2007 年 5 月开通的富士康国际联运专列、2008 年 1 月开通的北京—汉堡集装箱示范列车、2008 年 4 月开通的乌鲁木齐—德国汉堡集装箱专列、2011 年 3 月开通的重庆—德国杜伊斯堡“渝新欧”集装箱列车、2012 年 11 月开通的苏州市经满洲里通往欧洲的“苏满欧”集装箱班列、2012 年 10 月武汉开通的发运至捷克的巴尔杜比来的集装箱直通列车、2012 年 12 月成都开通发运到波兰罗兹车站的“蓉欧”集装箱直通列车、2013 年 7 月郑州开通到德国汉堡的“郑新欧”国际货运集装箱列车。

图 2—2　亚欧大陆桥走向图

资料来源：孙不熟：《新亚欧大陆桥会给中国城市带来怎样的变局》，http：/news. sma. com. cn/pl/2016 - 08 - 04/doc - ifxutfpc4412914. shtml。

（二）新丝绸之路公路线路走向

陕西、甘肃两省因地处内陆，由于交通落后，在新型交通工具出现后，长期处于封闭状态，为了改变交通落后的局面，同时也是军事和政治需要，1922 年在陕西省长公署等部门支持下，沿着延续了两千年的驿道修建了陕西省第一条公路——连接中原的西潼公路（西安至潼关）。另外，省内一些规模较大的商户和军政当局也逐渐从沿海通商口岸城市体会到使用汽车交通工具的快捷和便利，他们认为发展公路交通能够更好地保护自己的地盘不被其他军阀所侵占，同时也方便壮大自己的地盘，还可以更好地发展商贸物流充实自身基础。随着汽车运行的规模和线路越来越多，持续了几千年的驿道运输方式逐渐被现代化的交通工具替代。这是古丝绸之路交通历史上的一次飞跃式革命，无论是运输规模和运输效率都得到了大幅度的提高。根据国内发展的需要，陕西和甘肃两省在1935 年 5 月开通了西兰公路（西安至兰州）运输，这样陕西和甘肃两省就有了先进的汽车交通往来工具，对两省的客货运输具有重要意义。这也是古丝绸之路运行到近代，从以畜力为主，向现代化交通工具转化，极大地促进了西北地区商贸物流的发展。

1927 年，冯玉祥修筑潼河大桥，陕西潼关跨越黄河连接河南省的大桥，使陕西与河南等中原地区得以通过公路实现了连通，随之商贸物流得到快速发展。1930 年，新疆在原来驿路的基础上修通了迪化（今乌鲁木齐）至古城（今奇台）的公路，东通哈密，穿越河西走廊经星星峡，与甘肃公路相连通，加之 1928 年通行的塔城到迪化连接苏联的边境公路，这些公路虽然都是砂石公路，但是古丝绸之路终于从畜力运输时代开始进入汽车运输时代。20 世纪 60 年代，新修了新疆到青海的公路（现 218 国道），改善了新疆南部与青海的交通状况，自此新疆才有了第二条通往邻省的正式公路，从而古丝绸之路西北地区公路交通也摆脱了甘肃到新疆唯一公路的依赖。目前中国内陆连接新疆的主要公路有 2017 年通车的北京到新疆的高速公路，是国家西部大开发的重要交通要道，全长 2540 千米。第二条是起于上海市，终到新疆第二大口岸霍尔果斯市的 312 国道，这是中国目前最长的高速公路，与“亚欧大陆桥”并行，全程 4967 千米，途经上海、陕西、新疆等八个省份，把中国最发达的长江三角洲经济带与丝绸之路经济带相连接。第三条是起点为青海省省会西宁市，终点为新疆第五大经济城市喀什的 315 国道，全程 3063 千米，喀什也是我国最西部的重要城市，是通往中亚的重要门户。第四条是 219 国道，起于我国西部的军事重镇新疆喀什地区叶城县，终点到西藏第二大城市日喀则市的拉孜县，这条国道是我们重要的军事干道，也是丝绸之路经济带连接西北和西南地区的第一条公路通道，全程 2140 千米。

古丝绸之路从无到有，从小路到驿路，到砂石公路，到沥青路，到高速公路，一步步走来，得益于科技的进步和国家实力的强大和财力的提升。交通越来越便利，为商贸物流以及人力资本的流通提供了高效便捷的条件。

国际公路运输虽然在货运量上比铁路要少很多，但是公路运输有铁路运输无法比拟的优势，如运输快捷、不用换装、到达终点简便等。我国的国际公路通道主要有西北国际公路、东北及内蒙古国际公路通道、西南国际公路通道三个主要方向。

西北国际公路通道主要分布在新疆维吾尔自治区。该区有 15 个国家一类陆路口岸①，其中 11 个口岸连接的是独联体国家，4 个口岸连接的是蒙古国，具体情况如下：连接哈萨克斯坦方向 7 个，连接吉尔吉斯斯坦方向 2 个，连接塔吉克斯坦方向 1 个，连接巴基斯坦方向 1 个，连接蒙古国方向 4 个。其中，阿拉山口和霍尔果斯两大口岸是新疆对外贸易最重要的窗口和门户。2012 年，霍尔果斯公路口岸进出口货运量为 30. 6 万吨，阿拉山口公路口岸进出口货运量为 25. 9 万吨。另外，吉木乃、老爷庙、伊尔克什坦等公路口岸年过货量都超过 10 万吨。

东北及内蒙古国际公路通道主要分布在黑龙江、吉林和内蒙古三个省区。黑龙江省拥有对外开放一类公路口岸 4 个，具体是绥芬河、密山、东宁、虎林。其中，绥芬河口岸是中俄边境最大的公路口岸，也是我国最早的一批陆路口岸，年货物运输量超过 550 万吨。东宁口岸是中国和俄罗斯陆路与水路的最佳连接点，中国通过海参崴可以直接进入日本海。黑龙江省已开通了哈尔滨—牡丹江—绥芬河—波格拉尼奇内—乌苏里斯克—符拉迪沃斯托克国际道路运输线路。近年来，黑龙江省加快了口岸公路改造建设，做强绥芬河、东宁口岸，畅通陆海联运国际通道，扩大黑河口岸的过货能力，建成国际商品集散地和商贸旅游通道。吉林省现有 30 个口岸通道和临时过货点，其中国家一类口岸 6 个，分别是珲春公路口岸和铁路口岸、圈河公路口岸、图们铁路和公路口岸、长春和延吉航空口岸；国家二类口岸有 9 个。内蒙古国际公路通道，内蒙古自治区北部与蒙古国为邻，东北部与俄罗斯交界。现有 16 个对外开放的陆路口

---

① 一类口岸由国务院审批，允许中国籍和外国籍人员、货物、物品和交通工具直接出入国（关、边）境的海（河）、陆、空客货口岸。

岸，其中与蒙古国对接口岸10个，与俄罗斯对接口岸6个。其中，满洲里是我国最大的陆路口岸，对外主要与俄罗斯、蒙古国开展经贸合作。中俄陆路贸易65%以上通过满洲里口岸运输出入，占内蒙古对俄罗斯进出口贸易额的80%以上。另外，二连浩特是我国对蒙古国开放的最大公路、铁路口岸；策克口岸、甘其毛都口岸是中蒙之间重要的煤炭进口通道。

西南国际公路通道方面，主要包括广西方向国际公路通道、云南方向国际公路通道、西藏方向国际公路通道。广西具有全国其他省份无法比拟的优势，既沿海（北部湾），又沿边（越南），还沿江（珠江上游的左江在越南境内），是我国对中南半岛国家开放的前沿。广西已开放的陆地公路边境口岸有东兴、友谊关、水口、龙邦、平孟5个国家一类口岸。其中，东兴口岸是进出境旅客总人数较多的国际陆路口岸。经过友谊关口岸的广西南宁至友谊关高速公路已经成为中国通往越南乃至东南亚地区最便捷的国际陆路大通道。根据广西交通运输规划，在未来几年，广西将建成通往东盟的快速、便捷的公路交通网络。云南方向国际公路通道方面，云南省与缅甸、越南、老挝三国相邻。有9个陆路一类口岸，分别是瑞丽、畹町、河口、磨憨、金水河、天保、猴桥、打洛和孟定。瑞丽口岸是我国对缅甸贸易额最高、货物吞吐量最大、进出境人员最多的边境内陆口岸。西双版纳州动腊县的磨憨口岸是我国与老挝接壤的唯一陆路国家级口岸。河口口岸是我国除广西以外又一个省份与越南接壤的一类陆路国家口岸，2004—2012年，年均货运量是云南省对外陆路国家口岸最多的。目前，云南已经形成了“四出境”的格局，分别是昆明—磨憨—老拉—泰国曼谷公路，昆明—河口—越南河内公路，昆明—瑞丽—缅甸皎漂公路以及昆明—腾冲—缅甸密支那—印度雷多公路。西藏全区共有5个国家边境口岸，已开放的边境口岸有樟木、普兰、吉隆、日屋。其中，樟木、普兰、吉隆口岸为国家一类边境口岸，日屋口岸为国家二类边境口岸①。樟木、吉隆、日屋三个边境口岸面向尼泊尔，普兰

① 二类口岸：由省级（地区）人民政府批准，仅允许中国籍人员、货物、物品和交通工具直接出入国（关、边）境的海（河）、空客货口岸，以及仅允许毗邻国家双边人员、货物、物品和交通工具直接出入国（关、边）境的铁路车站、界河港口和跨境公路通道。新二类口岸：由国务院审批，允许中国籍人员、货物、物品和交通工具直接出入国（关、边）境的海（河）、陆、空客货口岸。

口岸兼容中印、中尼边境贸易，亚东口岸兼容中印、中印边界锡金段、中不边境贸易。此外，拉萨的贡嘎机场是航空一类口岸。

（三）新丝绸之路能源运输线路走向

当前我国已经建成并投入使用的陆上跨境油气管道主要包括：中哈原油管道、中俄原油管道、中国—中亚天然气管道、中缅天然气管道。这些跨境油气管道与俄罗斯、中亚、东南亚等国家和地区形成了我国正在构建的东北、西北、西南能源战略通道，加上海上能源通道，构成了我国四大国际能源通道。

中哈石油管线于2003年建成投产，设计年输油能力为2000万吨，是我国第一条战略国际能源管道，这条国际石油管线的开通运营是中国能源领域国际合作的重大突破，具有里程碑意义。它保障了我国中西部地区能源的稳定供应，满足了独山子炼油厂原油加工需求，成为“中国西部能源大动脉”。

中国—中亚天然气管道分为A、B、C、D四条线铺设，其中A、B、C三条线路是平行铺设，分别在2009年12月、2010年10月和2017年6月建成投产，这是中国修建的第一条跨国天然气管道，西起土库曼斯坦和乌兹别克斯坦边境，穿越乌兹别克斯坦中部和哈萨克斯坦南部地区，经新疆霍尔果斯口岸入境，该管道线路总长度为1830公里，年设计输气量为800亿—900亿立方米，境内与中国西气东输二线管道相连，从而提高了我国应对天然气能力。D线还在建设之中，将从与吉尔吉斯斯坦接壤的天山南麓与昆仑山两大山系接合部的新疆乌恰入境。

中俄原油管道起自俄罗斯远东斯科沃罗季诺管道分输站，经我国黑龙江省和内蒙古自治区到达终点在黑龙江省的大庆炼油厂，该条管道全长1000余公里。中俄原油管道工程于2010年11月1日试营运。管道设计输油量为每年1500万吨，最大输油量为3000万吨，保证了大庆炼油厂稳定的原油供应。另外中国与俄罗斯还签署了建设东西两条天然气管道协议，西线管道从俄罗斯阿尔泰共和国的泰舍特到中国西北新疆，东线管道从俄罗斯萨哈林半岛到中国东北。西线管道线路年设计输气量300亿立方米，东线管道线路年设计输气量380亿立方米。

中缅油气管道于2010年开工建设，该管线是原油管道和天然气管道双管线，起于缅甸西海岸皎漂港，途经缅甸曼德勒，从中国云南瑞丽入境，终点是云南省昆明市，全长约1100公里。原油管道设计能力为每年2000万吨，天然气管道设计能力为每年120亿立方米。该管道建成后，来自非洲和中东的石油由万吨油轮通过海上运输到达缅甸西海岸皎漂港，加上产自缅甸近海的天然气将通过这条管道直达中国昆明，比经过马六甲海峡缩短1200公里。2013年10月20日，中缅天然气管道全线贯通[217]。从而保证了我国西南和华中的石油及天然气安全。

三 新丝绸之路交通运输发展

新丝绸之路也称为新亚欧大陆桥，其发展的时间段为1992—2012年。

（一）新丝绸之路交通基础设施发展

1992年以来，新丝绸之路沿线的江苏、山东、安徽、河南、山西、陕西、甘肃、青海、宁夏、新疆等地区交通基础设施建设不断加快，综合交通运输网络体系不断发展。

1992—2012年，全国的铁路营运里程从5.80万公里增加到9.76万公里，年均增长速度为2.6363%，新丝绸之路沿线10个地区的铁路营运里程从1.73万公里增长至3.31万公里，年均增长率为3.2973%。其中，江苏的增长率最高（6.1284%），新疆次之（5.7557%），山东（3.9015%）、陕西（3.4018%）、安徽（3.3721%）的年均增长率高于沿线的平均值，山西（3.2613%）、青海（2.7704%）、河南（1.5918%）、宁夏（1.0565%）的增长率较低，甘肃（1.0138%）地区的铁路里程增长最慢（见表2—1，图2—3、图2—4）。

表2—1　　1992—2012年新丝绸之路沿线各省铁路里程表　　单位：万公里

地区	1992年	1995年	2000年	2005年	2010年	2011年	2012年	年均增长率（%）
全国	5.80	6.00	6.90	7.54	9.12	9.32	9.76	2.6363
江苏	0.07	0.07	0.08	0.16	0.19	0.23	0.23	6.1284
山东	0.20	0.20	0.24	0.33	0.38	0.42	0.43	3.9015
安徽	0.17	0.21	0.18	0.24	0.28	0.31	0.33	3.3721
河南	0.35	0.34	0.24	0.41	0.43	0.42	0.48	1.5918
山西	0.23	0.24	0.25	0.32	0.38	0.38	0.38	3.2613

续表

地区	1992 年	1995 年	2000 年	2005 年	2010 年	2011 年	2012 年	年均增长率（%）
陕西	0. 21	0. 23	0. 22	0. 31	0. 41	0. 41	0. 41	3. 4018
甘肃	0. 19	0. 19	0. 23	0. 23	0. 24	0. 24	0. 25	1. 0138
青海	0. 11	0. 11	0. 11	0. 11	0. 19	0. 17	0. 19	2. 7704
宁夏	0. 04	0. 08	0. 08	0. 08	0. 12	0. 12	0. 12	1. 0565
新疆	0. 16	0. 2	0. 23	0. 28	0. 42	0. 43	0. 49	5. 7557
合计	1. 73	1. 87	1. 86	2. 47	3. 04	3. 13	3. 31	3. 2973

资料来源：根据各地统计年鉴上的数据整理并计算。

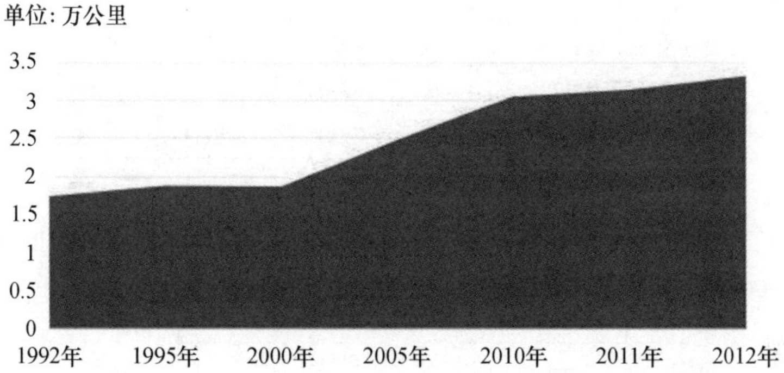

图 2—3　1992—2012 年新丝绸之路铁路营运里程趋势图

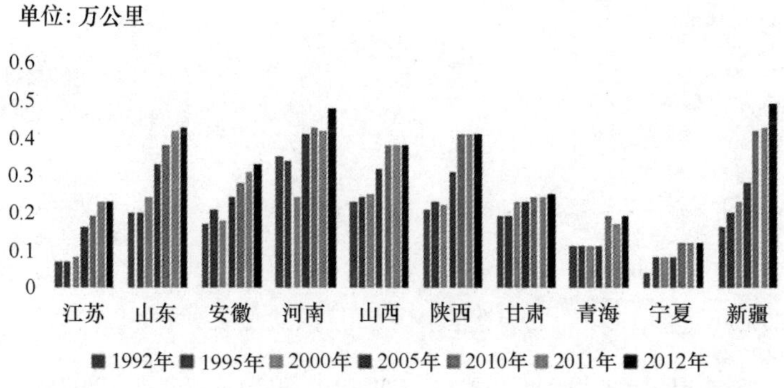

图 2—4　1992—2012 年新丝绸之路沿线各省铁路营运里程对比图

20年间，新丝绸之路沿线省份的公路里程增加了4.011倍，年增长率为8.3918%，高于全国7.1909%的年均增长率水平，其中，新疆的公路里程的年均增长速度最快（9.7097%），江苏次之（9.4553%），山东（9.0681%）、河南（8.9446%）、安徽（8.7950%）高于沿线的平均水平，山西（7.6400%）、陕西（7.4575%）、青海（7.0481%）、甘肃（6.8607%）、宁夏（6.0449%）的增长率较慢（见表2—2，图2—5、图2—6）。

表2—2　　1992—2012年新丝绸之路沿线各省公路里程表　　单位：公里

地区	1992年	1995年	2000年	2005年	2010年	2011年	2012年
全国	1056700	1157009	1402698	1930543	4008229	4106387	4237508
江苏	25300	25970	28198	82739	150307	152247	154118
山东	43100	54243	70686	80131	229859	233190	244586
安徽	30600	35178	44493	72807	149382	149535	165157
河南	45000	49707	64453	79506	245089	247587	249649
山西	31600	33644	55408	69563	131644	134808	137771
陕西	38300	39620	44006	54492	147461	151986	161411
甘肃	34800	35194	39344	41330	118879	123696	131201
青海	16900	17223	18679	29720	62185	64280	65988
宁夏	8200	8554	10171	13078	22518	24506	26522
新疆	26000	30298	34585	89531	152843	155150	165909
合计	299800	329631	410023	612897	1410167	1436985	1502312

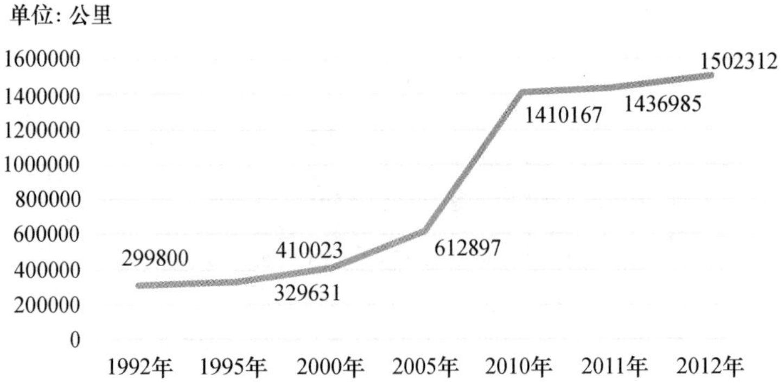

图2—5　新丝绸之路公路里程变化图

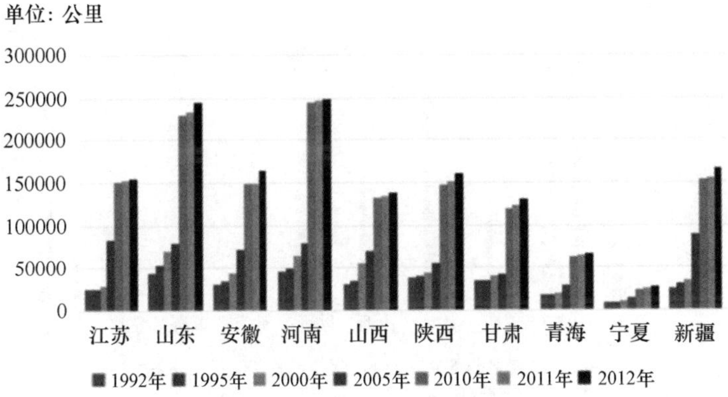

图2—6　1992—2012年新丝绸之路沿线各省公路里程对比图

公路结构方面，在国家西部大开发、中部崛起战略等政策的推动下，高速公路发展最为迅速，12年间增长了5.35倍；一级公路增长了3.54倍，二级公路增长了1.04倍（见图2—7）。10个省份中，河南、新疆、青海的一级公路发展较快，12年间分别增长了24.95倍、22.85倍、9.06倍，年均增长率为30.17%、29.79%、21.22%；宁夏（17.92%）、安徽（17.12%）、陕西（15.38%）、江苏（13.77%）略高于沿线平均水平，山东（10.96%）、山西（10.95%）、甘肃（7.47%）的年均增长率低于沿线平均水平。山东、安徽、山西、宁夏地区的二级公路发展速度较慢，江苏、青海二级公路发展增速较为显著（见图2—8）。

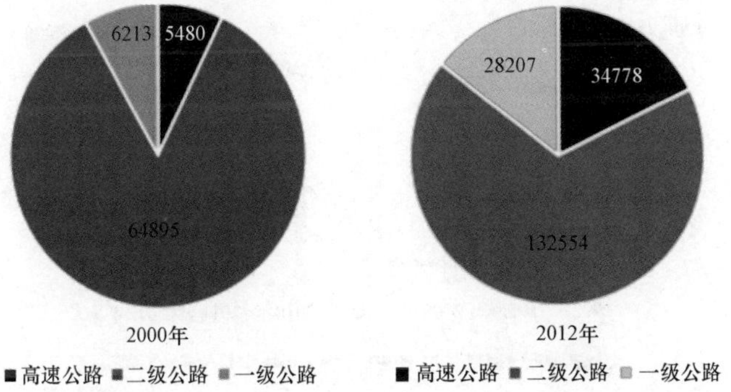

图2—7　2000年、2012年新丝绸之路沿线公路结构对比图（单位：公里）

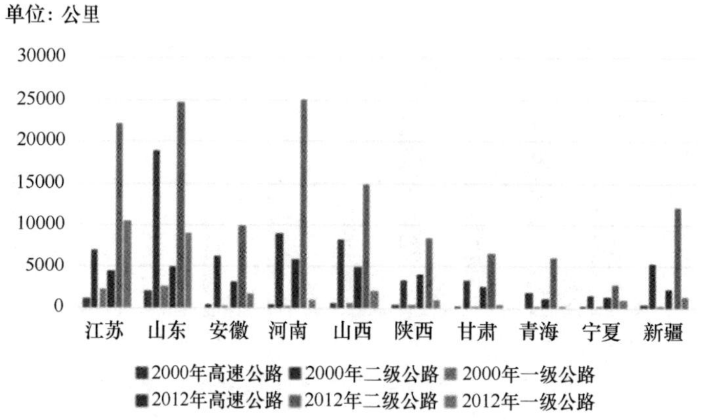

图2—8　2000年、2012年新丝绸之路沿线省份公路结构对比图

民航方面，20年间，全国的民航里程增加了2.9208倍，年均增长率为7.0702%。新丝绸之路沿线省份的国内国际航线不断加密，机场、支线机场加快发展，民航里程增速不断加快，均高出全国的平均水平。其中，西北地区的陕西增长了14.10倍，甘肃增长了0.50倍，青海增长了9.28倍，宁夏增长了32.81倍，新疆增长了2.96倍，从增速来看，宁夏（19.25%）的增速最为显著，次之是陕西（14.54%）、青海（12.36%）、新疆（7.12%），均高出全国的平均水平，甘肃（2.03%）的民航里程增速较慢（见图2—9）。

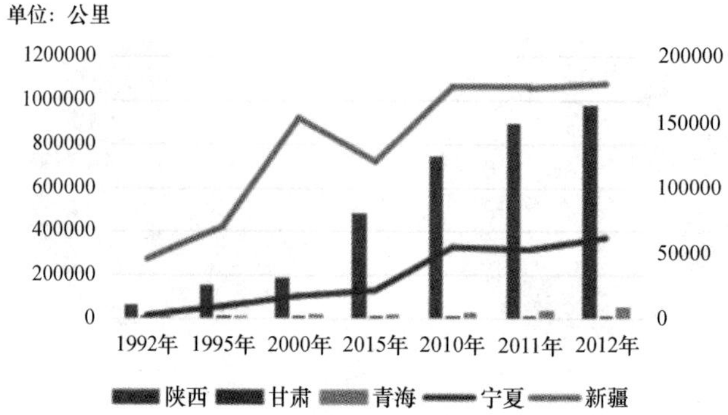

图2—9　1992—2012年新丝绸之路西北地区民航里程对比图

内河航道是指在内陆水域中用于船舶通行的航道，作为一种依托于自然水域的交通运输方式，因其成本较低，运量很大，可以作为公路和铁路运输的重要补充。2012 年新丝绸之路沿线上 10 省区的水运里程为 3.6609 万公里，年均增速为 0.3583%，其中，甘肃（9.58%）、山西（8.79%）、宁夏（3.50%）的增速较快，山东（1.40%）、河南（1.15%）、青海（1.04%）、陕西（0.55%）、江苏（0.12%）等地的内河里程年均增长率较为平缓。

水运能力方面，1992 年为 22391 万吨，到 2012 年增至 113281 万吨，20 年增加了 4.06 倍，年均增长率为 8.4437%（见图 2—10），其中，水运能力提高较快的有山东（12.1586%）、安徽（11.0255%），江苏的水运能力年增长率为 6.7403%，西北地区则增速较慢，陕西省港口吞吐能力以年均 15.25% 的增速不断增长（见图 2—11）。

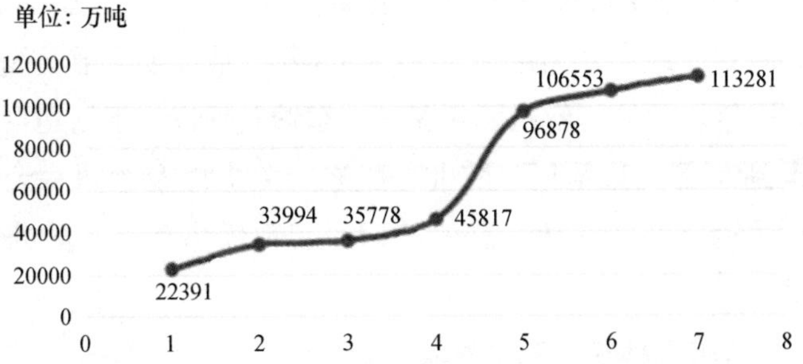

图 2—10　1992—2012 年新丝绸之路水运能力变化图

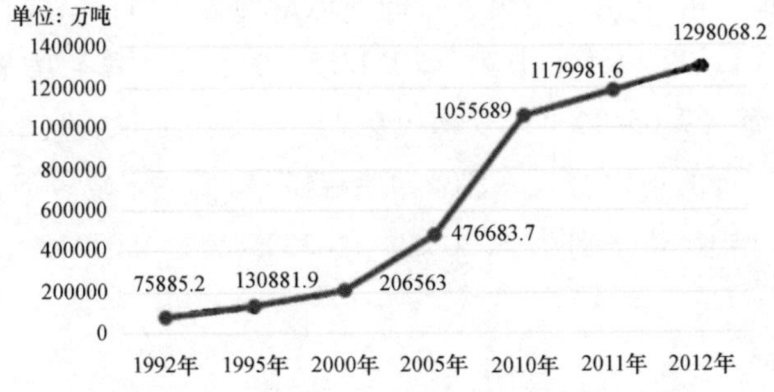

图 2—11　1992—2012 年新丝绸之路港口吞吐能力变化图

管道运输方面，已经建成了西北、东北、西南国际能源运输通道，将富集资源输往各个地区。其中，西北地区有两条：一是中哈原油通道（2006），管道线路总长 2207.8 公里，年输油能力为 2000 万吨；二是中国—中亚天然气管道（2008），管道线路总长度为 1830 公里，年输气量为 300 亿—400 亿立方米。东北地区有两条：一是长约 1000 公里年输油量为 1500 万吨的中俄原油管道（2009）；二是从俄罗斯阿尔泰共和国的泰舍特到中国新疆的西线管道与从俄罗斯萨哈林半岛到中国东北的东线管道中俄天然气管道（2009）。西南地区有长约 1100 公里、年输原油 2000 万吨及年输天然气 120 亿立方米的中缅油气管道（2010）。境内西北地区资源富足，自 20 世纪 60 年代便开始了管道设施建设，相继建成了承担全国主要的管道运输量：原油管道——独山子炼油厂至克拉玛依，全长 147 公里；天然气管道——重庆化工厂至巴县石油沟。2000 年西部大开发之后，加大了“西气东输”“西油东送”的管道建设，之后，管道运输发展迅速。中国西部能源输送大动脉乌鲁木齐至兰州管道总长近 4000 公里，原油管道干线设计输量为 2000 万吨/年，成品油管道干线设计输量为 1000 万吨/年。此外，新疆—西安—广东输气管道的规划建设将区内石油天然气运到东部发达地区，陕北—陇东—关中以及兰州—天水—宝鸡的管道保证了资源在新丝绸之路的流通，实现优势互补，促进了西部地区经济发展。

（二）新丝绸之路客货运输发展

随着交通基础设施的不断发展，交通客货运量、客货运周转量不断增长。1992—2012 年，新丝绸之路客运量年均增长率为 8.4847%，20 年间客运量增长了 4.10 倍，沿路各省的客运量均有所增长（见图 2—13）。其中，山东（11.2369%）、甘肃（10.4255%）的增长率较为显著，均超过 10%，青海（9.6548%）、安徽（9.2720%）、江苏（8.7884%）、陕西（8.6920%）的年均增长率稍高于沿路平均值，宁夏、河南、山西、新疆的客运增长率分别为 8.3035%、6.5358%、4.6824%、4.6055%（见图 2—13）。

表 2—3　　新丝绸之路沿线省份客运量对比表　　单位：万人

地区	1992 年	1995 年	2000 年	2005 年	2010 年	2012 年
江苏	49661	74756	107180	145210. 95	226073. 39	267710. 27
山东	31572	43339	65936	98506. 47	249357. 72	265631. 77
安徽	36231	57605	61982	72656. 8	159388. 45	213432. 28
河南	58422	61934	83946	97896. 41	167233. 01	207246. 54
山西	16012	21349	31809	39975. 21	38423. 58	39987. 14
陕西	21105	24113	28494	38725	93171	111773
甘肃	8856	10692	12904	17804	53771	64361
青海	2009	2294	3587	4886	10951	12692
宁夏	3315	3826	5497	7066	13560	16343
新疆	15576	18077	14631	24309	31937	38331
合计	242759	317985	415966	547035. 84	1043866. 15	1237508

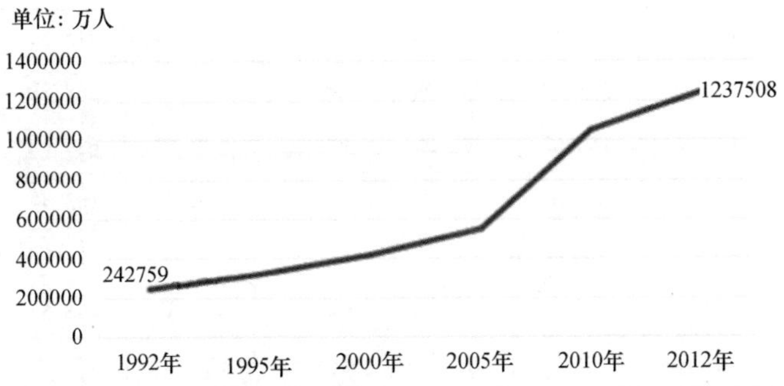

图 2—12　1992—2012 年新丝绸之路沿线客运量变化图

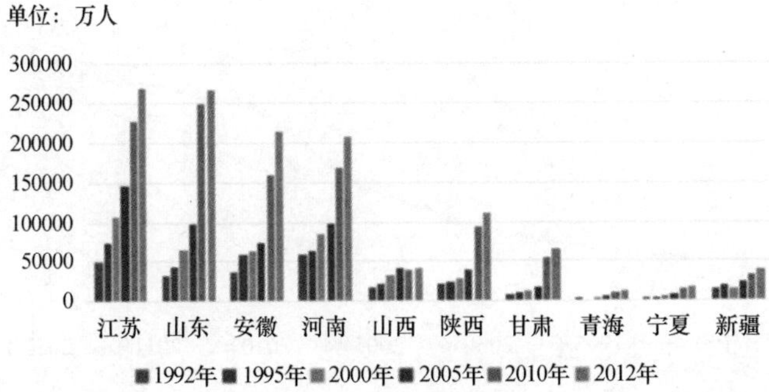

图 2—13　1992—2012 年新丝绸之路沿线各省客运量变化图

客运周转量方面，1992—2012 年，新丝绸之路客运周转量增长了 3.47 倍，年均增长率为 7.77%（见图 2—14），各省的客运周转量均不断增长，其中，快于沿路平均增长率的有青海（10.33%）、安徽（9.68%）、宁夏（8.96%）、山东（8.62%）、甘肃（8.49%），新疆（7.68%）、陕西（7.36%）、河南（7.28%）、江苏（6.67%）、山西（5.36%）五个地区的客运周转量的年均增长率略低于沿路平均水平（见图 2—15）。

表 2—4　　新丝绸之路沿线省份的客运周转量对比表　　单位：亿人公里

地区	1992 年	1995 年	2000 年	2005 年	2010 年	2011 年	2012 年
江苏	515.08	630.56	762.72	1193.60	1549.54	1709.70	1872.39
山东	351.64	350.97	549.09	827.78	1658.31	1740.41	1836.14
安徽	287.57	382.76	518.98	782.40	1478.51	1627.16	1824.57
河南	511.40	573.85	759.35	998.26	1797.74	1989.06	2084.02
山西	148.61	175.10	219.26	289.43	371.79	415.81	422.31
陕西	216.79	273.19	331.09	486.20	747.06	868.80	897.97
甘肃	130.51	150.62	226.00	302.90	539.70	629.48	666.41
青海	15.42	19.31	29.71	43.35	94.88	105.44	110.11
宁夏	21.74	26.38	52.07	62.42	98.81	113.86	120.97
新疆	122.08	195.58	186.78	306.17	420.82	488.53	535.81
合计	2320.84	2778.32	3635.05	5292.51	8757.16	9688.25	10370.69

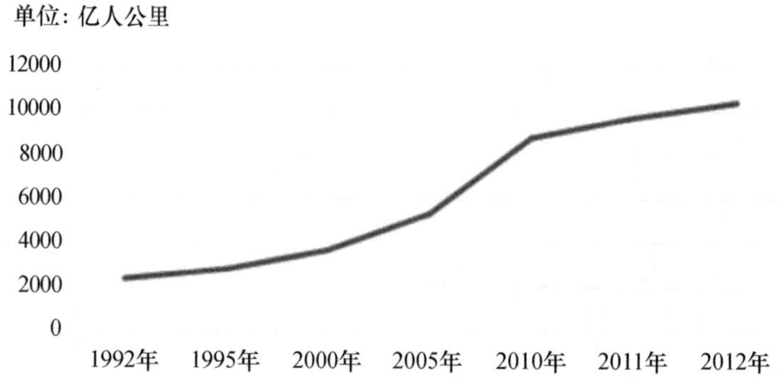

图 2—14　1992—2012 年新丝绸之路沿线客运周转量变化图

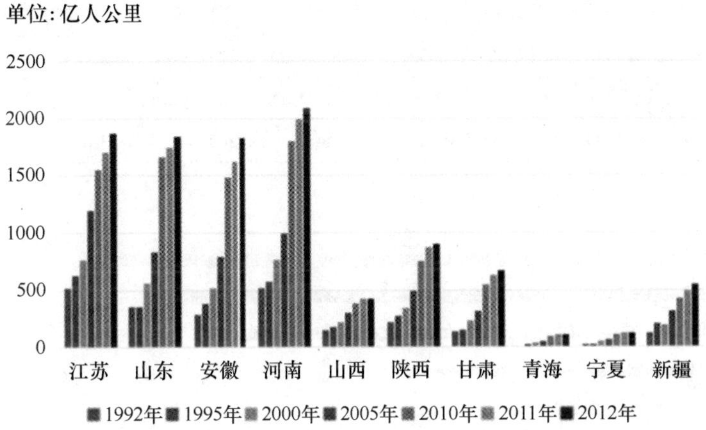

图 2—15　1992—2012 年新丝绸之路沿线各省客运周转量变化图

货运量方面，20 年新丝绸之路的货运量增加了 4.35 倍，年均增长率为 8.75%。其中，宁夏的增速最快，20 年增长了 9.64 倍，呈现出 12.55% 的年均增长率（见图 2—16）。陕西、安徽的货运量分别以 12.21%、10.87% 的年均增长率位居沿路第二名、第三名；山东（9.98%）、河南（9.89%）的增长态势亦较为明显；新疆（8.70%）、青海（7.72%）、江苏（7.11%）、甘肃（6.78）、山西（4.11%）的货运量增长率均低于沿路的平均水平（见图 2—17）。

表 2—5　　新丝绸之路沿线省份的货运量对比表　　单位：万吨

地区	1992 年	1995 年	2000 年	2005 年	2010 年	2011 年	2012 年
江苏	55738.00	74712.00	86266.00	111233.00	179013.62	202527.96	220007.48
山东	49773.00	74833.00	92499.00	144701.00	301312.62	318406.71	333602.60
安徽	39702.00	40827.00	43941.95	67112.50	228103.89	268413.39	312436.00
河南	41283.00	53488.00	60894.00	78699.00	202962.08	241016.77	272348.95
山西	64675.00	65821.00	86357.00	133662.00	124366.83	134436.15	144607.93
陕西	13664.00	28897.00	29201.23	41551.00	104414.00	120908.00	136727.00
甘肃	12351.00	20514.00	23070.00	26653.00	30270.00	35269.00	45832.00
青海	3048.00	3419.00	4697.00	6816.00	11057.00	12586.00	13484.00

续表

地区	1992 年	1995 年	2000 年	2005 年	2010 年	2011 年	2012 年
宁夏	3864. 00	5019. 00	6493. 00	8529. 00	32325. 00	36864. 00	41113. 00
新疆	11085. 00	19294. 00	23133. 64	30041. 00	48459. 00	53252. 00	58794. 00
合计	295183. 00	386824. 00	456552. 82	648997. 50	1262284. 04	1423679. 98	1578952. 96

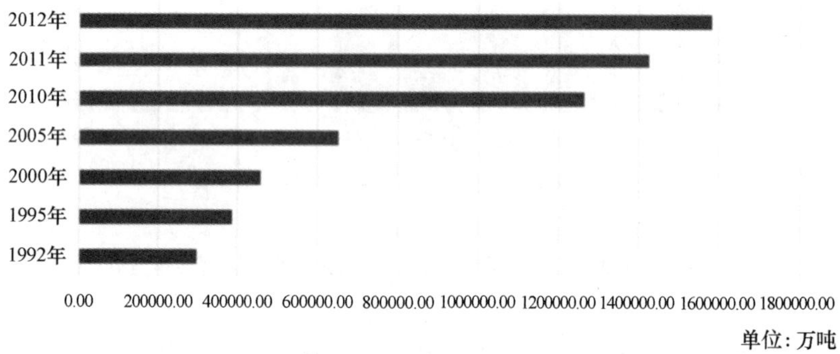

图 2—16　1992—2012 年新丝绸之路沿线货运量变化图

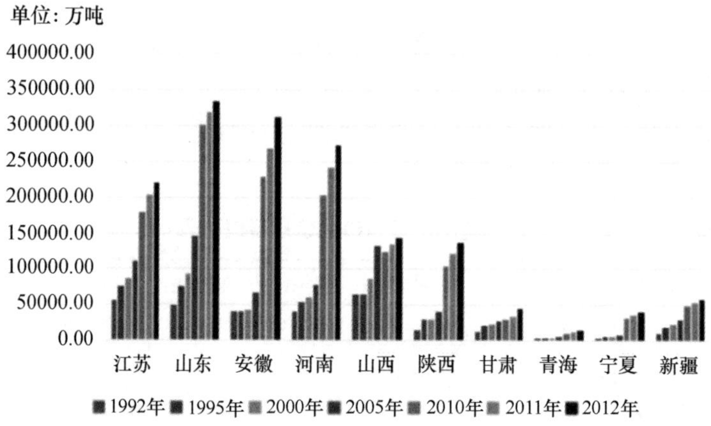

图 2—17　1992—2012 年新丝绸之路沿线各省货运量变化图

货运周转量方面，20 年全国货运周转量增加了 3. 86 倍，年均增长率为9. 75%。新丝绸之路货运周转量增加了 8. 37 倍，年均增长率为

11.83%。高出全国增长率2.08%（见图2—18）。沿路10个地区中宁夏地区的货运周转量变化最大，高出沿路年均增长率3.40%，山东、安徽的货运周转量增速较快，分别为12.64%、12.62%，青海（9.34%）、山西（9.14%）的增长率相当，江苏（8.20%）、河南（8.51%）、新疆（5.29%）、陕西（7.25%）、甘肃（6.01%）的货运周转量增长率平缓增加（见图2—19）。

表2—6　　新丝绸之路沿线省份的货运周转量对比表　　单位：亿吨公里

地区	1992年	1995年	2000年	2005年	2010年	2011年	2012年
江苏	963.94	1025.50	1459.30	2993.24	5589.50	6957.99	7904.05
山东	876.17	1196.60	4033.00	5550.95	11832.45	12684.26	11077.78
安徽	777.80	908.30	1050.90	1566.12	7153.41	8446.36	9817.83
河南	1302.34	1574.40	1553.50	2352.48	7202.49	8530.79	11077.78
山西	365.54	717.30	866.00	1690.94	2840.02	3062.51	3341.13
陕西	440.52	500.90	573.00	1028.80	2464.57	2824.67	3192.14
甘肃	391.40	507.00	639.50	983.20	1763.85	2037.18	2351.69
青海	56.52	61.60	86.60	147.10	419.68	486.38	527.62
宁夏	69.96	121.80	205.20	255.20	818.64	933.03	1065.74
新疆	305.16	339.00	457.30	806.60	1358.89	1475.22	1614.50
合计	5549.35	6952.40	10924.30	17374.63	41443.50	47438.39	51970.26

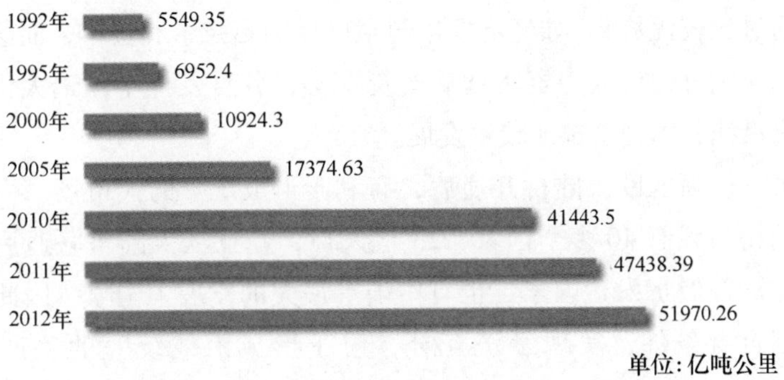

图2—18　1992—2012年新丝绸之路货运周转量变化图

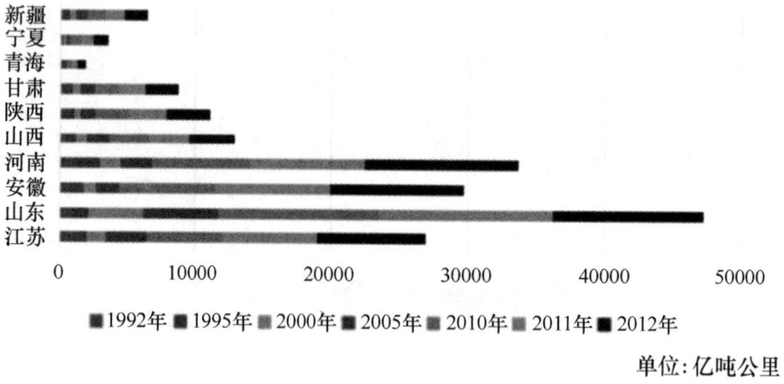

图 2—19　1992—2012 年新丝绸之路沿线各省货运周转量变化图

四　新丝绸之路开通的意义

第一，新亚欧大陆桥开通后，缩短了东亚到西欧的运输距离，降低了运输成本和风险。通过火车将东亚的商品运输到欧洲的距离至少减少了 2100 公里，无论是与海洋运输，还是和原西伯利亚大陆桥相比都降低了运输时间和成本，而且还降低了海上运输的风暴风险和海盗风险。

第二，新亚欧大陆桥开通后，有利于推进沿线国家和地区经济发展。新亚欧大陆桥就像一条珍珠链把沿线各国连接起来，在这条珍珠链上的各国通过比较优势①，如经济发达国家可以输出技术和资本，而经济相对落后国家则可输出人力资本和矿产资源等，各自发挥本国最大优势，从而促进沿线各国经济都能较快发展。

第三，新亚欧大陆桥开通后，有利于形成统一的大市场。由于新亚欧大陆桥沿线有 40 多个国家，23 亿人口，新亚欧大陆桥联通后，沿线既有欧洲等经济发达国家，也有中国等最大的发展中国家，因此各国可以根据自身条件，实现经济互补，便于形成沿线统一的生产和消费市场。

① 比较优势是指一个生产者以低于另一个生产者的机会成本生产一种物品的行为。

第四，新亚欧大陆桥开通后，有利于形成统一的铁路标准。由于新亚欧大陆桥沿线国家众多，中国和欧洲各国铁轨是“准轨”，而中亚哈萨克斯坦等独联体国家的铁轨则是“宽轨”，因此无论是从中国到欧洲，还是从欧洲到中国的洲际列车，都要经过两次重新装卸，这样既浪费时间，还增加成本，因此为了提高速度，尤其是在当前“一带一路”倡议下，经过各国努力，终将会形成统一的铁路标准。

第五，新亚欧大陆桥开通后，有利于加快一批统一标准的形成。新亚欧大陆桥的发展为沿线各国提供了广阔的舞台，为了提高沿线运输效率，首要的是形成一个类似联合体的机制，在该机制下有统一的信息化建设标准、会计核算标准、法律标准等一系列标准，从而大幅度提高新亚欧大陆桥的通行效率和能力。

第二节　丝绸之路经济带时期的交通运输发展简史

虽然新丝绸之路（新亚欧大陆桥）正式开通营运不到30年，但是对沿线各国经济的发展却具有重要的促进作用，只是运行的预期效果还远没有达到人们的期望，在国际贸易和经济发展中的巨大潜能还没有完全开发出来，在实际运行中还存在着大量的、错综复杂的现实问题。正因为如此，促进世界经济贸易发展的“一带一路”倡议就顺应而生。

一　丝绸之路经济带形成

2013年9月和10月，习近平主席分别在哈萨克斯坦和印度尼西亚进行国事访问时，提出了著名的建设“丝绸之路经济带”和“21世纪海上丝绸之路”倡议，这也是“丝绸之路经济带”建设的起点和标志。从2013年9月提出“一带一路”倡议开始，我国为推动“一带一路”建设不遗余力，签署了多项多边、双边合作协议，从中央政府到地方各级政府，都在全方位推进倡议的实施，具体的合作进程和组织形式及政策主要内容见表2—7。

表2—7　　丝绸之路经济带发展历程表

时间	政策主要内容	组织形式	组织机构（负责人）
2013.9	提出共建“丝绸之路经济带”	哈萨克斯坦演讲	习近平
2013.10	提出“21世纪海上丝绸之路”战略构想	访问印度尼西亚	习近平
2013.11	加强交通尤其是铁路轨道的标准化	上合组织总理第十二次会议	李克强
2013.12	正式启动孟中印缅经济走廊建设	中国昆明召开第一次会议	孟中印缅经济走廊工作组
2013.12	推进丝绸之路经济带和海上丝绸之路建设	西北5省和西南4省市及东部5省负责人座谈会	中国发改委、外交部
2014.3	民间机构成立联盟	六国经济联盟	亚美尼亚、吉尔吉斯斯坦、塔吉克斯坦、乌克兰、哈萨克斯坦、中国
2014.4	升级中国—东盟自贸区，推动“一带一路”建设	博鳌亚洲论坛	李克强
2014.6	建立中阿一轴、两翼、三突破的合作格局①	中国—阿拉伯国家论坛第六届会议	习近平
2014.9	打造中俄蒙经济走廊	中俄蒙三国元首会面	习近平
2014.9	签约合作项目，加强投资	中国—亚欧博览会	中国和部分亚欧国家
2014.9	“丝绸之路经济带”沿线16国扩大交通运输领域，如铁路标准、信息化等领域开放合作	丝绸之路经济带交通运输峰会	中国交通部
2014.11	中国成立丝路基金，加强沿线国家交通基础设施建设等	北京APEC会议	习近平
2015.2	“一带一路”战略法律化	省级人民代表大会	中国地方政府

① 具体是指构建以能源合作为主轴，以基础设施建设、贸易和投资便利化为两翼，以核能、航天卫星、新能源三大高新领域为突破口。

续表

时间	政策主要内容	组织形式	组织机构（负责人）
2015. 3	将“一带一路”建设列为我国支撑带战略	全国人民代表大会 政府工作报告	李克强
2015. 3	发布“一带一路”总体规划，重点加大交通基础设施建设	“一带一路”总体规划	亚洲博鳌论坛
2015. 4	签署 51 项合作协议和备忘录	中巴经济走廊	中巴两国领导人
2015. 7	提出支持建设丝绸之路经济带倡议	乌法宣言	上海合作组织
2015. 10	制定统一国际标准和规则	“一带一路”行动计划	中国政府
2015. 12	成立亚洲基础设施投资银行	亚洲基础设施投资银行	中国
2016. 5	发布《中国—中南半岛经济走廊倡议书》，重点关注港口城市合作和网络合作	第九届泛北部湾经济合作论坛	中国
2016. 6	签署多边合作经济走廊规划纲要		中蒙俄 三国元首
2016. 9	落实“一带一路”倡议，促进全球经济发展	G20 杭州峰会	习近平
2016. 9	签署《中哈丝绸之路经济带建设“光明之路”新经济政策对接合作规划》	G20 杭州峰会	中国、中亚、西亚
2016. 11	提供“一带一路”建设安全保障	联合国 193 个会员国决议	联合国
2017. 3	联合国呼吁国际社会加强“一带一路”建设，共同促进全球经济发展和区域经济合作	第 2344 号决议	联合国安理会
2017. 5	推动“五通”方面的合作成果	“一带一路”国际合作高峰论坛	习近平

续表

时间	政策主要内容	组织形式	组织机构（负责人）
2017.5	签署合作推动“一带一路”沿线国家在环保领域先进技术的国际交流与合作	建设绿色“一带一路”谅解备忘录	中国与联合国环境署
2017.5	签署双边或者多边运输便利化协定	运输协定	“一带一路”沿线47个国家
2017.6	签订中国—中南半岛经济走廊建设合作协议	大湄公河次区域国家和地区合作	中国、中南区域国家和地区
2017.7	促进各地方政府“一带一路”建设	“一带一路”建设工作会议	“一带一路”建设领导小组
2017.8	批复新疆丝绸之路经济带核心区能源规划	新疆能源规划	国家能源局
2017.8	签署《合作共建中新互联互通项目南向通道框架协议》	南向通道框架协议	重庆、广西、贵州、甘肃四省
2017.9	兰渝铁路全线通车	兰渝铁路首发	甘肃省

资料来源：根据国家公布的政策、会议等资料进行整理。

为了实现“政策沟通”“设施联通”“贸易畅通”“资金融通”和“民心相通”之“五通”目标，我国政府大力推进“一带一路”倡议的落实。具体来看，仅在2013年9月到2017年9月，由政府牵头主导，习近平主席主持关于“一带一路”倡议的大型国际会议至少有8场，在世界上具有重要影响的有“北京APEC会议”“G20杭州峰会”和“‘一带一路’国际合作高峰论坛”。李克强总理主持的大型国际会议至少有2场，分别是2013年11月的“上合组织总理第十二次会议”和2014年4月“博鳌亚洲论坛”。我国政府首脑亲自出席的这些大型国际会议，对于快速推进“一带一路”沿线国家合作具有重要的推动作用，尤其是对于完善“一带一路”道路标准和信息化建设，构建立体交通运输网络体系，继续扩大贸易和投资领域合作方面都具有重要意义。与此同时，作为“一带一路”倡议提出国，中国决定出资500亿美元，于2015年12月正式成立亚洲基础设施投资银行，该银行法定资本为1000亿美元，这对于推进“一带一路”沿线国家基础设施建设具有重要的输血和造血作用，可以极大地加快交通设施建设步伐。从国内来看，随着中央政府“一带一路”战略设计的逐步形成，2015 年地方两会期间，31 个省、市、自治区都将“一带一路”战略写进了当年的政府工作报告，并积极进行筹备，抢抓机遇，计划在“十三五”期间作为一项重要工作任务贯彻落实，这些措施能够及时全面地贯彻落实，与政府主导，注重顶层设计密不可分。

我国外交政策一贯坚持国家不分大小、强弱、贫富一律平等，这也是习近平主席提出的“一带一路”倡议能够得到如此多国家和国际组织响应和赞同的原因之一。2017 年 5 月 10 日，由中国商务部举行的深化“一带一路”沿线国家经贸合作，以及推进贸易畅通情况发布会上，钱克明副部长着重指出，“一带一路”倡议发展潜力空前巨大，其定位是沿线国家或相关参与国家之间“共商、共建、共享”，绝对不是某一个人发起的倡议，或者是中国一家为了输出剩余商品而发起的行为，而是沿线国家乃至世界各国为了共同发展而共同推进的一个合作共赢方案。商务部合作司司长张幸福根据商务部 2016 年统计数据指出，中国 2016 年在国外投资开办的企业，产品年销售额达到 1.5 万亿美元，超过中国当年 GDP 总额的七分之一，体现对投资国贡献的财政收入和就业水平两大指标非常优异，在财政收入方面向所在国缴纳各种税费 400 亿美元，在增加就业方面雇佣所在国的员工超过 150 万人，相当于中国一个中等城市就业总人口。随着交通基础设施的逐步完善，以及“一带一路”倡议逐渐被各国接受，虽然受全球经济增长缓慢的影响，全球贸易持续低迷，但是“一带一路”沿线国家贸易往来频繁且金额巨大，2016 年中国货物进出口总额 243386 亿元，其中与“一带一路”沿线国家货物贸易超过同期进出口总额的四分之一。2017 年我国货物贸易进出口总值 27.79 万亿元，其中与“一带一路”沿线国家进出口总额超过对外贸易额的三分之一①。从海关总署 2016 年和 2017 年我国货物进出口数据来看，无论是进出口总额还是与沿线国家贸易都在快速增长。从国内各省区来看，国家圈定的“一带一路”13 个核心省区进出口增速远远高于全国平均水平。其中西部十省市外贸增速为 23.4%，

① 数据来源于海关总署统计公报。

超过全国平均外贸增速9.2%；东北三省外贸增速为15.6%，超过全国平均外贸增速1.4%，作为“丝绸之路经济带”省份区位优势进一步凸显。从2017年外贸出口来看，“一带一路”核心区省份明显比非核心区域增速要快，尤其是西部省区。

中国企业参与“一带一路”战略的一种重要创新形式就是可以直接在被投资国建设“境外经贸合作区”①。中国企业通过投资建设合作区，既可以吸引中国企业，也可以吸引其他国家的企业到经贸合作区投资新建更多的企业，从而为被投资国增加更多的财政收入和就业率。根据第二届中国境外经贸合作区发展研讨会公开数据显示，截至2017年12月底，我国共在国外设置了99个境外经贸合作区，56个设置在“一带一路”沿线国家，目前已经入区企业近4000家，接收投资累计超过300亿美元，累计为东道国增加财政收入近30亿美元，为东道国新增加近25万个就业岗位。

自我国提出“一带一路”倡议后，得到沿线国家和国际组织的欢迎和积极响应。截至2017年5月，“一带一路”沿线47个国家之间签署了16个便于陆路运输的双边或多边协定，签署了38个便于海洋运输的双边或区域协定，其中与我国签订了双边政府间航空运输协定的国家有62个，我国民用航空公司可以直接到达43个国家。亚投行从2015年12月25日设立到2017年12月19日经过四次扩容后，其成员数从最初57个增至84个。从上述事实不难看出，中国的“一带一路”倡议受到了世界各国的欢迎，世界各国通过“一带一路”建设和开展国际贸易，不但提高了本国的基础设施建设水平和本国就业水平，而且还能够快速融入“一带一路”经济区，增加本国在世界上的话语权，这些成绩的取得与我国的和平外交政策是分不开的。为了进一步加快丝绸之路经济带建设步伐，我国需要与世界各国在平等互利的基础上，开展经济、技术、资本、人才、体育、文化等多方面的交流与合作，坚持把中国人民利益同世界各国人民共同利益结合起来，构建“人类命运共

---

① 境外经贸合作区（简称合作区），是以企业为主体，以商业运作为基础，以促进互利共赢为目的，主要由投资主体根据市场情况、东道国投资环境和引资政策等多方面因素进行决策的区域。

同体”。

二　丝绸之路经济带线路走向

“一带一路”沿线国家具有资源要素禀赋互补的特点，随着“一带一路”倡议越来越被各国接受，沿线国家财政收入和就业岗位越来越多，进而促进基础设施越来越完善，各类标准日趋统一，各类合作规划对接越来越密切，贸易快速增长。随着“一带一路”沿线国家对倡议的响应和亚洲基础设施投资银行的成立，一批重大项目陆续签署协议并开工，如中国昆明到老挝的铁路工程、巴基斯坦由赫韦利扬到塔科公路二期、中巴经济走廊的卡拉奇高速公路已经部分通车等，连接中国和俄罗斯、中国和哈萨克斯坦、中国和缅甸的油气管道项目都在有序推进。

根据2015年3月，国家发改委、外交部、商务部对外联合发布的《推动共建丝绸之路经济带和21世纪海上丝绸之路的愿景与行动》方案，“一带一路”的走向有北线、中线、南线三条主要线路，具体如下。

北线：北美洲的美国和加拿大可以通过海上运输到达日本和韩国，跨越日本海到达俄罗斯西伯利亚铁路最东起点海参崴，然后进入中国吉林省的珲春（延吉），再通过中蒙俄铁路将中国、蒙古和俄罗斯连接起来，最后并入西伯利亚铁路与欧洲各国相通（北美洲—日本韩国—海参崴—延吉—蒙古—俄罗斯—北欧—西欧）。

中线：从中国首部北京经由京广线到郑州后，转入陇海线及兰新线，最后从新疆阿拉山口市出境，主要走新亚欧大陆桥线路，通过中亚等国到达欧洲各国（北京—郑州—西安—阿拉山口—哈萨克斯坦—中欧—西欧）。

北线和中线主要是陆上铁路通道。而南线主要是海上航运通道，具体是从中国福建省的泉州出发，经由广州和海口到达广西的北海港，然后跨过南中国海后到达马来西亚吉隆坡，穿越马六甲海峡后进入印度洋，与印度和马尔代夫等港口城市连接，然后横跨印度洋，进入红海继续向前穿过苏伊士运河进入地中海，到达欧洲的希腊、意大利等国家，继续向前可以通过西班牙和北非之间的海峡进入大西洋，从而与英国及西欧各国港口城市连接（泉州—广州—北海—越南—马来西亚—印度—马尔代夫—肯尼亚—阿拉伯半岛—埃及—地中海沿岸—西班牙—英国—荷兰鹿特丹港)。该条线路还有陆上短途，即从广西出境进入中南半岛的东盟各国。由于本时期的国际铁路、国际公路和国际能源通道都是在原来亚欧大陆桥时期交通基础上发展起来的，所以在本节不再赘述。

除国际通道建设，国内涉及“一带一路”核心区的18个省份也纷纷加大本地区及相邻地区的交通基础设施建设投资力度，加快陆路和海上出口口岸等设施建设，一大批交通基础设施在“一带一路”倡议提出后完工。津秦高铁（天津—秦皇岛），沪昆高铁（上海—昆明），北阿铁路（阿勒泰—阿克苏），渝兰铁路（重庆—兰州），西成高铁（西安—成都），九景衢铁路（九江—衢州），渝贵高铁（重庆—贵阳），陇海高铁兰新段、西兰段（西安—兰州）和徐郑段（徐州—郑州），龙烟铁路（龙口—烟台）等线路顺利通车。

其中随着津秦高铁（天津—秦皇岛）2013年12月28日建成通车，使关内和关外，长三角到东三省通过高铁快速连接，东北老工业基地与长三角经济发达地区连为一体。2017年9月25日渝（重庆）兰（兰州）铁路顺利通车，标志着我国西北和西南地区的快速通道成功联通，利用重庆到贵阳高铁和沪昆高铁，不但实现了西北省份与西南省份的首次高速铁路对接，而且实现了“丝绸之路经济带”和“海上丝绸之路”的无缝对接，进一步实现了东盟—东南半岛—华南—西南—西北—亚欧大陆桥国际干线通道的顺利闭合连接。随着陇海高铁兰新段（兰州—乌鲁木齐）、西兰段（西安—兰州）和徐郑段（徐州—郑州）的相继通车，连接华东—华中—西北的大横线交通线正式完成，从而使我国从东北到华南，从华东到西北联网成为一个整体。这些通道的陆续开通，给开展国际贸易提供了快速便捷的条件。

三　丝绸之路经济带交通运输发展

（一）丝绸之路经济带交通基础设施发展

2013年习近平主席提出了构建互联互通的丝绸之路经济带国际交通运输、能源运输大通道。2015年3月28日公布的《推动共建丝绸之路经济带和21世纪海上丝绸之路的愿景与行动》中指出，新时期的丝绸之路经济带国内段沿线的省份有西北地区的陕西、甘肃、宁夏、青海、新疆、内蒙古，西南地区的广西、云南、重庆、西藏，东北地区的辽宁、吉林、黑龙江。随着改革开放的不断深入，区域之间贸易运输往来日益密切，已经初步形成了多种交通运输方式紧密交错的交通运输网络。近年来，在加速区域经济发展，打造大交通运输网络体系的环境下，新丝绸之路经济带交通基础设施建设及综合运输网络体系取得了长足的发展。

丝绸之路经济带上途经新疆、甘肃、青海的兰新铁路，开创性地连接了新疆与中国内地，是西北五省铁路主要干线。陇海铁路横贯甘肃、陕西、河南、安徽、江苏五个省份，在东西部经济往来中发挥着重要的作用。之后的嘉峪关铁路、太中银铁路、定边—银川联络线以及郑西高铁、成西高铁的建设都不断丰富着丝绸之路经济带的铁路线路。2013 年以来，丝绸之路经济带铁路基础设施建设不断加快（见表 2—8）。2017 年，国内段 13 个省区合计铁路里程增至 6. 27 万公里，年均增长率为 6. 14%。其中，西藏铁路里程以 15. 8% 的年均增长率飞速发展，增速最为显著，甘肃（14. 70%）、云南（11. 37%）的铁路里程年均增长率较为显著，新疆（9. 27%）、重庆（9. 00%）、广西（7. 79%）、青海（7. 10%）、内蒙古（6. 86%）以高于沿线整体水平的增速逐渐提升，吉林（3. 76%）、宁夏（1. 87%）、辽宁（1. 91%）、陕西（1. 66%）、黑龙江（1. 23%）的铁路里程逐渐增加（见图 2—20）。

表 2—8　　丝绸之路经济带铁路营运里程表　　单位：万公里

地区	2013 年	2014 年	2015 年	2016 年	2017 年
陕西	0. 44	0. 45	0. 45	0. 46	0. 47
甘肃	0. 26	0. 34	0. 38	0. 41	0. 45
青海	0. 19	0. 21	0. 23	0. 23	0. 25
宁夏	0. 13	0. 13	0. 13	0. 14	0. 14
新疆	0. 47	0. 54	0. 58	0. 62	0. 67
辽宁	0. 51	0. 51	0. 53	0. 53	0. 55
吉林	0. 44	0. 45	0. 49	0. 49	0. 51
黑龙江	0. 60	0. 60	0. 62	0. 62	0. 63

续表

地区	2013 年	2014 年	2015 年	2016 年	2017 年
内蒙古	1. 02	1. 02	1. 21	1. 23	1. 33
西藏	0. 05	0. 08	0. 08	0. 09	0. 09
云南	0. 26	0. 29	0. 29	0. 37	0. 40
广西	0. 4	0. 47	0. 51	0. 51	0. 54
重庆	0. 17	0. 18	0. 19	0. 22	0. 24
经济带	4. 94	5. 27	5. 69	5. 92	6. 27

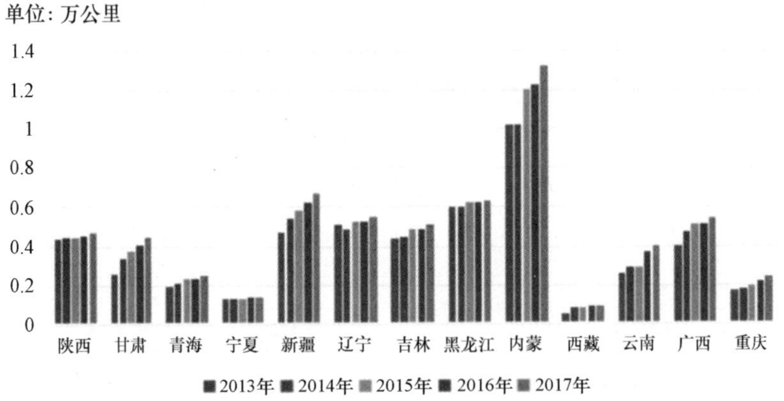

图 2—20　丝绸之路经济带沿线地区铁路营运里程变化图

丝绸之路经济带之陇海—兰新铁路沿线形成的以连云港至霍尔果斯高速公路大通道、干支结合、布局合理、四通八达的公路网，为进一步加密和完善新丝绸之路经济带的公路运输网络提供了硬件支持。截至 2017 年年底，新丝绸之路经济带上 13 个地区的公路通车总里程达到 182. 2578 万公里，比 2013 年翻了约 1 倍。近年来，经济带及沿线各地发展的具体的趋势如图 2—21 所示。丝绸之路经济带公路里程的年均增速为 2. 96%，高于全国平均水平 0. 42%，宁夏、内蒙古、重庆、青海的公路里程增长率较高，黑龙江的公路里程增速最低（0. 89%）。

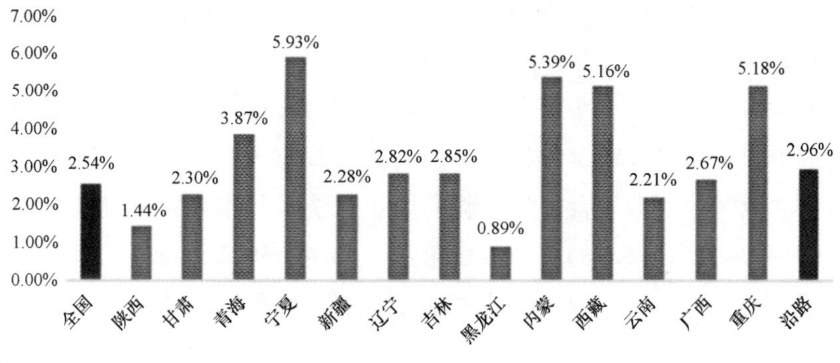

图 2—21　丝绸之路经济带沿线地区公路里程增速图

随着公路建设的不断加强，经济带高等级公路里程不断增加，但占比较低。2016 年经济带二级公路占比 65.52%，高速公路占比为 22.37%，一级公路占比为 12.11%。一级公路的比重最小（见图 2—22）。其中，高速公路里程中陕西（5093 公里）的值最大，西藏（38 公里）的值最小。一级公路里程中内蒙古（6682 公里）的值最大，西藏（266 公里）的值最小，二级公路里程中辽宁（17913 公里）的值最大，西藏（1036 公里）的值最小。

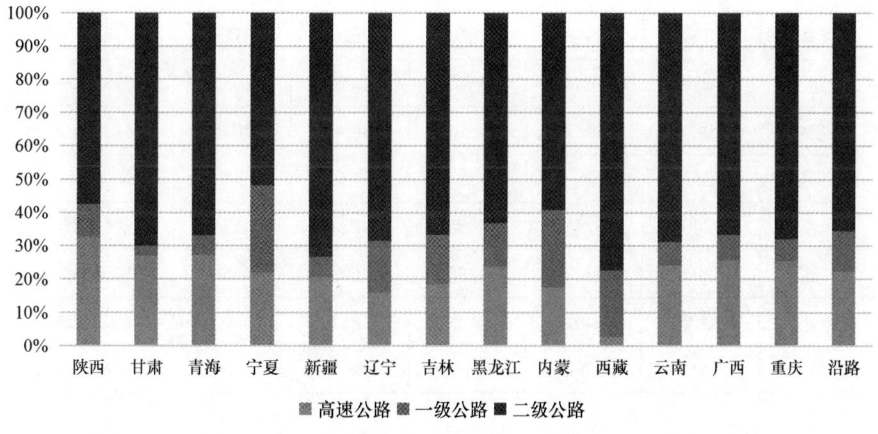

图 2—22　2016 年丝绸之路经济带公路结构对比图

高速公路基础设施对经济增长的促进作用较为显著，国家和地区不断加大投资丝绸之路经济带高速公路建设，2013—2017 年，经济带高速公路从 35957 公里增长至 2017 年的 48282 公里，总量增长了 34.28%，年均增速为 7.6466%。一级公路营运里程年均增长率为 8.5084%，二级公路营运里程年均增长率为 7.6331%，从 106372 公里增长至 132637 公里。沿线西北地区的西藏、青海、新疆的增速较快，其中西藏的增速最为显著（67.4834%），青海的增速位居第二（33.4955%），新疆的增速位居第三（16.3540%）。广西、吉林两地高速公路里程增速分别为 8.9458%、7.8723%。其余 9 个地区的高速公路建设相对饱和，其里程变化呈现出平缓增长之势（见表 2—9、图 2—23）。

表 2—9　　丝绸之路经济带沿线省份高速公路营运里程变化　　单位：公里

地区	2013 年	2014 年	2015 年	2016 年	2017 年	年均增长率
陕西	4363	4466	5093	5093	5100	3.9791%
甘肃	2953	3262	3522	3600	3600	5.0775%
青海	1228	1719	2662	2878	3900	33.4955%
宁夏	1344	1343	1527	1527	1609	4.6018%
新疆	2728	4316	4316	4395	5000	16.3540%
辽宁	4023	4172	4195	4195	4198	1.0702%
吉林	2299	2348	2630	2629	3113	7.8723%
黑龙江	4084	4084	4346	4350	4657	3.3368%
内蒙古	4080	4237	5016	5016	5016	5.2990%
西藏	38	38	38	38	299	67.4834%
云南	3200	3255	4006	4134	4134	6.6118%
广西	3305	3722	4288	4603	4656	8.9458%
重庆	2312	2401	2525	2817	3000	6.7292%
经济带	35957	39363	44164	45275	48282	7.6466%

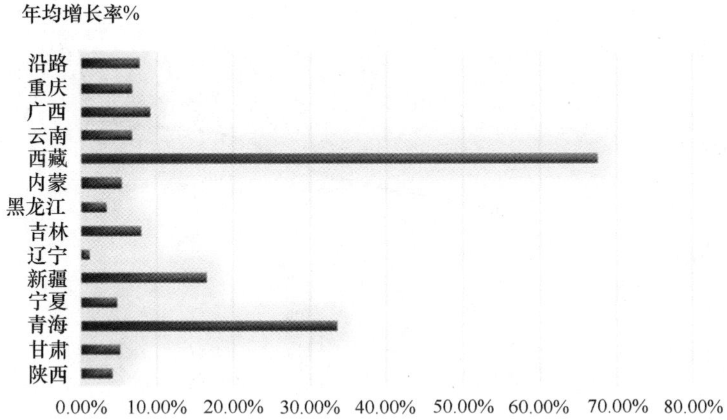

图 2—23　丝绸之路经济带高速公路增速对比图

近年来，现代化的空中丝绸之路架构初步形成，经济带航线网络不断加密，民航总里程不断增长，其中东北地区的辽宁近 5 年的民航运输里程增长显著，年均增长率为 225.69%，黑龙江年均增长率为 11.26%；随着西部大开发及对外经贸合作的不断深入，西部地区的民航运输需求随之增长，而西北五省地区的西安咸阳机场、甘肃天水机场、乌鲁木齐机场、银川河东机场、西宁曹家堡机场等国内干线机场和若干个支线机场的航线也不断扩延，2014 年西北五省地区民航运输里程达到 172135.14 公里。西北地区的民航里程年均增长率为 7.25%，其中，青海（17.58%）、陕西（11.51%）、宁夏（8.94%）的增速较快，甘肃（6.99%）稍低于经济带平均水平，新疆（0.42%）的增速较慢。

水运方面，经济带的水运里程、水运能力、港口吞吐能力不断增加。其中，水运里程从 2013 年的 24869 公里增加至 2017 年的 26272 公里，年均增长率为 1.38%。青海（12.48%）、云南（5.95%）水运里程增速较为显著，陕西、广西、重庆年均增长率分别为 1.83%、1.02%、0.12%，内河航道里程发展变化不大（见图 2—24、图 2—25）。

丝绸之路经济带横跨东西、纵贯南北，连通海外的油气管网运输通道发展较为迅速（见图 2—26）。其中，新疆的增速最为显著，年均增长

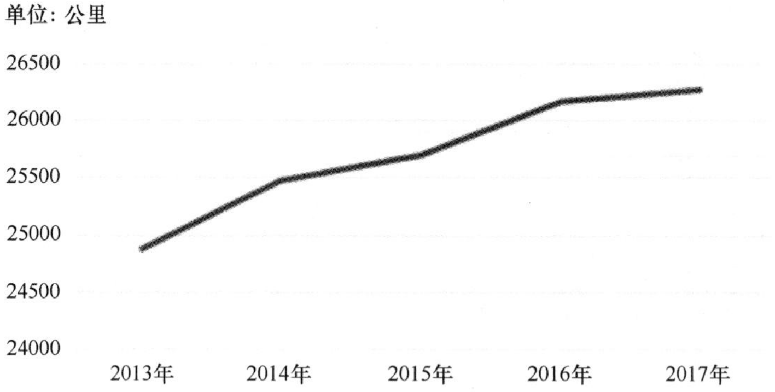

图 2—24　丝绸之路经济带沿线水运通航里程变化图

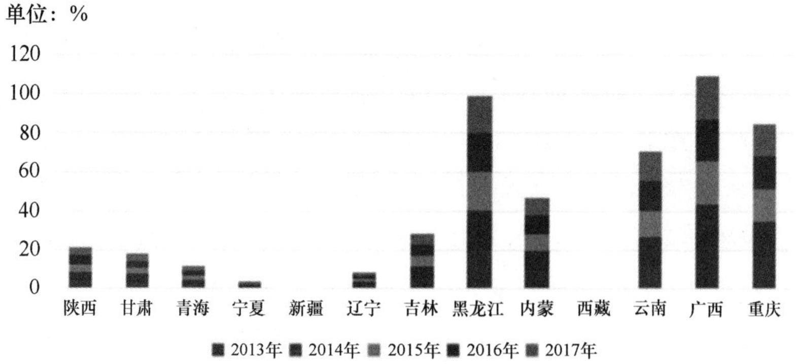

图 2—25　丝绸之路经济带沿线各省水运通航里程变化图

率为 9. 36%，陕西、黑龙江的年均增长率分别为 7. 38%、7. 29%。西北五省地区管道设施建设承担了全国主要的管道运输量：原油管道——独山子炼油厂至克拉玛依，全长 147 公里、天然气管道——重庆化工厂至巴县石油沟等。其中，新疆 2009 年建设全长 3088 公里的中哈原油管道、全长 4000 公里的输气管道、全长 5220 公里的西气东输三期通道，目前已成为经济带、全国管道运输里程最长、贯通东西境外的油气管道干线网络大动脉。

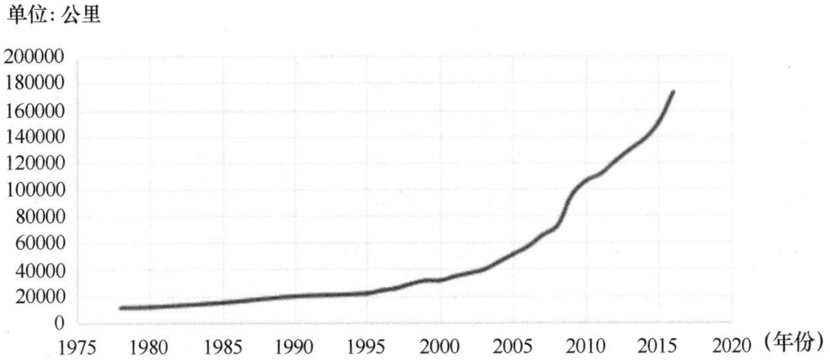

图 2—26　丝绸之路经济带管道输油（气）里程变化趋势图

（二）丝绸之路经济带交通运输业发展

1992—2017 年丝绸之路经济带 13 个省区的客运量增加了 1.29 倍，年均增长率为 3.37%。2013 年以来，随着私人小汽车消费的趋增，交通运输部门的公路运输客运量规模逐渐减少。分地区来看，各地的客运量年均增长率均在增加，其中重庆的增速最为显著，次之为西藏，吉林、内蒙古、辽宁、宁夏、广西等地的增速较为缓慢。铁路客运年均增长率最快的为西藏（17.6782%），辽宁、黑龙江的增速逐渐缩小；公路客运年均增长率显著增加的有西藏（6.8827%）、甘肃（6.7908%）两地，辽宁的公路客运呈现先增加后减少的趋势，2014 年以来其客运量不断减少。在四种运输方式中，民航客运的年均增速最高，青海、宁夏、重庆的民航客运不断增加，有力地满足了经济带的客运需求。丝绸之路经济带水路客运增幅较小，云南、青海等地随着旅游业的不断发展，水路客运增速较为显著（见图 2—27、表 2—10）。

表 2—10　　1992—2017 年丝绸之路经济带客运量变化表　　单位：万人

年份	经济带合计	铁路	公路	民航	水运
1992	204655.80	44066.50	155924.30	557.00	4108.00
1995	278745.24	47495.00	224514.00	1216.24	5520.00
2000	362541.56	40076.00	316159.00	1951.56	4355.00

续表

年份	经济带合计	铁路	公路	民航	水运
2005	433073. 69	37251. 00	387707. 00	3848. 69	4267. 00
2006	463833. 13	40262. 00	414548. 00	4453. 13	4570. 00
2007	516363. 09	43853. 60	462625. 00	5087. 39	4797. 10
2008	611161. 86	48154. 09	553893. 00	5198. 77	3916. 00
2009	654054. 45	50669. 90	593563. 00	6067. 55	3754. 00
2010	713108. 13	52600. 06	649565. 00	6945. 07	3998. 00
2011	770550. 99	53531. 67	705195. 00	7510. 32	4314. 00
2012	826454. 77	53978. 03	758932. 00	8980. 74	4564. 00
2013	596354. 30	56833. 38	524995. 00	10634. 65	3891. 26
2014	543329. 36	60362. 50	466274. 00	12048. 73	4644. 13
2015	504096. 29	65119. 30	421093. 00	13009. 99	4874. 00
2016	504961. 05	71826. 93	413792. 38	14283. 64	5058. 10
2017	469076. 81	76418. 48	370674. 69	17623. 51	4360. 13

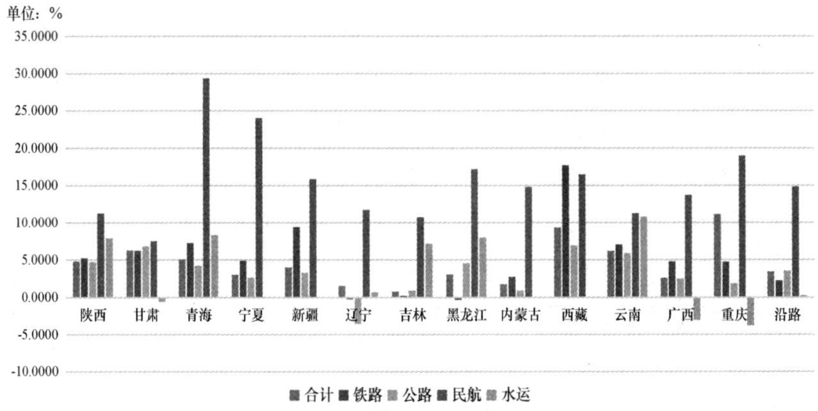

图 2—27　丝绸之路经济带客运量年增长率对比图

随着交通基础设施的不断发展，丝绸之路经济带上各种运输方式的客运周转量不断增加，25 年来，总的客运周转量增长了 2. 57 倍，年均增长率为 5. 22%。其中民航客运周转量增长了 17. 10 倍，年均增长率为

12. 28%；铁路运输的客运周转量增加了 2. 9 倍，年均增长率为 4. 62%；公路运输的客运周转量增加了 1. 67 倍，年均增长率为 4%。2013 年以来公路运输部门的客运周转量有所下降；水运部门客运周转量增加了 1. 01 倍，年均增长率为 2. 83%（见表 2—11）。

表 2—11　1992—2017 年丝绸之路经济带客运量年均增长率表　单位:%

地区	合计	铁路	公路	民航	水运
陕西	4. 8071	5. 2398	4. 6800	11. 2648	7. 8694
甘肃	6. 2284	6. 2247	6. 7908	7. 5120	-0. 5650
青海	5. 0569	7. 2539	4. 2012	29. 3747	8. 3245
宁夏	2. 9805	4. 8721	2. 5810	23. 9822	—
新疆	3. 9890	9. 3647	3. 2329	15. 8635	—
辽宁	1. 5145	-0. 2225	-3. 5485	11. 7488	0. 6884
吉林	0. 7732	0. 0169	0. 9021	10. 7331	7. 1386
黑龙江	3. 0252	-0. 1275	4. 5321	17. 1926	7. 9759
内蒙古	1. 7513	2. 7000	0. 8804	14. 7632	—
西藏	9. 2710	17. 6782	6. 8827	16. 4781	—
云南	6. 1540	7. 0213	5. 8581	11. 2767	10. 8046
广西	2. 5453	4. 7585	2. 4709	13. 7220	-2. 9965
重庆	11. 1411	4. 7046	1. 8396	18. 9875	-3. 7829
经济带	3. 3734	2. 2265	3. 5245	14. 8179	0. 2385

从地区结构来看（见图 2—28），经济带沿线的西藏（13. 9581%）、青海（9. 9991%）的客运周转量增速非常显著。铁路客运周转量方面，西藏以 16. 2738% 的年均增长率位居经济带第一，青海、宁夏分别以 11. 2830%、8. 6882% 的速度迅速增长。公路客运周转量方面，西藏客运周转量变化最大，甘肃也呈快速增长之势，25 年间增长了 9. 29 倍，年均增长率为 9. 7724%，甘肃增长了 5. 12 倍，年均增速为 7. 5129%。民航客运周转量方面，由于宁夏、青海、西藏、黑龙江等地在 20 世纪 90 年代的建设规模较小，随着西部大开发及丝绸之路经济带交通基础设施的进一步发展，近年来民航发展较为迅速，25 年间民航客运周转量变化的幅度

较大，其增速也较为显著，宁夏增长了429.73倍，青海增长了270.64倍，黑龙江增长了74.67倍，西藏增长了40.83倍，年均增长率分别为27.4583%、25.1295%、18.8932%、16.1073%；水路客运周转量方面，青海（2.1640%）、云南（9.0173%）、陕西（8.0159%）的年均增长率较大，吉林（3.8101%）、黑龙江（1.0992%）等地平稳增长。

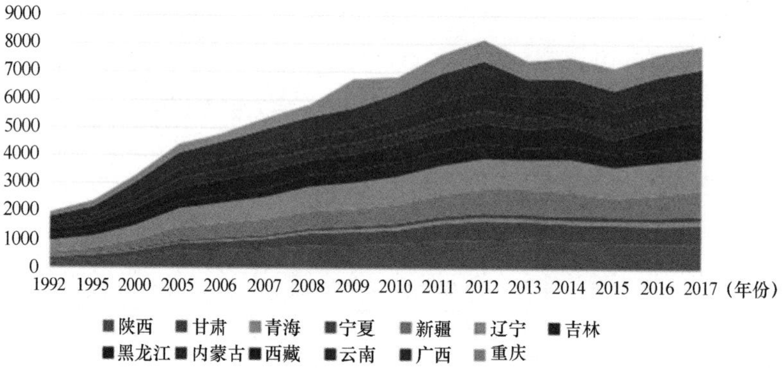

图2—28 丝绸之路经济带各省客运量周转量对比图

表2—12 丝绸之路经济带客运周转量变化表 单位：亿人公里

年份	经济带合计	铁路	公路	民航	水运
1992	1945.31	1064.54	761.80	85.82	33.15
1995	2358.73	1157.67	975.55	163.97	61.55
2000	3265.24	1320.93	1689.43	224.18	30.70
2005	4380.42	1652.43	2296.42	406.56	25.01
2006	4774.43	1817.91	2464.17	466.16	26.18
2007	5333.53	2029.82	2756.45	520.43	26.84
2008	5829.83	2237.59	3029.24	540.73	22.27
2009	6526.14	2279.85	3514.94	709.54	21.81
2010	6797.43	2396.08	3664.89	733.15	3.31
2011	7611.53	2645.65	4127.68	833.60	4.60
2012	8137.07	2714.76	4409.47	946.39	66.46
2013	7388.99	2844.71	3418.65	1068.67	56.96
2014	7504.84	3021.75	3129.06	1282.04	71.98

续表

年份	经济带合计	铁路	公路	民航	水运
2015	7155.08	3141.97	2628.74	1321.20	63.17
2016	7038.77	3197.24	2353.12	1418.09	70.32
2017	6940.76	3289.37	2031.66	1553.19	66.54

25年来丝绸之路经济带的货运总量增长了3.25倍，年均增长率为5.9561%，各种运输货运量均不断增长，其中，民航货运的增长速度最快，增长了11.35倍，年均增长率为10.5761%，次之为水运（9.9857%）、公路（6.0068%）、管道（5.3611%）、铁路（5.1486%）（见表2—13、图2—29）。

表2—13　丝绸之路经济带货运量变化表　单位：万吨

年份	经济带合计	铁路	公路	民航	水运	管道运输
1992	314057.81	59532.72	239318.21	8.78	5651.30	9546.80
1995	355590.42	64950.00	275093.06	16.07	7970.40	7560.89
2000	423363.09	66770.30	340594.00	35.19	7470.00	8493.60
2005	541102.10	99792.00	416073.00	41.92	16054.00	9141.18
2006	589703.87	107177.20	452610.00	46.27	19561.00	10309.40
2007	661853.75	121809.00	504389.00	53.15	23171.37	12431.23
2008	703621.22	133330.00	524613.00	49.22	27852.00	17777.00
2009	778059.78	149802.00	581488.00	53.82	28931.00	17784.96
2010	891755.83	157571.00	680844.00	63.80	34771.00	18506.03
2011	1027431.57	161656.10	803840.00	65.31	41255.00	20615.15
2012	1145452.53	162155.20	913142.00	75.29	47091.00	22989.04
2013	1166140.77	201100.57	895530.00	84.10	48015.09	21411.01
2014	1272453.67	189675.00	1005679.00	92.60	52361.00	24646.07
2015	1184050.97	149830.10	959487.80	93.77	55417.00	19222.30
2016	1258806.51	175612.84	1005773.60	100.35	59203.00	18116.72
2017	1333994.32	208853.22	1028775.26	108.40	61031.30	35226.14

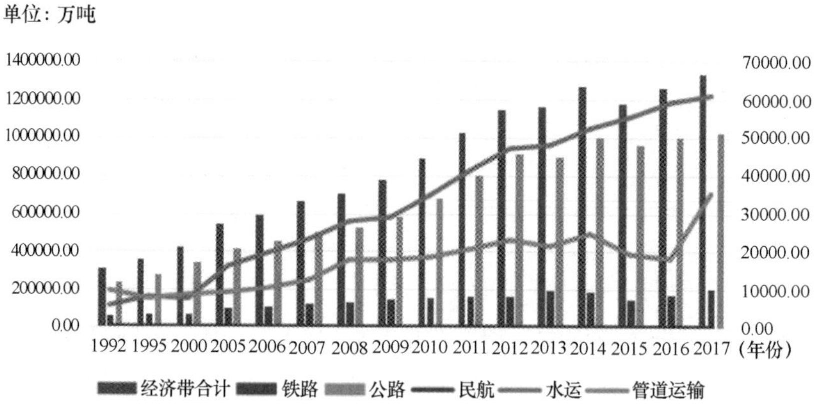

图2—29 丝绸之路经济带货运量趋势图

分地区来看（见表2—14），1992—2017年，丝绸之路经济带铁路货运量年均增长率最高的地区是西藏，陕西、内蒙古铁路货运增长较快；公路货运年均增长率最大的是宁夏，次之是西藏。广西、重庆、内蒙古的公路货运增速在8%—9%，东北三省的公路货运增幅较小；青海民航货运以24.1859%的年均增速成为经济带发展此项最快的一个地区，西藏、新疆、黑龙江民航货运增速显著，而吉林、内蒙古的民航货运增速缓慢；水路货运方面，甘肃的年均增长率逐渐下降，广西、重庆的发展速度较快；吉林在管道货运方面增速最为显著，新疆的年均增长率超过经济带均值4个百分点而位居第二，西藏地区的管道货运以年均1.2605%的速度逐渐增长，青海（9.9991%）的货运量增速非常显著。铁路客运周转量方面，西藏以16.2738%的年均增长率位居经济带第一，青海、宁夏分别以11.2830%、8.6882%的增速缓慢增长。

表2—14 丝绸之路经济带货运量年均增长率表 单位：%

地区	合计	铁路	公路	民航	水运	管道
陕西	7.9849	10.3815	7.4447	9.1867	8.0000	—
甘肃	5.2122	3.3753	5.5666	8.5635	-0.6430	—
青海	7.3632	7.3516	7.4432	24.1859	—	3.9395

续表

地区	合计	铁路	公路	民航	水运	管道
宁夏	14.1176	2.8488	12.1153	10.0337	—	—
新疆	6.9917	5.5057	6.6458	11.5846	—	9.9911
辽宁	4.1698	0.7119	4.6088	7.4301	7.8298	3.0106
吉林	2.9369	-1.2230	3.8204	3.2486	5.6051	17.0074
黑龙江	1.4499	-1.6504	3.0264	13.9962	3.1933	1.4491
内蒙古	8.5600	10.1121	7.9078	2.2097	—	—
西藏	12.4665	68.1359	11.5029	12.9650	—	1.2605
云南	4.7756	6.3556	4.6330	8.9013	7.8838	—
广西	8.3733	1.4845	8.3401	12.0697	11.8389	—
重庆	8.3203	-1.4282	8.8458	8.8962	11.7246	—
经济带	5.9561	5.1546	6.0068	10.5761	9.9857	5.3611

货运周转量从1992年的6165.78亿吨公里增加至2017年的37681.37亿吨公里，25年增加了5.11倍，年均增长率为7.5092%（见表2—15）。其中，铁路货运周转量增加了1.37倍，年均增长率为3.5149%，公路货运周转量增加了14.89倍，年均增长率为11.6971%，民航增长了8.36倍，年均增长率为9.3595%，水路货运周转量增加了14.67倍，年均增长率为11.6352%，管道货运周转量年均增长率为1.2241%。

表2—15　　丝绸之路经济带货运周转量变化表　　单位：亿吨公里

年份	经济带合计	铁路	公路	民航	水运	管道运输
1992	6165.78	4145.83	1115.28	1.45	621.23	281.99
1995	7004.32	4540.25	1350.52	3.28	834.07	276.19
2000	7889.49	5154.55	1874.80	5.73	700.68	153.72
2005	12278.45	7380.78	2759.14	6.36	1946.42	185.75
2006	13798.27	7956.50	3047.96	7.53	2605.51	180.78
2007	16662.27	8791.10	3483.84	7.44	4273.74	106.14
2008	23269.02	9624.11	8675.08	7.68	4856.09	106.05
2009	24788.52	9572.05	9572.50	12.73	5527.23	104.01

续表

年份	经济带合计	铁路	公路	民航	水运	管道运输
2010	27771. 61	9796. 65	11249. 15	8. 41	6583. 87	133. 53
2011	32323. 26	11043. 53	13479. 20	8. 51	7646. 82	145. 20
2012	36072. 00	11238. 86	15796. 63	9. 72	8885. 10	141. 69
2013	35557. 20	11581. 21	14708. 34	10. 48	9053. 72	203. 45
2014	36479. 24	10863. 70	16044. 43	11. 80	9206. 44	352. 85
2015	33105. 66	8827. 59	15812. 35	12. 29	8117. 90	335. 54
2016	35807. 79	9201. 20	16589. 43	13. 00	9639. 61	364. 56
2017	37681. 37	9832. 95	17718. 77	13. 57	9733. 84	382. 24

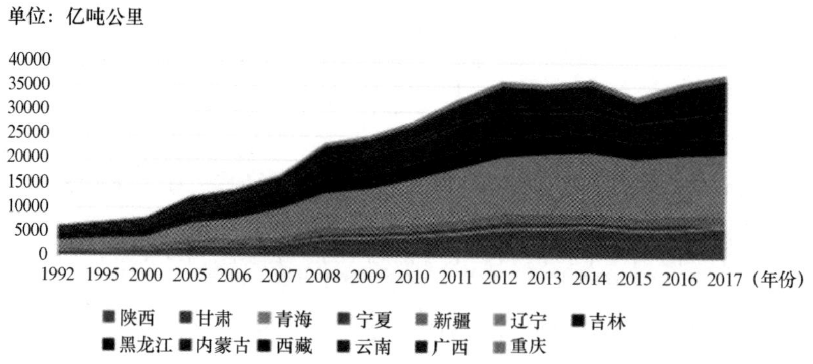

图 2—30 丝绸之路经济带各省货运量周转量对比图

图 2—30 显示，丝绸之路经济带上 13 个地区的货运周转量绝对规模均呈递增趋势，其中辽宁的货运周转量规模最大，宁夏的规模最小。从相对规模来看，25 年间，公路货运周转量在各种运输方式中的年均增速最为显著，其中重庆、广西、内蒙古、宁夏较高的年均增长率对经济带增速有重要的促进作用；西藏是经济带总体货运周转量、铁路货运周转量变化最大的一个地区，辽宁管道货运、铁路货运周转量的增速为负值，黑龙江在民航、水运货运周转量的年均增速上也为负值，呈现出货运周转量逐渐递减的态势（表 2—16）。

表 2—16　　丝绸之路经济带货运量年均增长率表　　单位:%

地区	合计	铁路	公路	民航	水运	管道
陕西	8.9573	6.2864	13.8697	7.6117	0.0459	—
甘肃	7.5932	5.5271	10.5666	7.8838	-0.0273	—
青海	9.2659	8.6222	10.4945	3.0450	—	4.0237
宁夏	10.1911	6.1160	15.3476	7.5865	—	20.1266
新疆	7.7572	6.1204	9.2983	7.6057	—	11.9610
辽宁	7.8081	-0.4177	11.2928	6.3995	0.1191	-2.1969
吉林	4.7102	0.6790	12.4802	13.9197	-0.0584	—
黑龙江	3.1970	0.1058	11.5219	-11.5135	-0.0322	5.5558
内蒙古	8.6606	6.4220	16.1866	12.7085	—	—
西藏	12.5081	30.0013	14.9840	10.1581	—	2.3617
云南	7.7882	5.8758	10.8321	—	0.1236	—
广西	9.4912	3.8448	16.9468	17.0143	0.1296	—
重庆	6.6363	0.2469	16.8443	9.3595	-0.0614	—
经济带	7.5092	3.5149	14.8292	7.5092	0.1164	1.2241

第三节　丝绸之路交通运输碳排放特征

一　畜力时期交通运输碳排放特征

由于从汉朝张骞“凿空”西域一直到蒸汽机发明之前，丝绸之路的交通运输工具依靠动物、人力或者自然力等方式来推动，该时期是以畜力和自然力等形式驱动的运输工具时代，因此该时期内丝绸之路很少受到碳排放的污染，人类社会还处于相对很低标准的自然状态下的碳排放阶段，所以本书称为零碳排放时期。从现在偏远农村地区的空气质量远远高于现代城市的空气质量也可以得到验证。

二　化石能源时期交通运输碳排放特征

交通的高碳排放主要是由于消耗大量的化石能源驱动的蒸汽机被广泛用于交通工具。蒸汽机发明后，首先是被用到工业生产中，从 18 世纪晚期开始，蒸汽机在交通运输等行业中获得迅速推广。

世界上最早由蒸汽机驱动的汽车是1769年由法国人尼古拉斯·约瑟夫·居纽（1725—1804）发明的，居纽的这项发明被认为是自然动力与机械动力的分水岭，也是无碳排放时期与高碳排放时期的分界限，具有里程碑意义。

图2—31 “卡布奥雷”车

资料来源：转引自2016年8月17日“卡车之家”。

1885年10月，德国人卡尔·本茨（1844—1929）在经过多次失败后，终于发明了由单缸汽油发动机驱动的汽车，并且获得了世界上属于汽车的首张发明专利证书。1883年8月德国人特里布·戴姆勒（1843—1900）发明了汽油内燃机，很快就作为驱动力运用到汽车上。本茨和戴姆勒对蒸汽机和内燃机进行的改造，比最初依靠大量煤炭作为能源来带动蒸汽机实现了跨越式发展，汽油非常轻便，便于汽车本身携带，从而促进了汽车工业的快速发展，他们两人因此被世人尊称为“汽车之父”。

汽油内燃机发明以后，由于内燃机具有热效率高、体积轻便、维护简单等众多优点，是当前各国交通工具使用量最多的热力发动机，内燃机在燃烧汽油等化石能源后，尾气中排放的有害气体对大气具有非常严重的破坏性，也是人体呼吸系统患多种疾病的原因之一。据瑞士专家测算，城市大气污染中，大约60%的有害物来源于汽车尾气，而汽车尾气

图 2—32　戴姆勒研制的汽车

排放的主要污染物分别是一氧化碳、碳氢化合物，其大气污染分担率①分别达到 71.5%、72.9%[218]。

（1）一氧化碳。随着科技的进步，内燃发动机的体积越来越小、重量越来越轻，燃料在内燃机内燃烧过程中，燃料的主要成分碳在内燃机中由于空气不足导致燃烧不完全，从而产生一种看不见、摸不着、无色、无味，对人体有害的气体，就是一氧化碳。在被人和动物吸进呼吸系统后，由于一氧化碳本身的化学特性，其与人体和动物血液中的血红蛋白结合的速度比氧气结合要快 300 多倍，分解的速度却比人体和动物所需的氧合血红蛋白慢 3600 倍，从而致使人体和动物的大脑无法供氧，出现呕吐和昏迷等症状，人或者动物在大量吸入一氧化碳后可能导致死亡。

（2）碳氢化合物。碳氢化合物是化石燃料中由于氧气不充足导致燃烧不充分而产生的多种化学气体的混合物。碳氢化合物除了具有致癌破坏性外，还会对人体的感官系统造成严重损害。碳氢化合物和氮氧化合物产生后会长期漂浮在空气中，在炎热的夏季，由于太阳光中含强烈的紫外线，在长时间的照射下，将形成二次污染物——光化学烟雾，光化学烟雾对人体的危害性比汽车尾气直接产生的污染物更严重，人类在光化学烟雾笼罩下会患冠心病、肺气肿、肺结核和心脏衰弱等高致死疾病。

---

① 某种污染物在污染过程中所占的比率。

（3）二氧化碳。进入21世纪后，随着时代的发展、社会的进步，加之内燃机本身在燃料方面要求较高，人类燃烧化石能源产生的一氧化碳越来越多，一氧化碳与空气中的氧气发生化学反应后产生的二氧化碳越来越多，导致全球温度不断上升，因此，现代交通工具将面临来自碳排放、化石能源短缺等各方面的挑战，它的未来只能朝能源节约，燃料多样化，低能耗，高效率，延长寿命，提高可靠性，降低碳排放和噪声污染，降低重量、体积和成本，优化维护和保养等方向发展。

在蒸汽机时代，由于交通工具主要依赖化石能源作为发动机的动力，因此其向空气中排放大量的碳化合物不可避免，而化石能源燃烧不充分的主要污染物分别是碳氢化合物、一氧化碳，其大气污染分担率分别高居第一和第二。一般根据单位运输量排放的一氧化碳、碳氢化合物含量来衡量交通工具碳排放的高低，目前人们外出的交通工具主要是汽车、飞机和火车，由于汽车、飞机本身运量有限，因此计算得出这两种交通工具排放的污染物是火车运输的数十倍甚至上百倍，而铁路机车目前接近70%都采用电力机车，在不考虑火力发电引致的污染的情况下，则其碳排放非常低。同时，由于铁路单位运输量能耗低，运量大，成本低，而且很少受到天气的影响，非常适合长途运输，尤其是在丝绸之路经济带沿线国家间往来运输，因此，在全球碳排放压力下，大力发展非化石能源机车牵引的铁路交通是未来丝绸之路经济带交通工具的发展方向。

三　新能源时期交通运输碳排放特征

随着技术进步和新油田的不断发现，汽车动力由蒸汽机驱动逐渐由柴油蒸汽机驱动取代，再后来又出现了依靠电力为代表的新能源作为动力的蒸汽机，交通工具走过了由依赖高碳排放煤炭动力，中碳的燃油动力，到清洁能源低碳排放的电力动力的历程。

我国新能源汽车经过20余年的发展，从无到有，从借鉴模仿到自力更生，取得了显著的成绩。2018年年初，中国工业和信息化部部长苗圩指出，2015—2017年我国新能源汽车无论是在产量还是销售量方面都是全球第一。2017年生产量和销售量分别为79.4万辆和77.7万辆，产销量都保持了良好的增长势头，而且已经出口到世界30多个国家，同时我国总保有量已经占世界新能源汽车总量的50%以上。

新能源汽车能够取得上述优异成绩与国家出台的鼓励政策是分不开的。首先是政府支持。习近平主席早在2014年视察上海汽车公司时就曾指出："发展新能源汽车是我国从汽车大国走向汽车强国的必由之路"。其次是国家出台的鼓励政策更加切合实际。以前出台的政策有些比较空洞，当前的鼓励政策以方便消费者为导向，如单独号牌、优先通行等。再次是目标发展方向的选择更加准确。我国新能源车已经由原来的单一纯电动车向多种能源方式转变；由单一的公共交通领域向公共交通领域和私人领域并重发展。最后是中央鼓励政策与地方政府鼓励政策同步。各地方政府根据中央出台的鼓励政策，也纷纷制定本地鼓励新能源车发展的配套补贴政策，这些措施对于新能源车的发展具有巨大的推动作用。

新能源汽车与化石能源汽车相比，在降低碳排放方面拥有极大的优势，考虑到电动汽车动力需要消耗电力，因此把发电排放的碳也考虑进来，即从所耗电力的发电阶段到汽车驾驶阶段的车辆全生命周期来看，新能源汽车百公里碳排放等量约为5千克至15千克，而化石能源车平均百公里排放从15千克至54千克不等。① 新能源车的碳排量仅为化石能源车的三分之一，具有明显的环保优势。我国经济要做到可持续发展，同时考虑到能源安全，新能源汽车的主要方向应该以纯电驱动（包括EV、PHEV、FEV）② 为主。

根据我国汽车生产技术和消费者需求状况，对于生产技术成熟的小排量燃油车还不能"一刀切"停止生产，毕竟在碳排放方面相对"环保"；相反，国家有关部门要严厉打击那些生产技术达不到国家要求的"所谓的新能源车"厂商打着新能源车旗号骗取国家财政补贴行为。作为国家要继续加大力度引导汽车厂商开发新能源交通工具。新能源车供应商应该加大研究开发力度，努力提高产业技术水平，完善配套设施，应

---

① 数据来源于中国汽车技术研究中心有限公司数据资源中心《中国新能源汽车碳排放评价方案》。

② EV即Electric vehicle即电动车；PHEV即Plug-in hybrid electric vehicle即插电式混合动力汽车；FEV即Forced Evolutionary Virus即燃料电池汽车。

该从汽车产品全生命周期来看碳排放量，而不是仅仅考虑汽车动力所耗费能源的碳排放量。

第四节 本章小结

本章把丝绸之路划分为古丝绸之路、新丝绸之路和丝绸之路经济带三个时期。首先梳理了古丝绸之路形成、发展、国内和国际交通运输线路走向、交通运输发展及开通的历史意义；其次梳理了新丝绸之路（新亚欧大陆桥）形成、线路走向，重点梳理了国际铁路通道、国际公路通道和国际能源管道发展、交通基础设施及交通运输业发展，分析了新亚欧大陆桥开通的历史意义；再次梳理了丝绸之路经济带形成、发展、路线走向、交通运输发展等情况；最后总结了丝绸之路不同时期的交通运输碳排放特征。

第三章

我国交通运输低碳发展政策简史

新中国成立后，我国在“追美超英”战略下，付出了大量的资源耗费和环境严重的污染代价，初步建立了工业体系。十一届三中全会后开始全面实施改革开放，中国经济开始了一个长达十多年的两位数增长的时代，在粗放型经济发展下，资源消耗和环境污染达到了令人触目惊心的地步。正是在这种“高能耗、高污染”背景下，我国开始了在低碳领域的认识和管控，但是起步比较晚，控制碳排放的相关法律法规出台也较晚，最早的一部正式法律是1998年1月1日起开始实行的《中华人民共和国节约能源法》，最近一部是2018年1月1日起正式实行的《中华人民共和国环境保护税法》，碳排放相关立法40年来，从最初只涉及单方面的节约能源扩展到全面的环境保护和环境改善，减少各种污染物排放，在全国范围内全面推进生态文明建设，反对铺张浪费和不合理消费行为，倡导人们采用绿色低碳的生活方式等，相关法律制度发展主要经历了四个阶段。

第一节　我国交通运输低碳发展法律制度

一　国际接轨阶段的相关法律制度（1979—1994年）

中国作为一个负责任的发展中大国，在低碳法律制度方面积极向国际组织学习、借鉴。改革开放后，各项事业都开始与国际接轨，在环境保护方面自1979年起先后加入了有关国际组织，签署了相关公约，主要有《濒危野生动植物种国际贸易公约》（1980）、《关于保护臭氧层的维也纳公约》（1989）、《关于消耗臭氧层物质的蒙特利尔议定书（修订本)》(1991)、《气候变化框架公约》(1992)。1982 年 5 月，我国首次成立了涉及环境保护的正部级单位——城乡建设环境保护部。该部虽然在 1988 年国务院部委调整的时候撤销，但是却把国家环境保护局保留了下来，而且是直属国务院管辖的副部级单位，最终在 1998 年上升为正部级单位，表明我国高度重视环境保护，努力提高环境保护能力。为了积极响应国际公约相关约束和应对日益严重的环境污染，1990 年，我国设立国家气候变化协调小组，作为应对气候变化和节能减排工作的议事协调机构。随着与有关环境保护国际组织接触日益增多，我国先后加入了多个相关国际组织，并出台与国际环境保护法规接轨的适合我国国情的相应法律规定。如 1992 年 8 月，公布的环境与发展纲领性文件《中国环境与发展十大对策》，该文件首次把经济发展和环境保护相结合，明确指出“只有走持续发展道路，才是解决环境问题的正确选择”。1994 年，在结合我国特殊国情的基础上，专门出台了《中国 21 世纪议程》，通过法律形式确立了我国可持续发展战略与环境保护相结合的宏观政策，这也是世界上第一个由单个国家颁布的关于可持续发展战略与环境保护的《21 世纪议程》，这也是我国与国际环境保护组织接轨阶段的标志。

在该时期，我国主要与国际环境保护制度进行接轨，除了上述主要制度以外，在交通领域也出台了一些配套制度，主要有原铁道部 1986 年出台的以下一些文件——《铁路节约能源管理暂行细则》《铁路节约原材料、能源奖励暂行办法》《铁路能源监察工作办法》。

二　探索阶段的相关法律制度（1995—2007 年）

我国经过前一阶段与国际环境保护组织的接触学习，一方面加入了有关环境保护的国际组织，受到相关条约的约束；另一方面也逐渐认识到加强环境保护对于我国转变经济发展方式，走经济可持续发展道路的重要意义，因此，我国低碳发展法律制度制定进入探索阶段，主要以 1995 年我国确立“两个转变”战略为标志。通过两个转变战略来应对因经济体制与经济增长方式不一致导致资源浪费和环境破坏，以及造成经济发展不可持续问题。经过近 20 年的借鉴学习和探索之后，我国第一部关于碳排放方面的环境保护法律《中华人民共和国节约能源法》自 1998 年 1 月 1 日起正式实施，这部法律强调全社会要从节约能源做起，无论企业还是群众都要改变原有的能源利用方式，创新条件，提高能源利用效率，降低能源耗费；一方面要做到环境不被破坏，另一方面要做到经济社会的协调可持续发展。2002 年 10 月，为了及时宣传我国在气候变化方面制定的政策和探索取得的最新研究成果，以及向公众普及大气环境保护知识，中国气候变化信息网正式上线投入使用，标志着环境保护法规宣传有了专门的网上平台。

为了深入贯彻落实《中华人民共和国节约能源法》，自 2003 年起，国务院先后发布了一系列法律法规，如缓解能源约束矛盾和环境压力的《节能中长期专项规划》（2004），建立资源节约型和环境友好型社会的《关于加快发展循环经济的若干意见》（2005）和《关于节能工作的决定》（2006），做好节能降耗和污染减排的《关于印发节能减排综合性工作方案的通知》（2007），应对气候变化的全面政策性文件《中国应对气候变化国家方案》（2007），重点明确各级人民政府及环境保护部门责任和任务的《关于印发国家环境保护“十一五”规划的通知》（2007），缓解石油和电力供应紧张状况的《关于进一步加强节油节电工作的通知》（2008）等。其中，《节能中长期专项规划》规定了有关节能方面必须要按期完成改造的十大重点工程；规定了包括交通运输业在内的必须节能的重点领域；还规定了必须加强节能监测技术和节能服务体系的保障措施等方面内容。

国务院发布的《关于印发节能减排综合性工作方案的通知》中特别强调，要加强交通运输节能减排管理，说明我国交通运输业在化石能源消费和碳排放规模非常巨大；同时该文件还鼓励满足新能源汽车生产准入规则的汽车生产企业开发新能源汽车，首次提出了新能源车厂商在满足准入规则后要推进“替代能源汽车产业化”，鼓励消费者购买使用新能源交通工具，希望逐渐用新能源车替代化石能源汽车。为了应对日益严峻的能源消耗和环境污染，2007 年 8 月，国家发改委发布《可再生能源中长期发展规划》，在该规划中分析了我国可再生能源在开发过程中可能存在一定程度破坏环境的现实问题，最后分析得出开发利大于弊的结论，希望通过出台财政补贴和税收减免等优惠措施来促进可再生能源的开发和利用。这些政策的及时出台，充分说明我国在环境保护方面不余遗力的大力探索和创新，坚持把可持续发展作为经济社会发展的重要目标，鼓励全社会发挥科技创新在节能减排和控制大气污染中的基础性作用。

在该时期，我国在铁路交通运输低碳发展方面出台了以下主要法规：《铁路能源监察工作办法（修订版）》（1995）、《铁路能源消耗与节约统计办法》（1995）、《铁路工程设计节能规定》（1997）、《铁路实施节约能源细则》（1998）、《铁路节能技术政策》（1999）、《铁路“十五”节能和资源综合利用规划》（2001）、《铁路节能技术政策（修订版）》（2006）、《铁路“十一五”环境保护规划》和《铁路“十一五”节能和资源综合利用规划》（2006）。我国在公路水路交通运输低碳发展方面出台了以下主要法规：《交通行业实施节约能源法细则》（2000）、《交通行业全面贯彻落实国务院关于加强节能工作决定的指导意见》（2006）、《关于港口节能中长期规划纲要》（2007）。

三　试点阶段的相关法律制度（2008—2013年）

我国低碳发展制度经过十多年的探索，从2008年开始由逐步探索阶段向部分省、市实施碳交易试点工作阶段转变，在部分行业逐步建立碳排放交易市场，标志着我国在低碳制度制定方面又向前迈出了一大步。

随着社会主义市场经济体制的逐渐完善，市场主体地位也逐渐形成，在环境保护方面为了加大市场主体地位，我国2008年选择在北京、上海建立能源环境交易所，选择在天津建立碳排放权交易所，希望通过在三市开展碳排放相关权益的交易试点，逐步在全国范围内推广碳排放权益、技术产权交易来保护环境和改善环境。为了进一步推进低碳试点工作，2010年7月国家发改委发布了《关于开展低碳省区和低碳城市试点工作的通知》，在综合考虑地域、经济发展水平及前期低碳开展情况的基础之上，选取广东、陕西等五个省（直辖市），重庆、天津等六个城市作为首批试点区域①。要求开展低碳试点省份和城市结合本地实际情况，提高领导干部的低碳意识，努力探索低碳技术，开展低碳生活，倡导低碳理念，

---

① 具体省市指：广东、辽宁、湖北、陕西、云南五省和重庆、天津、深圳、厦门、杭州、南昌、贵阳、保定八市。

推广低碳产品等，要求试点区域要及时发现问题并总结经验，为将来全国推广积累经验。在经过一年多低碳试点之后，国家决定将低碳试点工作向前继续推进。2011 年 10 月 29 日，按照《关于开展碳排放权交易试点工作的通知》要求，国家发改委根据各地申请情况，决定北京、上海、天津三个前期试点开设能源环境交易所的直辖市，以及后来开展省级区域和城市区域低碳试点工作较好的广东、重庆、湖北和深圳三省一市一起开展碳交易试点工作。随着碳交易试点工作的开展，标志着我国从制定低碳控制制度开始转向低碳交易试点。

第十一届全国人民代表大会根据国家发改委前期开展的低碳试点情况，批准在我国逐步建立碳排放交易市场。这是我国最高立法机关首次通过关于建立碳排放交易市场方面的法律规定。经过几个月的具体酝酿，国务院在 2011 年 12 月发布《“十二五”控制温室气体排放工作方案》，要求各省市在制定本地区“十二五”规划方案中，必须把建立低碳试验试点工作纳入其中，形成一批与本地经济社会发展相适应的典型的低碳城市、低碳工业园区和低碳居民社区，全面总结开展低碳试点的经验和不足，力争全面提升碳排放控制能力和控制温室气体排放能力。2013 年 10 月 15 日，国家发改委发布《关于印发首批 10 个行业企业温室气体排放核算方法与报告指南（试行）的通知》。该文件主要是希望总结前期各省市低碳试点经验，逐步设计温室气体的统计体系和核算制度，最终建立符合市场经济体制的碳排放交易市场，这也是落实“十二五规划”提出开展碳交易试点的配套政策。该文件的公布标志着我国在碳排放领域的试点工作基本完成，将逐步走向全面控制实施阶段。

在该试点阶段，我国原铁道部出台了以下主要法规：《铁路“十二五”节能规划》和《铁路“十二五”环保规划》（2012）；交通部出台了以下主要法规《公路水路实施〈中华人民共和国节约能源法〉办法》和《公路水路实施〈中华人民共和国节约能源法〉办法》（2008）、《建设低碳交通运输体系指导意见》（2011）、《交通运输行业应对气候变化行动方案》（2011）、《公路水路交通运输节能减排“十二五”规划》（2011）、《关于公路水路交通运输业落实〈国务院“十二五”节能减排综合性工作方案〉的实施意见》（2012）、《交通运输行业“十二五”控制温室气体排放工作方案》（2013）、《加快推进绿色循环低碳交通运输发展指导意见》（2013）、《交通运输业节能减排工作要点》（2013）。

四　管控实施阶段的相关法律制度（2014年至今）

我国碳排放实施办法经过部分省、市和行业试点及其经验总结，作为主要的减排措施，建立碳排放交易市场从2014年开始逐步在全国范围内推广，中央制定了全国范围控制温室气体排放的行动目标，各地明确了本地控制温室气体排放的目的，为了学习国际先进经验，各地还继续加强国际交流与合作。

我国在碳排放领域正式实施管控的标志是2014年1月13日国家发改委发布的《关于组织开展重点企（事）业单位温室气体排放报告工作的通知》，为了扩大碳排放交易市场容量，国家发改委规定的重点企（事）业单位①标准相对较低，要求全国各重点单位必须按时完整报告化石能源、非化石能源燃烧产生的温室气体排放量，从而为加强温室气体排放管控，完善碳排放权交易规则，制定碳税新税种等相关政策或法规提供必要的数据支持。2014年9月19日国家发改委发布《关于印发国家应对气候变化规划（2014—2020年）的通知》，提出了我国现阶段到2020年应对气候变化的主要目标。该文件指出各地区各部门要站在中华民族和全人类长远利益的高度考虑如何应对气候变化；提出了我国应对气候变化必须做到在适合我国国情的前提条件下，既要满足经济社会发展需要，又要保证取得应对气候变化胜利，从而走出一条具有中国特色的经济增长和温室气体有效控制的双赢之路。2014年11月12日，中美两国共同发布了以双方二氧化碳排放量峰值目标为主要内容的《中美气候变化联合声明》，为了确保联合声明目标按时实现，双方将建立“中美气候变化工作组”和“清洁能源研究中心”，主要在清洁汽车、碳捕集和封存技术等多方面开展合作研究，同时提供必要的资金支持。随着碳排放交易试点的成功，为了规范碳排放交易行为，国家发改委在2014年12月10日

① 发改委规定的重点企（事）业单位标准是：2010年温室气体排放达到13000吨二氧化碳当量，或2010年综合能源消费总量达到5000吨标准煤的法人企（事）业单位，或视同法人的独立核算单位。

发布了我国首个以建设碳排放权交易体系为目标的管理办法《碳排放权交易管理暂行办法》。发改委作为国家主管部门依据该办法负责全国范围内碳排放交易市场的建设、监督和指导，各省市发改委负责本地碳排放交易相关职责。

2015 年 9 月 25 日，习近平主席与美国时任总统奥巴马签署了《中美元首气候变化联合声明》，该声明一方面是落实 2014 年发布的《中美气候变化联合声明》目标，另一方面又提出了多项控制碳排放的新措施。如双方都提出要大力发展低碳交通，共同认为发展公共交通是降低大中城市碳排放的重要手段；中国承诺将于 2019 年实施载重汽车整车燃油效率标准；双方还将加强在气候变化和碳排放控制等方面的国际合作。为了鼓励市场机制在碳排放权交易中充分发挥自身调节作用，2016 年 1 月 11 日国家发改委发布了《关于切实做好碳排放权交易市场启动重点工作的通知》，该文件目的是实现市场机制的调节作用，要求各地安排碳排放权交易专项资金，同时安排碳排放领域专家实时提供技术支持，确保 2017 年全国碳排放权交易能够顺利启动。

2017 年 12 月 19 日，国家发改委正式发布了《全国碳排放权交易市场建设方案（电力行业）》，这说明我国已经完成碳排放权交易体系设计，标志着我国碳排放权交易市场正式起航，我国在控制碳排放方面迈出具有实质性重要一步，意义十分重大。随着试点的结束，在该阶段铁路总公司出台的主要法规有：《中国铁路总公司节约能源管理办法》（2015）、《中国铁路总公司节能减排项目推广管理办法》（2015）。交通运输部出台的主要文件有：《交通运输部办公厅关于印发 2014 年交通运输业节能减排工作要点的通知》（2014）、《交通运输业环保“十三五”发展规划》（2016）、《关于推进长江经济带绿色航运发展的指导意见》（2017）。

第二节　我国促进交通运输低碳发展的财税政策

交通运输低碳发展属于生态环境研究范畴，为了应对国际能源压力，保护生态环境，减少能耗及污染，我国开征了资源税、消费税、车船税，收取污染费，实施绿色采购制度等。资源税于1994年将征税范围由煤、油、气扩展到全部能源，2011年将油气资源计征方式由从量改为从价计征，并在全国范围内开展和推广。消费税中针对能源产品成品油（汽油、石脑油、柴油等）、高能耗产品小汽车、摩托车等征税。污染费对能源消耗、排污量较大的电力企业做出了具体核定。实施政府绿色采购制度①已初显成效②，自党的十八大以来，国家基于绿色生态、低碳发展理念，不断完善交通运输低碳发展法规体系。

一 设立公路水运节能减排专项资金

2011年6月，财政部和交通运输部联合出台《交通运输节能减排专项资金管理暂行办法》，中央财政首次从一般预算资金（含车辆购置税交通专项资金）中安排用于支持公路水路交通运输节能减排项目的专项资金，重点支持公路水路交通运输节能减排专项规划确定的重点项目实施单位和参加“车、船、路、港”千家企业低碳交通运输专项行动的企事业单位。

二 设立民航节能减排专项资金

2010—2011年，中国民航局共争取中央财政预算内资金六亿元用于航空公司、机场的节能减排工作，重点补贴飞机加装翼梢小翼、与节能相关的运控系统升级、机场照明和能源动力改造等项目。2012年民航局、财政部印发《民航节能减排专项资金管理暂行办法》，从公共财政资金和民航发展基金中安排用于支持民航业开展节能减排工作的专项资金，引导行业正确开展节能减排工作。支持范围包括：民航节能技术改造、民航管理节能、民航产品及新能源应用、新能源及节能地面保障车辆购置及改造、航路优化项目建设、民航节能减排标准、统计、监测考核体系建设，民航局节能减排项目评审、验收、监督检查和基础性、战略性课题研究等。

---

① 2014年，全国政府采购资金总额中，节能环保产品所占比重超过25%，规模突破3762.4亿元。

② 参见http：//finance.sina.com.cn/china/20150730/160722834762.shtml。

三　购买车辆财税调节政策

当前我国汽车存量和增量都大幅增加，交通工具的剧增必然导致尾气排放引起的空气污染。为了增加购车成本，减缓汽车销量的急速增长，1986 年设立了车船使用税，这是向拥有车辆（机动车和非机动车）、船舶（机动船和非机动船）的单位和个人征收的一种财产税。

财政政策方面，2009 年 6 月财政部、商务部推出车辆以旧换新补贴政策，2010—2013 年每年对政策进行微调，调整补贴范围和补贴金额，补贴范围涉及小汽车、客车、货车、公交车、农村客运车辆等。

在税收政策方面，我国通过车船税、小汽车消费税和燃油消费税等税收手段调节车辆的购买和使用。2012 年 1 月 1 日起，我国对节约能源的车船，减半征收车船税，对使用新能源的车船免征车船税。对于减免车船税的节约能源、使用新能源车船，根据财政部、国家税务总局、工业和信息化部通过联合发布《节约能源使用新能源车辆（船舶）减免车船税的车型（船型）目录》实施管理。在消费税方面，我国对小汽车按排气量大小实行差别税率，按照新的国家汽车分类标准，将小汽车税目分为乘用车和中轻型商用客车两个子目，对乘用车按排气量大小分别使用3%、5%、9%、12%、15%和20%等6 档税率，对中轻型商用客车统一使用5%的税率，进一步体现“大排气量多付税，小排气量少付税”的征税公平原则。在燃油消费税方面，2006 年 4 月 1 日我国开始实施新调整消费税政策规定，将石脑油、润滑油、溶剂油、航空煤油、燃料油等成品油纳入消费税征税范围。2014 年 12 月 12 日开始，我国上调汽油和柴油等产品油的消费税，汽油消费税单位税额为 1.4 元/升，柴油消费税单位税额为 1.1 元/升。

四　新能源车辆补贴政策

2009 年财政部、科技部等出台了《关于开展节能与新能源汽车示范推广试点工作的通知》等一系列为期 3 年的新能源车推广政策。其中的财政政策一是依托示范城市推广应用新能源汽车中央财政安排资金对示范城市给予综合奖励，奖励资金将主要用于充电设施建设等方面；二是对消费者购买新能源汽车给予补贴。该政策到期后，2013 年财政部、科技部、工业和信息化部、发展改革委决定我国的新能源汽车补贴政策再延长三年。2015 年财政部、科技部、工业和信息化部、发展改革委联合下发《关于 2016—2020 年新能源汽车推广应用补助政策的通知》，2016—2020 年将继续实施新能源汽车推广应用补助政策。补助政策标准则主要依据节能减排效果，并综合考虑生产成本、规模效应、技术进步等因素逐步退坡。2017—2020 年除燃料电池汽车外，其他车型补助标准，适当退坡，2017—2018 年补助标准在 2016 年基础上下降 20%，2019—2020 年补助标准在 2016 年基础上下降 40%。

在被国家列入新能源汽车推广应用城市（群）的 39 个城市（群）的 88 个城市中，共有 35 个城市（群）的 50 个城市出台新能源汽车配套政策 130 项。40 个省市出台新能源汽车推广方案明确补贴标准。在 40 个省市的补贴标准里，按国家和地方财政 1∶1 比例补贴的城市分别是北京、青岛、潍坊、武汉、天津、广州等，其中青岛、广州、惠州、深圳四个城市试行不退坡体制。

五　公共交通补贴政策

国家对城市公共交通实行价格管制，并建立健全了城市公共交通投入、补贴和补偿机制。财政对公交的投入、补贴主要包括：中央财政成品油价格补贴、省级预算内资金补贴市级财政。税收优惠主要包括：城市政府对公交企业营业税实行减免或退税，此外，城市政府给予土地优惠政策以及广告、商贸的特许经营权等扶持政策。排污费、综合利润留成、治污专项基金、行政经费、偶发性的国际金融组织及国际政府对我国环保国际合作项目的资金与物资技术的赠与，构成了财政补助项目的主要内容。根据中华人民共和国环保部的相关统计资料，以 2001 年的 1106.6 亿元为基期数据，公共投资资金规模以年均 54.6% 的增速保持增长，2014 年达到 9575.5 亿元[①]，未来还将继续保持高增长，这一手段对碳减排目标起到良好的补充作用。

---

① 根据国家统计局网站数据环境污染治理投资计算所得。

第三节　低碳政策取得的成效与不足

一　低碳政策取得的主要成效

（一）降低能耗，减轻环境污染

相关环境保护政策能够聚集一部分社会资本，政府将其投放到对社会经济发展至关重要的环境保护领域，对社会资金进行再分配，对市场失灵的环境保护领域进行干预，弥补了市场缺陷，促进了社会资源的优化配置；对化石能源的开采环节征收资源税，使开采成本变高，有效降低了自然资源的过度开采。对资源使用者征收消费税，增加消费成本，减少了高能耗产品的消费，导致资源消耗量降低，从源头上解决环境污染问题。相关税收优惠政策的规定能够引导绿色生产、低碳消费行为习惯的养成，有效保护生态环境。通过已经发布实施的财税政策，能够为环保工作提供资金支持，在当前我国的环保投资资金缺口较大的情况下，减缓财政压力，保障环保工作顺利进行。

（二）非化石能源利用快速增长

根据国家能源局发布的公开数据显示，2017 年我国利用水力、风力、太阳能、地热、核能和海洋能发电装机容量大约为 6.56 亿千瓦，达到全国发电总量的三分之一，再生能源装机规模增长快速，当年新增约占全球增量的 40%。我国根据可再生能源资源丰富的特点，在加强环境保护的前提下进行了充分开发和利用，目前不但在水力发电、风力发电、光伏发电等领域的装机规模均居世界第一，而且正在装机建设的核能发电、风力发电、太阳能发电机组规模也是世界第一，成为当之无愧的全球非化石能源开发利用的“领头羊”。如果按照 2017 年的速度继续开发利用可再生能源，化石能源被可再生能源替代率将越来越高，那么我国有望将原计划在 2020 年完成的温室气体排放预期目标提前完成，而且还可以为二氧化碳排放 2030 年的目标提前完成奠定基础。

（三）煤炭消耗和能耗强度下降明显

近年来，中国大力倡导绿色消费，推动温室气体管控，严把煤炭消耗总量和品种关，严禁无批准增加煤炭产能，关闭高污染低效率产能和淘汰过剩产能。国家发改委应对气候变化司副司长李高通报，从“十一五”到“十三五”的15年间，中国GDP由18.73万亿元增加到2015年的68.91万亿元，几乎增加了三倍，但是能源耗费最多的煤炭却在能源消费总量中的比重由72%下降到64%，累计节能15.7亿吨标准煤，相当于2017年全年能源消耗总量44.9亿吨的34.97%，每万元GDP能耗由1.08吨下降到0.72吨，下降大约33.33%。可见，我国对煤炭消耗量控制效果卓有成效。

（四）交通运输工具节能成效显著

2017年新能源汽车累计产销分别为79.4万辆和77.7万辆，保有量已经超过世界总量的50%，位居世界第一名。这些数据充分说明我国通过国家出台相关补贴政策，对于引导消费者购买新能源车的效果较好，为了进一步提高新能源车的使用量和续航里程，2018年国家对补贴政策做出了结构性调整，降低了300公里以下的车型补贴，提高了高续航里程的车型补贴。同时共享单车发展迅速，共享单车既不需要能耗，又可以锻炼身体。自2014年第一辆共享单车出现在北大校园后，截至2017年10月，我国共享单车市场投放量已经超过1000万辆，注册用户超过1亿。另外，在铁路交通方面也取得较好的成绩，截至2017年年底，我国铁路营业里程达到12.7万公里，居世界第二位，其中高速铁路2.5万公里，稳居全球第一，铁路机车电气化率接近70%，居世界第二位。高铁由于使用动车组机车，其节能效果比普通铁路电气化机车还好。根据法国科学家对高铁科学实验的数据显示，高速铁路每千人公里的二氧化碳排放量仅为4千克，不到飞机的四分之一①。高铁营业时间只要不少于8年，则其在运行过程中节约的碳排放量就相当于高铁建设中所产生的碳排放量。

（五）碳排放控制与经济增长实现“双赢”

根据2017年我国机动车保有量和污染物排放量的统计数据显示，一方面，全国机动车保有量与2016年相比增长了5.1%，另一方面，机动车四项污染物排放总量比2016年下降了2.5%②，这说明我国在治理机动车碳排放方面的成效显著。生态环境部部长李干杰在接受媒体采访时表

① 数据来源于法国科学家奥莱利亚对高铁碳足迹跟踪检测。

② 数据来源于《中国机动车环境管理年报（2018）》。

示，随着我国环境保护相关法律逐步生效和严格执行，2017 年 PM2.5 及其他有害气体排放控制方面成绩斐然，我国地级及以上城市 PM2.5 浓度管控未达标数量下降 7.7%；各行各业排放的有害气体中的二氧化硫、氮氧化物排放量同比分别下降了 8.0%、4.9%。我国从 2008 年开始低碳试点以来的 10 年里，GDP 总量从 2008 年的 300670 亿元人民币，增长到 2017 年的 827122 亿元人民币，十年时间里增加了 175%，中国气候变化事务特别代表解振华在答中外记者问时谈到，中国不但经济保持了年均 7% 以上的增长率，而且在温室气体控制方面，尤其是二氧化碳排放量减少了 41 亿吨，真正实现了温室气体控制与经济社会发展相协调，取得了双赢的理想效果。以上充分说明我国既保持了经济稳步增长，又较好地完成了环境保护目标任务，走出了一条具有中国特色的经济发展和碳排放管控之路。同时，中国在经济发展和碳排放管控方面的经验也得到了国际社会的肯定和赞赏，作为一种最佳模式向世界其他国家推广。

二　低碳政策存在的不足之处

当前环境保护相关的财税政策在实现自身功能定位的同时，起到一定程度的碳减排作用，在某些方面能够对于环保政策的制定提供经验支持，但是由于在政策制定之初并没有把环保作为首要实现的政策目标，而且有的政策收入规模较小，减排针对性不强。与环境有关的财税政策，缺少专门的环境税种，且相关税收规定缺乏系统性，各自独立，纵横交叉，难以形成合力从而有效地治理环境污染问题，给纳税人造成重复征税引致超额税负。

缺乏对煤炭等主要污染物征税措施，相关节能减排的政策不集中，对污染环境及消费产品选择的调控能力不够。在征税对象的规定上，主要针对消费者，而生产者严重的污染环境的行为得不到有效调节，由于消费税可以向后流转，将税负向后转移给消费者，对高能耗的生产行为控制效率低下。

缺乏将流动污染源纳入收费范围，比如条例关于收费对象的规定没有将机动车、航空器的废气排放列入其中，而且在当前我国汽车保有量和增量不断增加的情况下，由此产生不断增长的尾气排放量将成为环境污染的主要构成部分。

第四节 本章小结

本章梳理了我国低碳政策国际接轨阶段（1979—1994 年）、规划探索阶段（1995—2008 年）、试点阶段（2008—2013 年）和碳排放管控实施阶段（2014 年至今）四个阶段的交通运输低碳发展法律制度，梳理了交通运输低碳发展的财税政策，评估了相关政策取得的成效与不足。目前我国相关环境保护政策在降低化石能源能耗规模及强度，促进非化石能源利用快速增长，推动交通工具节能，减轻环境污染，控制碳排放等方面取得了一定的成效，但缺少专门的环境税种，缺乏对煤炭等化石能源主要污染物的征税措施，现有财税政策调控交通运输低碳发展的效率较低。

第四章

丝绸之路经济带交通运输碳排放趋势及空间转移分析

第二章第三节对丝绸之路经济带交通运输的发展情况进行了详细介绍，尤其是重点介绍了交通基础设施和交通运输业的发展现状，本章将在其基础之上研究丝绸之路经济带交通运输的碳排放趋势和空间转移情况。

第一节　丝绸之路经济带交通运输碳排放趋势

一　交通运输碳排放量的测算方法

1995—2017 年，丝绸之路经济带沿线 13 个省区交通基础设施、交通运输规模取得了较快的发展，为了测算经济带交通运输碳排放的规模和强度，在方法的选择上，比较成熟的做法有线性回归法、情景分析预测法以及 IPCC 给出的计算方法。其中《IPCC 国家温室气体清单指南》（2006）关于移动源的二氧化碳排放量测算方法数据要求较低，是最常用的估算方法，有两种测算思路：①“自上而下”的方法，以交通运输能源消耗量为依据，按照不同能源种类的碳排放因子进行折算，适用于测算营运部门交通运输碳排放；②“自下而上”的方法，对数据要求较高，数据细化到交通工具类型、每公里能耗、综合行驶里程，充分考虑到燃料燃烧效率的碳排放计算方法，适合于测算非营运部门交通运输碳排放。近年来，我国民用车辆消费不断增加，碳排放规模亦逐渐上升，为了全面（全口径）考察各种交通运输方式的碳排放，与国际测算口径一致，对非营运部门的民用车辆碳排放采取“自下而上”的测算方法。

关于交通运输部门 CO_2 排放量的测算，本章根据数据的可获得性，截取了历年《中国能源统计年鉴》中各省能源平衡表中交通运输、仓储和邮政业的终端能源消费的时间序列数据，采用关于移动源碳排放计算的自上而下的方法，测算丝绸之路经济带交通运输碳排放量，其算式为：

$$T = \sum_{i=1}^{n} x_i \times f_i \tag{4.1}$$

式（4.1）中，T 表示 CO_2 的排放量，i 表示汽油、柴油、煤炭等燃料的种类，x_i 表示第 i 种能源的消耗数量，f_i 表示不同种类能源的 CO_2 转换系数，f_i = 碳氧化率 × 碳排放因子 × 低位发热量 × 碳转换系数。对于西藏部分年份统计缺失的数据，参照张为付（2014）的折算法，[148] 按照《中国能源统计年鉴》中年度能源消费实物量之标准煤以 0.7143 : 1 的标准换算成原煤，进而测算碳排放，各种能源的碳排放系数、转化系数如表 4—1、表 4—2 所示。

表 4—1　　　　不同能源的 CO_2 转换系数表

能源	CO_2 转化系数（万吨/万吨）	碳氧化率	碳排放因子（吨 CO_2/千兆焦耳）	低位发热量（兆焦耳/吨，兆焦耳/立方千米）
原煤（万吨）	1.9366	0.98	25.78	20908
精洗煤（万吨）	2.4423	0.98	25.80	26344
其他洗煤（万吨）	0.7753	0.98	25.80	8363
焦炭（万吨）	3.0142	0.98	25.90	28435
焦炉煤气（亿立方米）	7.9329	0.995	13.00	16726
其他煤气（亿立方米）	2.4791	0.995	13.00	5227
原油（万吨）	3.0358	0.99	20.00	41816
汽油（万吨）	2.9463	0.99	18.91	43070
柴油（万吨）	3.1324	0.99	20.21	42652

续表

能源	CO_2 转化系数（万吨/万吨）	碳氧化率	碳排放因子（吨 CO_2/千兆焦耳）	低位发热量（兆焦耳/吨，兆焦耳/立方千米）
燃料油（万吨）	3.2012	0.99	21.11	41816
液化石油气（万吨）	3.1478	0.995	17.20	50179
炼厂干气（万吨）	3.0581	0.995	18.20	46055
天然气（亿立方米）	2.1667	0.995	15.31	38931

资料来源：《IPCC 国家温室气体清单指南》。

表 4—2　　不同能源的碳排放系数表

能源	碳排放系数（万吨/万吨）	能源	碳排放系数（万吨/万吨）
原煤	0.7559	焦炭	0.8550
原油	0.5857	汽油	0.5538
柴油	0.5921	燃料油	0.6185
天然气	0.4483	水电核	0.0000
热力	0.0001	火电	0.818

资料来源：《IPCC 国家温室气体清单指南》。

关于非营运部门民用车辆 CO_2 排放量的测算，采用年均行驶里程自下而上的方法，按照国家交通运输部运输服务司及新汽车国家分类标准（9417－89）的机动车分类，参考清华大学中国车用能源研究中心关于有车居民出行频率、平均出行距离设置、车型油耗系数等值（表 4—3），计算民用车辆碳排放的公式为：

$$T = \sum_{ij} E_{ij} \cdot Q_{ij} \cdot L_{ij} \cdot m \cdot \alpha_i \tag{4.2}$$

式（4.2）中的 T 表示非营运部门车辆排放的二氧化碳量，i 表示车辆消耗的汽油、柴油等燃料，j 表示车辆类型（私人乘用车、非营运客车、非营运货车、农用运输车、摩托车等），E_{ij} 表示车型 j 对燃料 i 的平均消耗；Q_{ij} 表示消耗燃料 i 的车型 j 的车辆数，L_{ij} 表示消耗燃料 i 的车型 j 的年均行驶里程，m 表示燃油密度（汽油密度为 0.74Kg/L，柴油密度为

0. 839Kg/L)，α_i 表示第 i 种燃料的碳排放系数。

表 4—3　　　　　不同车型百公里油耗、年均行驶里程表

车型	私人乘用车	中型客车	大客车	微型客车	小型客车	中型客车	重型货车
平均百公里油耗（升/百公里）	8	15	20. 5	8	13	20	25
平均行驶里程（万公里）	1	1. 7	2. 0	2. 0	2. 1	2. 5	3. 5

二　交通运输碳排放规模分析

（一）交通运输碳排放总量分析

根据式（4. 1）、式（4. 2）分别计算出丝绸之路经济带各省区交通运输部门、非营运部门民用车辆 CO_2 排放量的绝对指标，将交通运输业（部门）CO_2 排放量与非营运部门车辆 CO_2 排放量加总，得出丝绸之路经济带沿线及各个省区的交通运输 CO_2 排放总量。

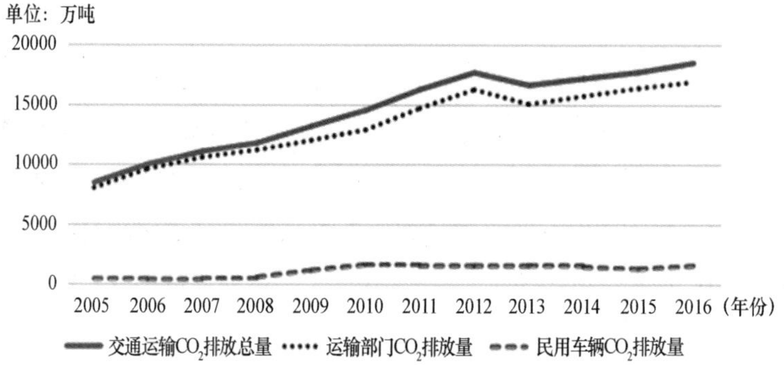

图 4—1　2005—2016 年丝绸之路经济带交通运输 CO_2 排放趋势图

表 4—4、图 4—1 显示，2005—2016 年，丝绸之路经济带交通运输 CO_2 排放总量、交通运输部门 CO_2 排放量及非营运部门民用汽车 CO_2 排放量均呈递增趋势，2012—2013 年出现下降态势，2013 年以来转而渐增。

表 4—4　　2005—2016 年丝绸之路经济带交通运输 CO_2 排放总量对比表　　单位：万吨

年份 地区	2005	2006	2007	2008	2009	2010	2011	2012	2013	2014	2015	2016
陕西	1350. 51	1560. 30	1799. 14	2083. 02	2434. 05	2733. 21	2975. 17	3478. 54	2629. 50	2605. 19	2631. 77	2676. 40
甘肃	525. 91	543. 06	546. 54	578. 81	652. 47	744. 32	762. 11	816. 35	1103. 14	1107. 87	1015. 12	1008. 57
青海	73. 02	81. 00	142. 53	174. 36	218. 36	251. 79	266. 89	263. 64	270. 35	300. 74	296. 04	312. 11
宁夏	48. 09	34. 97	35. 74	44. 61	49. 31	69. 63	70. 43	65. 78	67. 60	58. 76	59. 70	67. 97
新疆	792. 36	872. 51	933. 53	922. 18	962. 97	1062. 94	1158. 02	1283. 41	1496. 64	1525. 45	1751. 59	1875. 69
辽宁	2423. 51	2672. 76	2937. 82	2949. 88	3190. 13	3340. 74	3593. 34	3730. 62	3519. 02	3699. 44	3888. 49	4077. 79
吉林	560. 64	647. 60	846. 66	946. 78	1019. 12	1117. 84	1148. 01	1167. 95	1301. 59	1424. 02	1471. 10	1558. 07
黑龙江	979. 16	1137. 74	1114. 52	1014. 17	1245. 72	1240. 91	2036. 26	2065. 88	2256. 07	2389. 78	2474. 57	2580. 50
内蒙古	1375. 84	1527. 40	1765. 17	2091. 89	2402. 34	2706. 89	2975. 62	3453. 55	2566. 98	2537. 03	2574. 83	2612. 03
西藏	50. 18	45. 36	41. 95	48. 94	50. 27	58. 15	91. 32	105. 94	109. 61	110. 51	165. 89	199. 90
云南	86. 71	327. 53	319. 34	335. 27	394. 29	518. 19	500. 96	510. 04	583. 26	652. 34	556. 90	601. 08
广西	75. 80	310. 80	350. 05	307. 12	418. 90	483. 87	483. 95	517. 43	467. 41	491. 05	529. 19	588. 05
重庆	88. 45	203. 86	211. 93	285. 55	148. 84	182. 23	199. 23	203. 22	250. 76	279. 48	289. 71	323. 21
合计	8430. 18	9964. 91	11044. 93	11782. 57	13186. 78	14510. 70	16261. 30	17662. 34	16621. 93	17181. 66	17704. 91	18481. 37

11 年间，交通运输 CO_2 排放总量增加了 1.2 倍，年均增长率为 2.1923%，其中，广西（7.7579%）、云南（6.9320%）碳排放总量的年均增长率较为显著，宁夏（1.4133%）、内蒙古（1.8985%）的变化幅度较小。

从交通运输部门 CO_2 排放量趋势来看（图 4—2），丝绸之路经济带沿线的辽宁、陕西、内蒙古的碳排放规模较大，宁夏的规模非常小。2005—2016 年，丝绸之路经济带交通运输部门 CO_2 排放量年均增长率为 7.0491%，其中，云南、广西、重庆、西藏、青海的年均增长率较大，分别为 32.9499%、23.8555%、15.3818%、14.5659%、13.3968%，宁夏则出现负增长。近年来，辽宁、内蒙古的年均增长率趋于减缓。

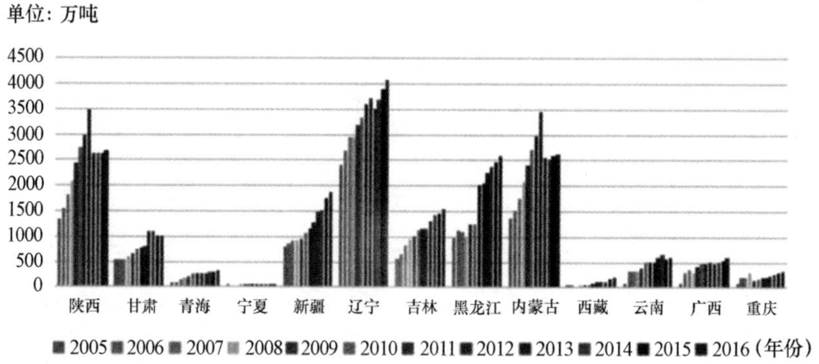

图 4—2 2005—2016 年丝绸之路经济带各省区交通运输业 CO_2 排放趋势图

从非营运部门民用车辆 CO_2 排放量趋势来看，11 年来，丝绸之路经济带民用车辆 CO_2 排放量呈递增趋势，民用车辆碳排放增加了 2.59 倍，年均增长率为 12.3182%，其中，青海民用车辆碳排放的年均增长率为 23.5107%，位居丝绸之路经济带增速的第一名，陕西（18.3620%）、甘肃（16.1921%）、广西（15.1836%）、黑龙江（13.9014%）、吉林（13.3524%）的增幅较为显著，而内蒙古（7.2023%）、西藏（7.3893%）、重庆（9.5525%）的增速较为缓慢。随着国家节能减排政策的推广及技术进步的应用，民用车辆碳排放量有所减少，其增速渐缓（见表 4—5，图 4—3、图 4—4）。

表 4—5　　2005—2016 年丝绸之路经济带民用车辆 CO_2 排放量对比表　　单位：万吨

年份 / 地区	2005	2006	2007	2008	2009	2010	2011	2012	2013	2014	2015	2016
陕西	28. 03	43. 59	58. 93	76. 53	139. 88	197. 79	168. 35	163. 66	185. 70	173. 72	147. 90	179. 02
甘肃	20. 45	23. 48	28. 17	24. 93	72. 30	108. 74	87. 40	89. 98	109. 40	107. 95	91. 02	106. 59
青海	3. 38	6. 93	0. 66	0. 67	20. 87	30. 16	33. 44	31. 66	36. 51	40. 15	30. 05	34. 45
宁夏	13. 02	10. 48	14. 05	20. 29	31. 53	50. 76	53. 41	49. 58	51. 40	45. 11	41. 67	49. 29
新疆	28. 21	4. 35	35. 67	2. 25	74. 41	108. 84	133. 21	133. 50	132. 66	119. 43	86. 61	96. 28
辽宁	66. 31	65. 52	63. 55	65. 30	161. 83	225. 34	224. 53	155. 94	201. 03	152. 86	166. 97	211. 14
吉林	28. 17	31. 80	37. 97	27. 13	92. 63	124. 82	111. 93	104. 43	114. 23	112. 51	94. 45	111. 84
黑龙江	32. 74	39. 04	9. 10	59. 62	139. 09	163. 01	150. 26	122. 52	121. 90	104. 89	112. 42	137. 07
内蒙古	53. 35	10. 68	24. 95	85. 40	108. 17	171. 47	168. 80	138. 67	123. 18	105. 55	90. 95	114. 65
西藏	10. 57	6. 30	3. 11	5. 28	6. 85	12. 12	11. 85	13. 09	21. 17	20. 46	25. 58	23. 16
云南	69. 54	56. 66	86. 44	96. 58	131. 24	188. 69	173. 76	167. 24	190. 97	192. 24	163. 43	207. 21
广西	36. 20	44. 89	67. 47	23. 45	107. 48	141. 30	128. 45	132. 23	152. 54	150. 26	140. 71	171. 39
重庆	49. 39	51. 42	59. 34	111. 94	81. 32	107. 92	114. 90	108. 69	142. 25	141. 43	125. 54	134. 73
合计	439. 37	395. 13	489. 42	599. 36	1167. 59	1630. 97	1560. 28	1561. 28	1582. 92	1466. 56	1317. 29	1576. 81

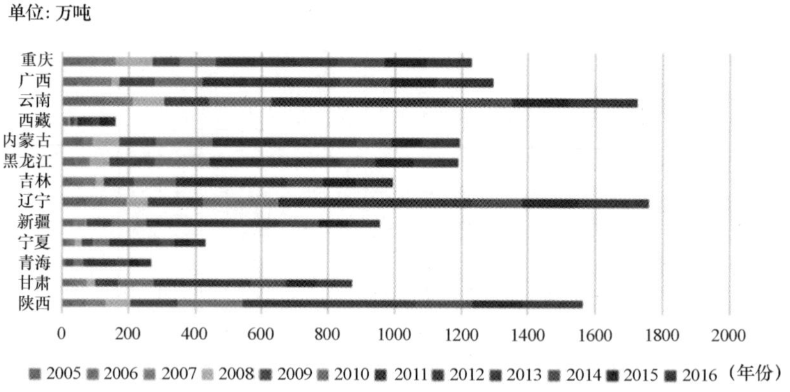

图 4—3　2005—2016 年丝绸之路经济带各省区民用车辆 CO_2 排放量趋势图

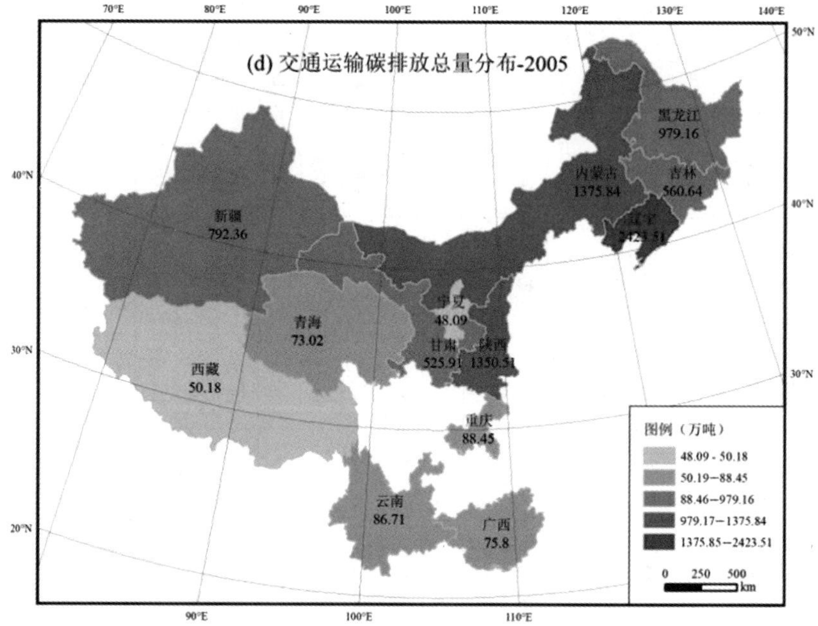

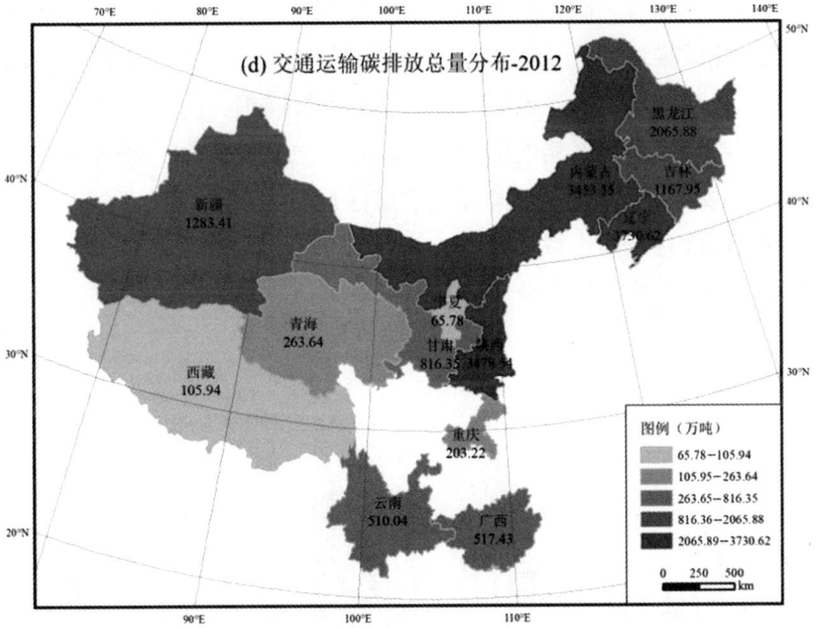

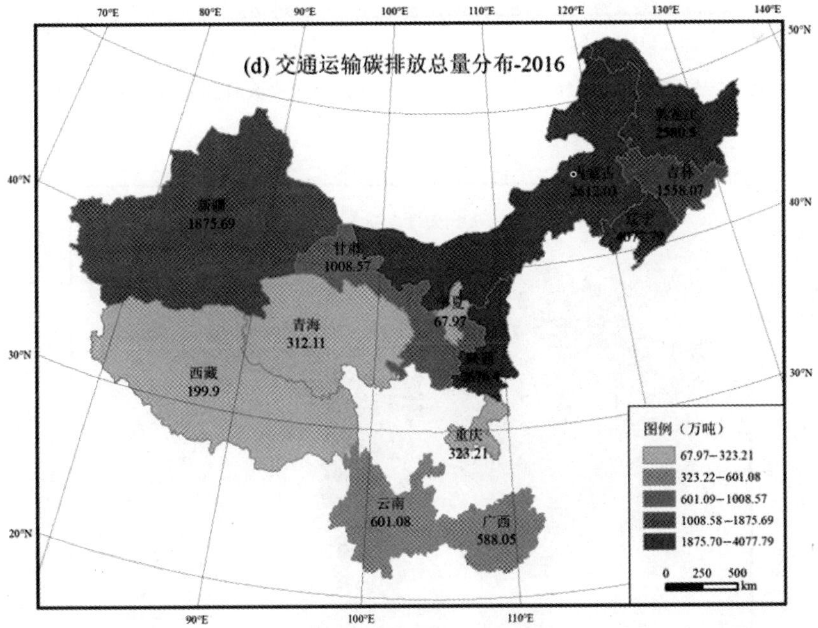

图 4—4 2005 年、2012 年、2016 年丝绸之路经济带交通运输业碳排放总量对比图

（二）交通运输人均碳排放量分析

人口规模是影响碳排放量的一个重要因素，人均碳排放指标能够反映交通运输碳排放剔除人口因素之外的差异性，常用来分析碳排放的相对规模。人口基数不一，地区人均碳排放量也不同。

本章在计算丝绸之路经济带交通运输人均碳排放时，将经济带沿线上各省区的交通运输碳排放总量与对应区域的人口数作商，将经济带交通运输碳排放总量与沿线上地区人口总数作商，分别求得各省区、经济带对应年份的人均碳排放量（见表4—6）。

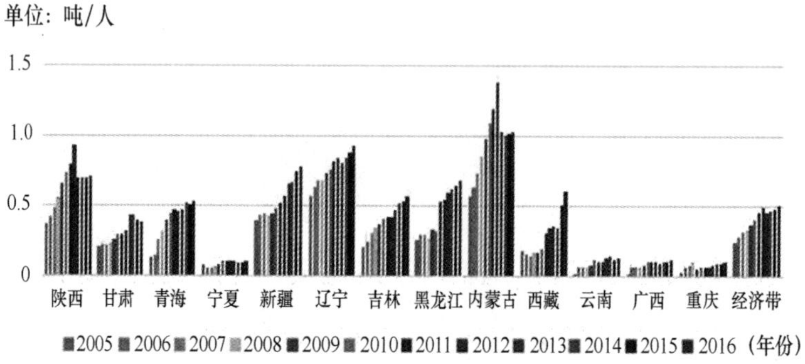

图4—5 2005—2016年丝绸之路经济带交通运输人均碳排放量趋势图

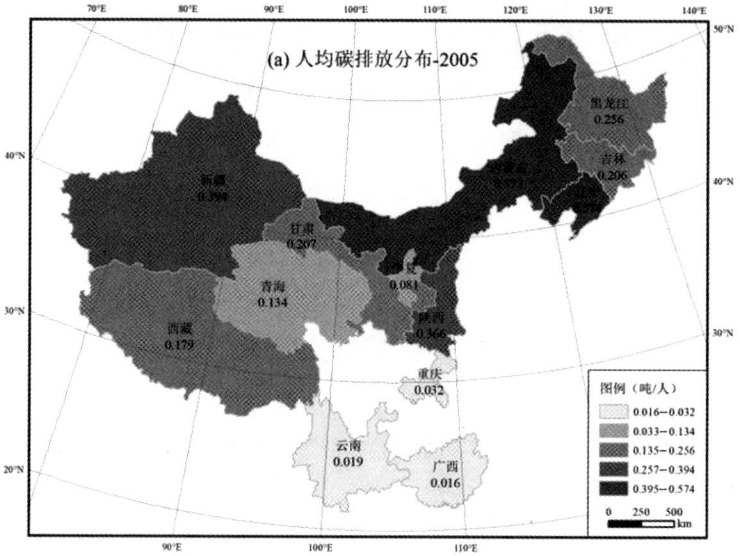

表 4—6　　2005—2016 年丝绸之路经济带交通运输人均碳排放量对比表　　单位：吨/人

地区＼年份	2005	2006	2007	2008	2009	2010	2011	2012	2013	2014	2015	2016
陕西	0. 3660	0. 4218	0. 4852	0. 5603	0. 6531	0. 7318	0. 7949	0. 9269	0. 6986	0. 6901	0. 6938	0. 7019
甘肃	0. 2066	0. 2132	0. 2145	0. 2269	0. 2554	0. 2907	0. 2972	0. 3167	0. 4272	0. 4276	0. 3904	0. 3864
青海	0. 1345	0. 1478	0. 2582	0. 3147	0. 3920	0. 4472	0. 4699	0. 4601	0. 4677	0. 5158	0. 5035	0. 5263
宁夏	0. 0807	0. 0579	0. 0586	0. 0722	0. 0789	0. 1100	0. 1102	0. 1017	0. 1034	0. 0888	0. 0894	0. 1007
新疆	0. 3942	0. 4256	0. 4456	0. 4327	0. 4460	0. 4865	0. 5242	0. 5747	0. 6611	0. 6638	0. 7422	0. 7822
辽宁	0. 5742	0. 6258	0. 6835	0. 6836	0. 7349	0. 7636	0. 8198	0. 8500	0. 8016	0. 8425	0. 8874	0. 9314
吉林	0. 2064	0. 2378	0. 3101	0. 3463	0. 3719	0. 4069	0. 4176	0. 4247	0. 4731	0. 5174	0. 5344	0. 5701
黑龙江	0. 2563	0. 2976	0. 2915	0. 2651	0. 3256	0. 3237	0. 5311	0. 5388	0. 5883	0. 6235	0. 6492	0. 6793
内蒙古	0. 5726	0. 6325	0. 7267	0. 8559	0. 9774	1. 0950	1. 1989	1. 3870	1. 0276	1. 0128	1. 0254	1. 0365
西藏	0. 1792	0. 1603	0. 1462	0. 1676	0. 1693	0. 1938	0. 3014	0. 3440	0. 3513	0. 3475	0. 5120	0. 6039
云南	0. 0195	0. 0731	0. 0707	0. 0738	0. 0863	0. 1126	0. 1082	0. 1095	0. 1244	0. 1384	0. 1174	0. 1260
广西	0. 0163	0. 0659	0. 0734	0. 0638	0. 0863	0. 1050	0. 1042	0. 1105	0. 0990	0. 1033	0. 1103	0. 1215
重庆	0. 0316	0. 0726	0. 0753	0. 1006	0. 0521	0. 0632	0. 0683	0. 0690	0. 0844	0. 0934	0. 0960	0. 1060
经济带	0. 2427	0. 2849	0. 3140	0. 3330	0. 3707	0. 4088	0. 4559	0. 4928	0. 4617	0. 4751	0. 4871	0. 5062

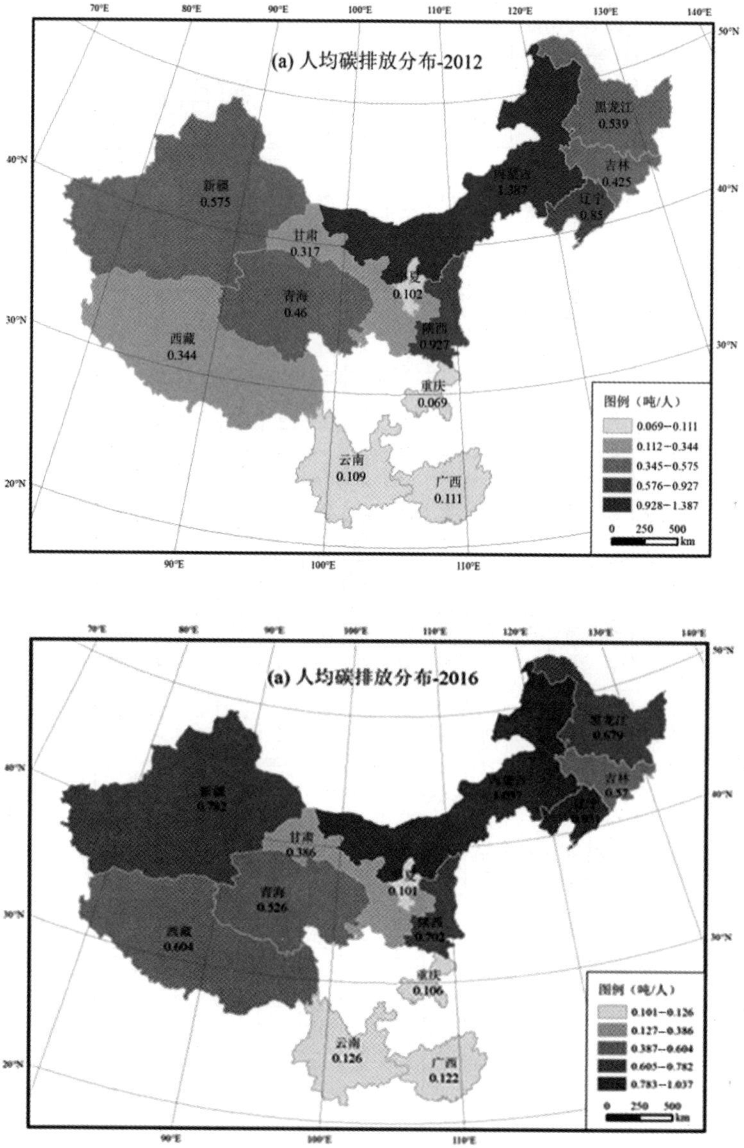

图4—6　2005年、2012年、2016年丝绸之路经济带交通运输人均碳排放量对比图

丝绸之路经济带的交通运输人均碳排放量总体趋增，2013年以来增幅逐渐减少。宁夏、重庆、广西、云南的人均碳排放量较少，增速较为缓慢。内蒙古、辽宁、新疆、陕西的交通运输人均碳排放量较高，

2013 年以来内蒙古、陕西的人均碳排放量有所回落，即公共交通基础设施与清洁能源等低碳交通措施实施的效果较好（见图 4—5、图 4—6）。

（三）交通运输单位换算周转量碳排放分析

客货周转量是交通运输业发展状况的量化指标，综合反映了一个地区交通运输业客货运输的基本情况。本节采用国家统计制度中推荐的方法，将客运和货运周转量统一折算成换算周转量，其计算公式是：换算周转量 = 货物周转量 + （旅客周转量 × 客货换算系数），客货换算系数规定：铁路运输是 1，内河航运是 0.33，公路运输是 0.1，航空国内运输是 0.072。用交通运输碳排放量除以换算周转量即为交通运输单位换算周转量碳排放。丝绸之路经济带交通运输单位换算周转量碳排放发展趋势如图 4—7 所示：2005 年以来丝绸之路经济带交通运输单位换算周转量的碳排放量呈递减趋势，2015 年以来转而上升，与碳排放强度的趋势一致。13 个地区中除宁夏、广西、陕西、内蒙古以外，其余地区的该项指标值到 2016 年均有所增大，2016 年各省交通运输单位换算周转量的碳排放量从大到小排序依次是：西藏、黑龙江、吉林、新疆、陕西、内蒙古、青海、甘肃、云南、辽宁、重庆、广西、宁夏。

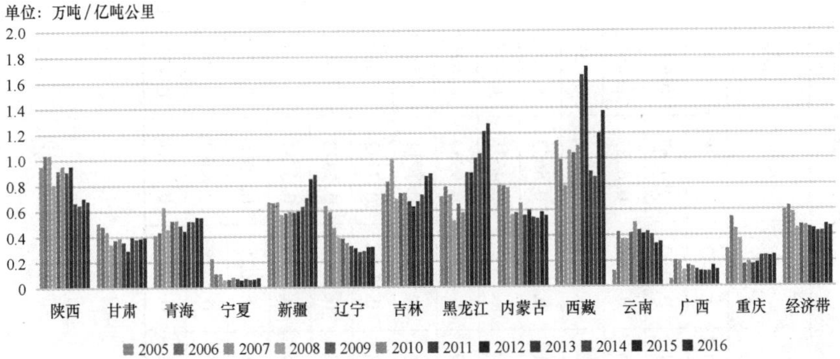

图 4—7　2005—2016 年丝绸之路经济带交通运输单位换算周转量碳排放量趋势图

表 4—7　**2005—2016 年丝绸之路经济带交通运输单位换算周转量碳排放对比表**　单位：万吨/亿吨公里

年份 地区	2005	2006	2007	2008	2009	2010	2011	2012	2013	2014	2015	2016
陕西	0. 9501	1. 0382	1. 0380	0. 8067	0. 9168	0. 9508	0. 9053	0. 9508	0. 6650	0. 6460	0. 6982	0. 6778
甘肃	0. 5061	0. 4802	0. 4367	0. 3390	0. 3735	0. 3906	0. 3572	0. 2910	0. 3960	0. 3797	0. 3870	0. 3944
青海	0. 4125	0. 4348	0. 6287	0. 4572	0. 5231	0. 5266	0. 4844	0. 4437	0. 5197	0. 5190	0. 5522	0. 5476
宁夏	0. 2282	0. 1086	0. 1071	0. 0592	0. 0615	0. 0785	0. 0696	0. 0571	0. 0700	0. 0629	0. 0642	0. 0732
新疆	0. 6661	0. 6629	0. 6653	0. 5678	0. 5820	0. 5907	0. 5856	0. 5961	0. 6329	0. 6983	0. 8494	0. 8797
辽宁	0. 6359	0. 5892	0. 4635	0. 3889	0. 3833	0. 3469	0. 3248	0. 3055	0. 2769	0. 2842	0. 3125	0. 3163
吉林	0. 7309	0. 8260	0. 9989	0. 6912	0. 7342	0. 7374	0. 6703	0. 6281	0. 6696	0. 7213	0. 8666	0. 8850
黑龙江	0. 7071	0. 7826	0. 7211	0. 5193	0. 6490	0. 5803	0. 8922	0. 8911	1. 0072	1. 0384	1. 2135	1. 2747
内蒙古	0. 7918	0. 7864	0. 7742	0. 5620	0. 5794	0. 6535	0. 5581	0. 5974	0. 5426	0. 5319	0. 5827	0. 5567
西藏	1. 1380	0. 9891	0. 7843	1. 0635	1. 0427	1. 0973	1. 6532	1. 7188	0. 8990	0. 8563	1. 1958	1. 3717
云南	0. 1196	0. 4257	0. 3731	0. 3682	0. 4178	0. 4992	0. 4403	0. 4115	0. 4286	0. 4066	0. 3333	0. 3487
广西	0. 0547	0. 2021	0. 2006	0. 1251	0. 1632	0. 1522	0. 1290	0. 1180	0. 1142	0. 1138	0. 1611	0. 1264
重庆	0. 2901	0. 5418	0. 4487	0. 3724	0. 1701	0. 1912	0. 1725	0. 1860	0. 2390	0. 2407	0. 2362	0. 2462
经济带	0. 5938	0. 6265	0. 5787	0. 4557	0. 4798	0. 4743	0. 4587	0. 4493	0. 4280	0. 4304	0. 4831	0. 4687

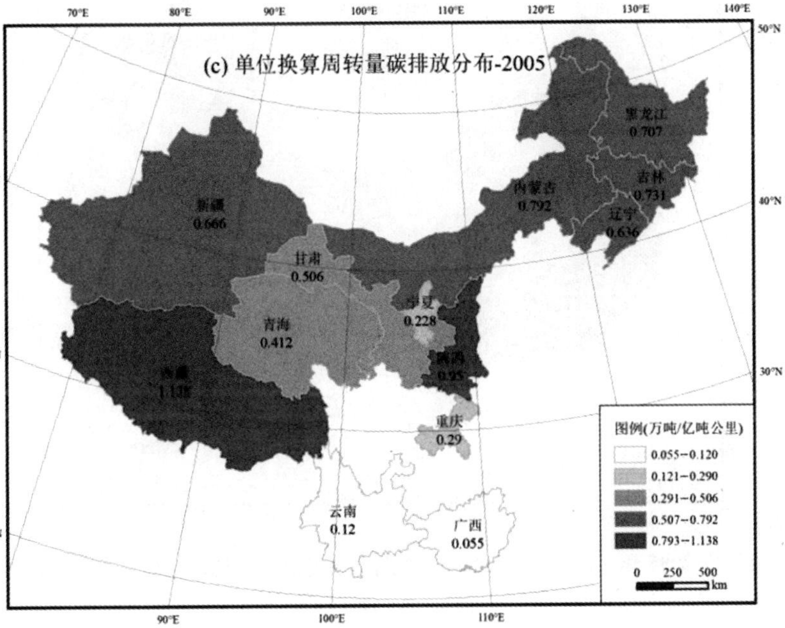
(c) 单位换算周转量碳排放分布-2005
新疆 0.666
甘肃 0.506
青海 0.412
宁夏 0.228
重庆 0.29
云南 0.12
广西 0.055
内蒙古 0.792
黑龙江 0.707
吉林 0.731
辽宁 0.636
图例(万吨/亿吨公里)
0.055–0.120
0.121–0.290
0.291–0.506
0.507–0.792
0.793–1.138
0 250 500 km

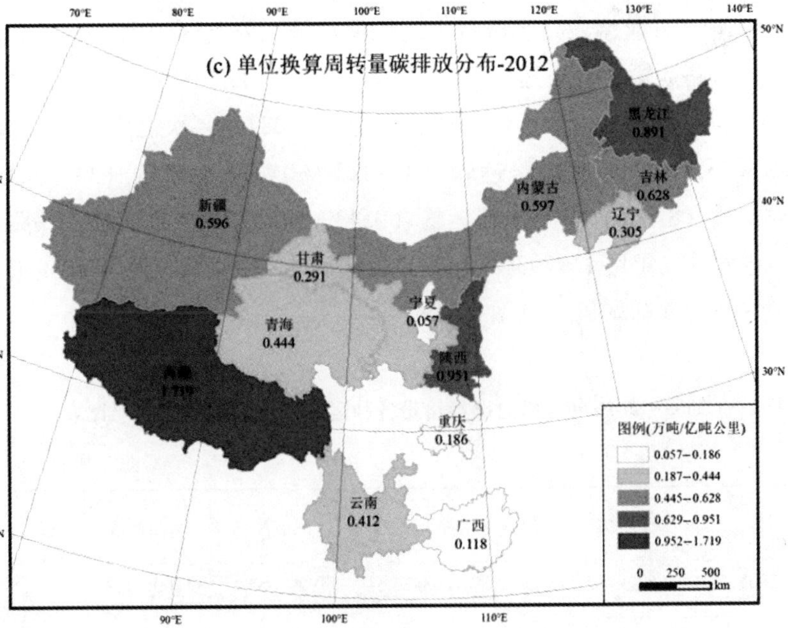
(c) 单位换算周转量碳排放分布-2012
新疆 0.596
甘肃 0.291
青海 0.444
宁夏 0.057
陕西 0.951
重庆 0.186
云南 0.412
广西 0.118
内蒙古 0.597
黑龙江 0.891
吉林 0.628
辽宁 0.305
图例(万吨/亿吨公里)
0.057–0.186
0.187–0.444
0.445–0.628
0.629–0.951
0.952–1.719
0 250 500 km

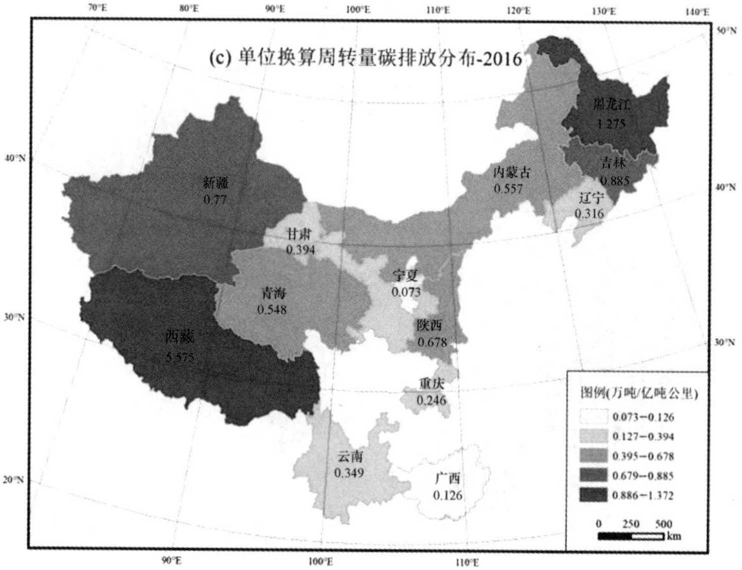

图 4—8　2005 年、2012 年、2016 年丝绸之路经济带交通运输单位换算周转量的碳排放量对比图

三　交通运输碳排放结构分析

11 年来，丝绸之路经济带上的铁路运输、公路（道路）运输、民航运输、水路运输、管道运输 CO_2 排放量均呈增加的态势。其中，公路运输 CO_2 排放量增幅最快，年均增长率为 13. 8087%，次之为公路（道路）运输（13. 8087%）、水路运输（12. 8272%）、管道运输（11. 4683%）、民航运输（8. 5451%）、铁路运输（0. 4206%）。2013 年以来，铁路运输 CO_2 排放量以年均 1. 9793% 的速度逐渐递减，即铁路运输低碳发展、节能减排效应逐渐彰显（见图 4—9）。

表 4—8 2005—2016 年丝绸之路经济带各种运输方式 CO_2 排放量对比表

单位：万吨

部门 年份	铁路运输	公路（道路）运输①	民航运输	水路运输	管道运输
2005	5083. 9885	2121. 4842	20. 0559	1100. 1114	104. 5439

① 注：公路（道路）运输业 CO_2 排放总量 = 民用车辆 CO_2 排放量 + 公路运输业 CO_2 排放量。

续表

年份＼部门	铁路运输	公路（道路）运输	民航运输	水路运输	管道运输
2006	5881.1775	2377.3312	24.7230	1572.9103	108.7723
2007	6007.1514	2576.4709	24.9317	2377.4509	58.9243
2008	5130.4479	4482.5484	20.1595	2103.5456	45.8708
2009	5184.1283	5508.4336	27.9118	2420.8087	45.4945
2010	5133.9981	6521.9719	25.7689	2772.7364	56.2244
2011	5677.9527	7322.3459	28.4224	3172.3510	60.2274
2012	5767.4262	8272.7340	32.1813	3681.5277	58.5633
2013	5585.8445	7410.4987	33.8516	3512.9613	78.7775
2014	5464.8514	7904.2615	40.9747	3632.6971	138.8719
2015	5355.4837	8509.7524	48.0609	3641.4834	150.1285
2016	5324.1872	8801.7637	49.4259	4149.4459	156.5509

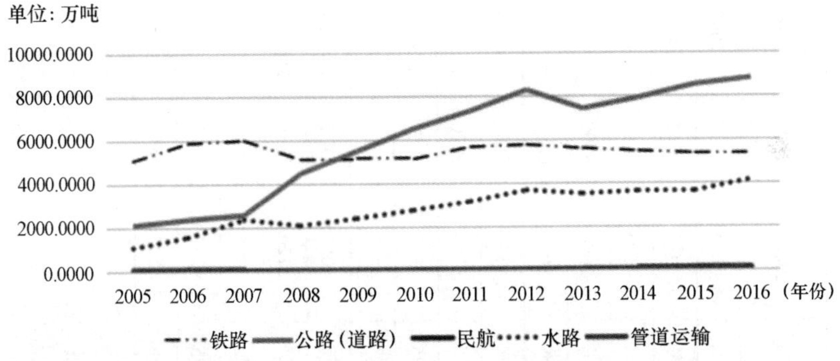

图 4—9 2005—2016 年丝绸之路经济带各种运输方式 CO_2 排放量趋势图

四 交通运输碳排放强度分析

碳排放强度用来衡量单位经济发展的碳成本，是指碳排放量与当期 GDP 的比值。交通运输碳排放强度是指单位交通运输业增加值的碳排放程度，用交通运输碳排放量与交通运输业增加值的比值来衡量。

2005 年以来，丝绸之路经济带交通运输碳排放强度逐渐降低，2016 年有所回升（见图 4—10、图 4—11）。陕西、新疆属于经济带上交通运输碳排放强度较高的地区，宁夏、重庆的此项指标较低，增速较慢。西

表 4—9 2005—2016 年丝绸之路经济带交通运输碳排放强度对比表

单位：万吨/亿元

地区＼年份	2005	2006	2007	2008	2009	2010	2011	2012	2013	2014	2015	2016
陕西	5. 4792	5. 5420	5. 3292	5. 5015	5. 7510	5. 7590	5. 3845	5. 6343	4. 3028	3. 8558	3. 6910	3. 4679
甘肃	3. 6345	3. 2024	3. 0155	2. 7417	3. 0541	3. 3802	3. 1804	3. 2064	4. 1288	3. 9464	3. 6960	3. 7182
青海	2. 2906	2. 2291	3. 4461	3. 7603	3. 8895	4. 1101	3. 9522	3. 6683	3. 6421	3. 6810	3. 2694	3. 2857
宁夏	1. 0118	0. 4523	0. 3802	0. 3604	0. 3090	0. 4796	0. 4045	0. 3348	0. 3407	0. 2954	0. 2975	0. 3303
新疆	5. 2962	5. 2688	5. 2659	4. 8070	4. 6053	4. 7779	4. 5108	3. 5859	3. 8676	3. 1751	3. 2675	3. 3228
辽宁	4. 9084	4. 6705	4. 4136	4. 0182	4. 0353	3. 6046	3. 1433	2. 8759	2. 5196	2. 4846	2. 2836	3. 2746
吉林	2. 6941	2. 7050	3. 0228	2. 9705	2. 9820	2. 9894	2. 7270	2. 5273	2. 6109	2. 7488	2. 7768	2. 7903
黑龙江	2. 9533	3. 2322	2. 7045	2. 3368	2. 8963	2. 5533	3. 5799	3. 4502	3. 7509	3. 4983	3. 4999	3. 4043
内蒙古	3. 8198	3. 0085	2. 8085	2. 6379	2. 7322	3. 0914	2. 8611	2. 9136	1. 9716	1. 9312	2. 3681	2. 2873
西藏	5. 5751	3. 9999	2. 9257	2. 4656	2. 4231	2. 6290	3. 8131	4. 0389	3. 7526	3. 5879	5. 2233	6. 3947
云南	0. 6591	1. 8251	1. 5561	1. 5120	2. 2823	2. 6813	2. 3062	2. 0605	2. 1352	2. 2614	1. 8290	1. 8303
广西	0. 3542	1. 3185	1. 3115	0. 9105	1. 1060	1. 0077	0. 8228	0. 8271	0. 6896	0. 6693	0. 6589	0. 6872
重庆	0. 4039	0. 7853	0. 7975	0. 9223	0. 4277	0. 3634	0. 3364	0. 3364	0. 3801	0. 3960	0. 3805	0. 3810
经济带	3. 2583	3. 2271	3. 0938	2. 8598	2. 9810	2. 9120	2. 7631	2. 6986	2. 3826	2. 2970	2. 2867	2. 4079

藏交通运输碳排放强度波动较大，其总体态势趋增。近年来，西藏、甘肃、新疆、青海、辽宁、吉林、内蒙古的交通运输碳排放强度在个别年度存在回升反弹现象，2016 年这几个地区的交通运输碳排放强度分别位居经济带第一名、第二名、第五名、第六名、第七名、第八名，这表明尽管国家可持续发展战略背景下的交通运输低碳发展取得了一定的成效，但是当前的低碳能源措施并不稳定，应该建立依靠科技与低碳能源战略的长效机制。

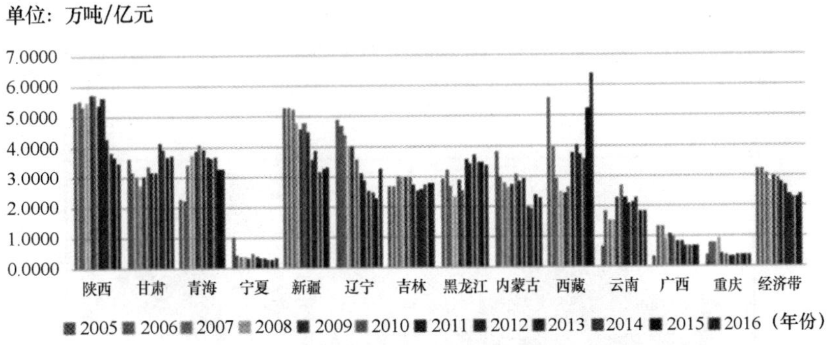

图 4—10　2005—2016 年丝绸之路经济带交通运输碳排放强度趋势图

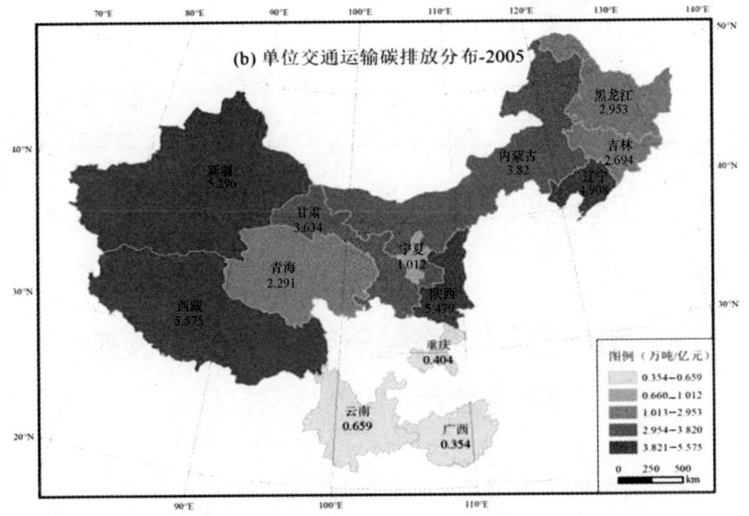

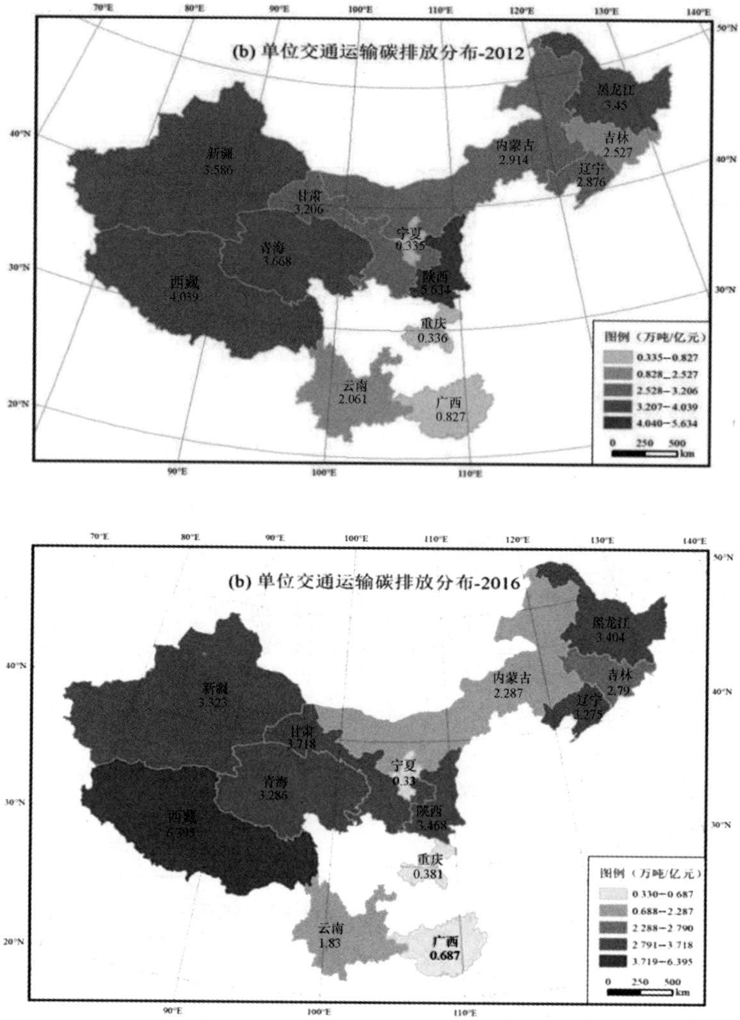

图 4—11　2005 年、2012 年、2016 年交通运输碳排放强度对比图

第二节　丝绸之路经济带交通运输碳排放空间分布

一　空间关系的识别方法

托布勒（Tobler，1997）[219]认为地区之间存在一定程度的空间依赖性与空间自相关性。格蒂斯（Getis，1992）[220]指出地理位置近的数据之间的联系较为紧密，区域地理差异会引致经济变量在空间相互依赖或局部俱乐部集团。在识别地区行为空间依赖性及集聚方面，*Moran's I*（Moran，1950）、*Geary's C* 和 *Getis* 指数（Ord & Getis，1995）[221]是常用的实证方法。*Moran's I* 适用于全域空间相关性分析，*Geary's C* 适用于局域空间关联分析。

本章拟判断丝绸之路经济带各省区交通运输 CO_2 排放量是否存在空间相关性，呈现怎样的空间集聚与分布特征。由于交通运输 CO_2 排放量与人口、经济规模有关，因此，需要对地区人均 GDP 的空间关系进行判断，在此采取常用的判断方法——全局空间自相关的 *Moran* 指数 *I* 值，分析相似属性观测值的平均聚集程度，其算式为：

$$I = \frac{\sum_{i=1}^{n}\sum_{j\neq 1}^{n} w_{ij}(x_i - \bar{x})(x_j - \bar{x})}{S^2 \sum_{i=1}^{n}\sum_{j\neq 1}^{n} w_{ij}} \tag{4.3}$$

式（4.3）中，x_i为地区 i 的观测值，$(x_i - \bar{x})(x_j - \bar{x})$ 反映了观测值的相似性；$S^2 = \frac{1}{n}\sum_i (x_i - \bar{x})^2$，$\bar{x} = \frac{1}{n}\sum_{i=1}^{n} x_i$，$w_{ij}$ 为空间权重矩阵，n 为地区总数。

用向量形式（Cliff et al.，1981）对其描述为：

$$I = \frac{n}{S_0} \cdot \frac{z'Wz}{z'z} \tag{4.4}$$

式（4.4）中的 z 表示观测值与均值的离差微量，$z_i = (x_i - \bar{x})$，$z_j = (x_j - \bar{x})$，$z' = [z_1, z_2, \cdots, z_n]$，$w$ 为行标准化的空间权重矩阵，$S_0 = \sum_{i=1}^{n}\sum_{j=1}^{n} w_{ij}$，对应所有权重的和，$n$ 表示空间单元的总数。对于 Moran's I 指数可以证明 *Moran* 指数 *I* 值①近似服从期望值为 $E(I)$、方差为 $V(I)$ 的正态分布。检验统计量为标准化 Z 值，可以用以下算式检验 n 个区域是否存在空间自相关关系。

---

① *Moran* 指数 *I* 的取值一般在 -1 与 1 之间，小于 0 表示负相关，等于 0 表示不相关，大于 0 表示正相关。

其中，$E(I) = -\frac{1}{n-1}$。

方差正态分布：

$$V_n(I) = \frac{n^2 w_1 + n w_2 + 3w_o^2}{w_o^2(n^2-1)} - En^2(I) \tag{4.5}$$

随机分布：

$$V_n(I) = \frac{n[(n^2-3n+3)w_1 - nw_2 + 3{w_0}^2] - k_2[(n^2-n)w_1 - 2nw_2 + 6w_0^2]}{w_0^2(n-1)(n-2)(n-3)} - {E_n}^2(I) \tag{4.6}$$

$$w_0 = \sum_{i=1}^{n}\sum_{j=1}^{n} w_{ij},$$

$$w_1 = \frac{1}{2}\sum_{i=1}^{n}\sum_{j=1}^{n}(w_{ij} + w_{ji})^2,$$

$$w_2 = \sum_{i=1}^{n}(w_{i.} + w_{i.})^2,$$

$$K_2 = \frac{n\ (x_i - \bar{x})^4}{[\sum_{i=1}^{n}\ (x_i - \bar{x})^2]^2}$$

W_i、W_i——空间权值矩阵中 i 行和 i 列之和。

在 *Moran's I* 的正态统计量的 Z 值大于正态分布函数在5%水平下的临界值1.65与1%（0.01）水平下的临界值1.96的情况下，表明区域在空间分布上具有明显的正相关关系。

$$Z = \frac{I - E(I)}{\sqrt{V(I)}} \tag{4.7}$$

根据式（4.7）计算出检验统计量并进行显著性检验①。

零假设 H_0：n 个地区的属性值之间不存在空间自相关。

显著性水平通过标准化 Z 值的 P 值检验来确定，将它与显著性水平

① 显著性检验有三种方法：（1）最常用的方法。假定变量服从正态分布，在样本无限大的情况下，Z 值服从标准的正态分布，据此可判断显著性水平。（2）随机化方法。假设区域单元的观测值和位置无关，观测值以相同的概率出现在任何空间位置之上。根据统计学原理，可以知道 Z 值渐进地服从正态分布，由此我们可以判断出其显著性水平。（3）置换法。假设观测值可以等概率地出现在任何位置之中，但是关于 I 的分布是实证地产生的，通过观测值在所有空间区域单元的随机重排序，每次计算得出不同的 I 的均值和方差。

α（一般取 0.05）比较，决定拒绝还是接受零假设。

当 Z 值为零时，观测值呈独立随机分布；当 Z 值为正值且显著时，存在正的空间自相关，即相似的观测值趋于空间集聚；当 Z 值为负值且显著时，存在负的空间自相关，即相似的观测值趋于空间分散。

空间权重矩阵在测算空间单位的相互邻接关系、地理空间结构是一个有效的工具，本章定义了一个二元对称空间权重矩阵 W_{nn}，表示 n 个地区的空间邻近关系，以邻接标准或距离来度量，空间权重矩阵表示为：

$$W = \begin{bmatrix} w_{11} & w_{12} & \cdots & w_{1n} \\ w_{21} & w_{22} & \cdots & w_{2n} \\ \cdots & \cdots & \cdots & \cdots \\ w_{n1} & w_{n2} & \cdots & w_{nn} \end{bmatrix} \tag{4.8}$$

常用的二进制连接矩阵的元素定义形式为：

$$w_{ij} = \begin{cases} 1 & \text{当区域 } i \text{ 和区域 } j \text{ 相邻} \\ 0 & \text{当区域 } i \text{ 和区域 } j \text{ 不相邻} \end{cases} \tag{4.9}$$

分析交通运输 CO_2 排放量的空间分布特征时，由于全域 *Moran's I* 指数在分析大样本数据空间相关性时是常用的指标，可能会掩盖完全随机化的样本数据子集，出现局域的空间关联趋势与全域的趋势相反的现象，比如某地区 CO_2 排放量具有正的扩散效应，其他地区 CO_2 排放量具有负的集聚效应，而全域 *Moran's I* 指数值计算的结果是将正负效应综合后的剩余值，对于区域 CO_2 排放量的空间相关性的分析不准确，而局部空间自相关性解释观测值的具体分布，判断观测值的高低、对全局空间自相关的贡献率最高的区域分布较为合适，因而，有必要使用局域空间关联法，即判断交通运输人均 CO_2 排放量时，采取局域 *Moran's I* 指数法，其算式为：

$$Moran's\ I_i = z_i \sum_{j=1}^{n} w_{ij} z_j \tag{4.10}$$

式（4.10）中，$z_i = x_i - \bar{x}$，$z_j = x_j - \bar{x}$是指观测值与均值的偏差，x_i为区域单元 i 的观测值。W_{ij} 表示行标准化的空间权值矩阵，设 $W_{ij} = 0$，*Moran's I* 为 Z_i与 i 加权平均的乘积。

二 交通运输人均碳排放的空间分布特征

运用二进制空间权重矩阵，计算丝绸之路经济带人均 GDP、交通运

输入人均碳排放量 *Moran* 指数 *I* 的结果，并将样本之间的空间相关性可视化为二维四个象限的 *Moran's I* 散点图（见图 4—12），散点图横坐标为变量 Z，纵坐标为空间滞后向量 W_z，反映空间单元与其相邻区域之间的局部空间联系方式。

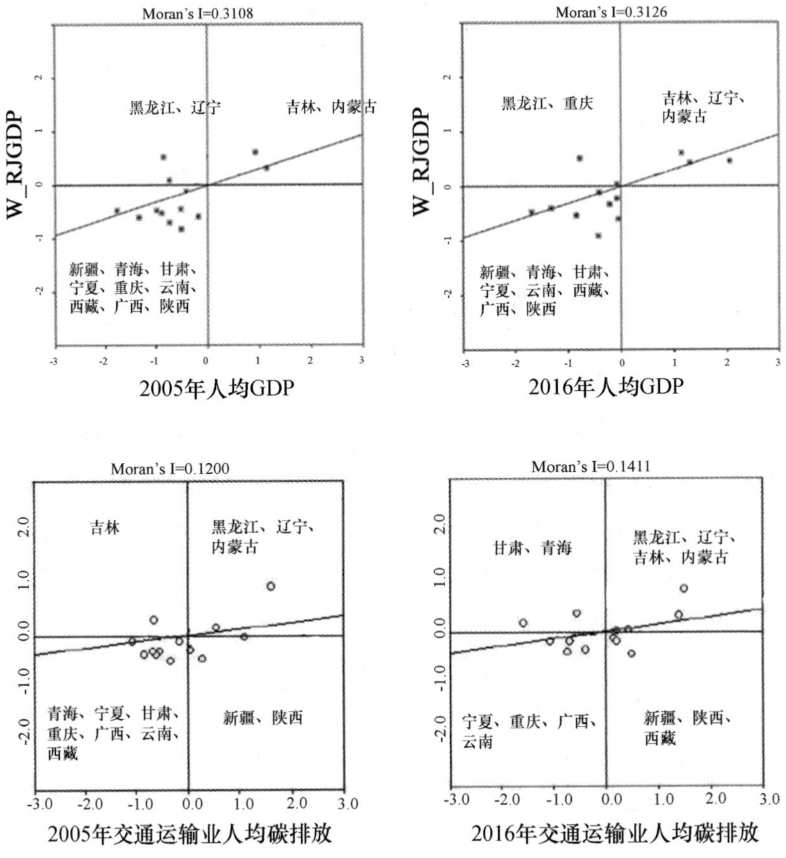

图 4—12　人均 GDP 及交通运输人均碳排放的 *Moran's I* 散点图

散点图的第Ⅰ象限表示观测值高的地区被其他观测值高的地区所包围；第Ⅱ象限表示观测值低的地区被其他观测值高的地区所包围；第Ⅲ象限表示观测值低的地区被其他观测值低的地区所包围；第Ⅳ象限表示观测值高的地区被其他观测值低的地区所包围。

计算的结果显示，人均 GDP 及交通运输人均碳排放的 *Moran* 指数 *I*

绝大部分为正值，*Moran* 指数 *I* 的 *Z* 检验值大多数为正，大多数年份的 *P* 值小于显著性水平 0.05，表明丝绸之路经济带省际人均 GDP、交通运输人均碳排放在地理上具有空间自相关性，且大多显著，经济活动及碳排放趋于空间聚集。

图 4—12 显示，2005 年、2016 年丝绸之路经济带上的吉林、内蒙古的人均 GDP 一直在第Ⅰ象限，表明这两个地区人均 GDP 一直较高，同时被其他高观测值的相邻地区所包围。黑龙江的人均 GDP 一直在第Ⅱ象限，表明这个地区人均 GDP 一直较低，同时被其他高观测值的相邻地区所包围。新疆、青海、甘肃、宁夏、云南、西藏、广西、陕西一直落在第Ⅲ象限，说明这些地区的人均 GDP 较小，邻近地区的人均 GDP 值也较小。2016 年重庆、辽宁分别从 2005 年的第Ⅲ、第Ⅱ象限，转移到第Ⅱ象限、第Ⅰ象限，说明重庆邻近地区和辽宁及邻近地区的经济增长较快。

从交通运输人均 CO_2 排放量的 Moran’I 散点图来看，黑龙江、辽宁、内蒙古一直落在第Ⅰ象限内，表明一直以来这三个地区的交通运输人均碳排放量较高，同时被邻近高碳排放区所包围。吉林从原来的第Ⅱ象限转移到 2016 年的第Ⅰ象限，表明吉林地区的人均碳排放量增速较快。宁夏、重庆、广西、云南一直落在观测值较低的第Ⅲ象限，表明这四个地区交通运输人均碳排放量较低，邻近地区的碳排放亦较低。青海、甘肃从 2005 年的第Ⅲ象限转移到 2016 年的第Ⅱ象限，表明这两个地区属于低碳排放区，不过邻近地区的碳排放却不断增加。西藏的交通运输人均碳排放量在 11 年间变化较大，从低排放区转移到高碳排放区。新疆、陕西一直落在第Ⅳ象限，表明一直以来这两个地区交通运输人均碳排放量较高，被邻近碳排放较低的地区所包围。

随着国家交通运输体系的不断优化，区域经济及交通运输碳排放不断增加，东北三省、内蒙古的经济增长较快，但同时引致交通运输碳排放也较为显著。西部地区的经济发展水平较低，而新疆、陕西地区逐渐转化为交通运输高碳排放地区。

第三节　丝绸之路经济带交通运输碳排放空间转移分析

为了进一步了解丝绸之路经济带省际交通运输碳排放的空间转移特征、差异程度大小，需要构建实证模型进行分析。

一　研究方法

考虑到交通运输碳排放存在空间动态的非均衡性，为了较准确地测算其碳排放变化的空间动态特征，参考张为付等（2014）对 CO_2 空间转移测算法，构建交通运输碳排放规模及强度转移指数模型，测算经济带沿线各省区交通运输碳排放变化率的空间差异。

1. 交通运输碳排放规模转移指数中

$$g_{i(0-t)} = \frac{C_{G_i(0-t)}}{C_{G(0-t)}} \tag{4.11}$$

式（4.11）中 i 表示第 i 个地区，t 表示时间（2005—2016 年），$g_{i(0-t)}$ 表示地区 i 在（$0-t$）时段内交通运输碳排放的规模转移指数，$C_{G_i(0-t)}$ 表示地区 i 在（$0-t$）时段内交通运输碳排放变化率的均值，$C_{G(0-t)}$ 表示经济带上 13 个省区在（$0-t$）时段内交通运输碳排放变化率的均值。如果两者的商大于 1，表示交通运输碳排放规模向内转移，该值越大向内转移速度则越快。如果两者的商等于 1，表示交通运输碳排放规模在区域间相对均衡。如果两者的商小于 1，表示交通运输碳排放规模向外转移，该值越小向外转移的速度则越快。

2. 交通运输碳排放强度转移指数中

$$q_{i(0-t)} = \frac{C_{G_i(0-t)}}{C_{G(0-t)}} \tag{4.12}$$

式（4.12）中 $q_{i(0-t)}$ 表示地区 i 在（$0-t$）时段内交通运输碳排放强度转移指数。$C_{G_i(0-t)}$ 表示地区 i 在（$0-t$）时段内交通运输碳排放强度变化率的均值，$C_{G(0-t)}$ 表示经济带上 13 个地区在（$0-t$）时段内交通运输碳排放强度变化率的均值。如果两者的商大于 1，表示交通运输碳排放强度向外转移，比值越大向外转移速度越快。如果两者的商等于 1，表示交通运输碳排放在地区间呈现相对均衡的特征。如果两者的商小于1，表示交通运输碳排放强度向本地（向内）转移，值越小向内转移越快。

二　丝绸之路经济带交通运输碳排放对比分析

1. 交通运输碳排放规模对比分析

2005—2016年，丝绸之路经济带沿线13个省区中，交通运输碳排放量占经济带交通运输碳排放总量比重的平均值高于10%的有陕西、云南、辽宁，这三个地区的交通运输碳排放总量占经济带的比重为36.6098%，广西、重庆、黑龙江、内蒙古四个地区的交通运输碳排放总量占经济带比重的均值在8%—10%，其总排放量占经济带比重为35.6330%，甘肃、新疆、吉林的排放占比在6%—7%，其总排放量占比为20.4377%，青海、宁夏、西藏地区的碳排放占比低于4%，其总排放量占比为6.2308%（见表4—10）。

分时间段来看，2005—2008年，陕西（10.7668%）、辽宁（13.5541%）、云南（16.0770%）、重庆（14.1474%）四个地区交通运输碳排放量占经济带的比重高于10%，其碳排放总量占经济带的比重为54.55%，属于丝绸之路经济带交通运输碳排放的高集聚区域。相应地，青海（0.6050%）、西藏（1.3136%）属于丝绸之路经济带上交通运输碳排放规模最小的地区，两地碳排放量总和占经济带总量的比重为1.92%，甘肃（5.0453%）、吉林（6.5035%）、黑龙江（7.3050%）、广西（8.9435%）、内蒙古（9.0673%）的碳排放比重为5%—9%，五个地区总的碳排放量占比为36.8645%，宁夏（3.0070%）、新疆（3.6646%）两地的排放量占比均值为3%—4%，总的碳排放量占比为6.6717%。

2009—2012年，陕西（11.3119%）、辽宁（12.9667%）、云南（11.1642 %）交通运输碳排放占经济带总量的比重超过10%，这三个地区总的碳排放占经济带的比重为35.4428%，青海（1.9614%）、西藏（0.7417%）、宁夏（3.1295%）的碳排放量占经济带的比重为1%—3%，其碳排放总量占比为5.8327%，广西（8.6055%）、内蒙古（9.9172%）、黑龙江（9.7106%）、甘肃（6.0543%）、吉林（7.3277%）、新疆（7.6005%）、重庆（6.9734%）的碳排放占比为6%—10%，碳排放总量占比为56.1892%。

表 4—10 **2005—2016 年丝绸之路经济带各省区交通运输碳排放量占比表** 单位：%

年份／地区	2005	2006	2007	2008	2009	2010	2011	2012	2013	2014	2015	2016	平均值
陕西	6. 3788	11. 0307	12. 0410	12. 7689	11. 9801	12. 1271	10. 7897	10. 4825	11. 7312	11. 8454	11. 2273	11. 3534	11. 1463
甘肃	4. 6553	5. 9419	5. 7558	4. 1598	6. 1923	6. 6670	5. 6018	5. 7634	6. 9113	7. 3611	6. 9097	6. 7598	6. 0566
青海	0. 7684	1. 7528	0. 1355	0. 1117	1. 7873	1. 8490	2. 1430	2. 0277	2. 3067	2. 7380	2. 2814	2. 1846	1. 6738
宁夏	2. 9627	2. 6519	2. 8711	3. 3847	2. 7001	3. 1120	3. 4229	3. 1758	3. 2474	3. 0759	3. 1635	3. 1256	3. 0745
新疆	6. 4216	1. 1010	7. 2873	0. 3755	6. 3726	6. 6732	8. 5378	8. 5509	8. 3805	8. 1433	6. 5746	6. 1058	6. 2103
辽宁	15. 0930	16. 5821	12. 9841	10. 8951	13. 8602	13. 8164	14. 3906	9. 9879	12. 6996	10. 4228	12. 6754	13. 3905	13. 0665
吉林	6. 4123	8. 0486	7. 7588	4. 5267	7. 9332	7. 6532	7. 1736	6. 6887	7. 2163	7. 6719	7. 1697	7. 0925	7. 1121
黑龙江	7. 4522	9. 8798	1. 8592	9. 9465	11. 9128	9. 9949	9. 6302	7. 8472	7. 7007	7. 1521	8. 5340	8. 6927	8. 3835
内蒙古	12. 1423	2. 7040	5. 0989	14. 2486	9. 2640	10. 5137	10. 8184	8. 8817	7. 7815	7. 1974	6. 9047	7. 2710	8. 5688
西藏	2. 4067	1. 5951	0. 6359	0. 8802	0. 5868	0. 7432	0. 7595	0. 8384	1. 3372	1. 3948	1. 9417	1. 4690	1. 2157
云南	15. 8273	14. 3386	17. 6607	16. 1130	11. 2403	11. 5694	11. 1365	10. 7117	12. 0643	13. 1080	12. 4065	13. 1411	13. 2764
广西	8. 2388	11. 3601	13. 7865	3. 9123	9. 2054	8. 6639	8. 2322	8. 4691	9. 6365	10. 2458	10. 6817	10. 8695	9. 4418
重庆	11. 2405	13. 0134	12. 1251	18. 6772	6. 9650	6. 6171	7. 3638	6. 9619	8. 9867	9. 6436	9. 5298	8. 5444	9. 9724

2013 年以来，交通运输碳排放量占经济带总量的比重超过 10% 的有陕西（11.5475%）、辽宁（12.3157%）、云南（12.6833%）、广西（10.3456%），四个地区碳排放总量占经济带的比重为 46.8921%。内蒙古（7.3076%）、黑龙江（8.0132%）、甘肃（6.9817%）、吉林（7.2855%）、新疆（7.3183%）、重庆（9.1518%）的碳排放占比为 7%—9%，其碳排放总量占比为 46.0582%。而青海（1.6738%）、西藏（1.2157%）、宁夏（3.0745%）的排放量占比较低，其碳排放总量占经济带排放总量的比重为 7.0497%。

2005—2016 年，重庆的交通运输碳排放下降较为显著，其占比从第一梯队下降为第二梯队，广西则从第二梯队上升为第一梯队，新疆从第三梯队上升为第二梯队，其余地区基本不变。

2. 交通运输碳排放强度对比分析

交通运输碳排放强度超过经济带均值的有陕西、甘肃、青海、新疆、辽宁、吉林、黑龙江、西藏。宁夏、重庆、广西、云南的交通运输碳排放强度均明显低于经济带平均水平。东北三省、陕西、甘肃等地的排放强度显著高于经济带均值，这与高能耗、高排放低增长的发展模式有关。

分时段来看（见表 4—11），2005—2008 年交通运输碳排放强度高于经济带均值且从高到低依次为陕西、新疆、辽宁、西藏、甘肃，这五个地区在这个期间交通运输并非低碳发展，承载了外地向本地的交通运输碳排放强度的转移。重庆、广西、云南等地区碳排放强度均低于经济带均值，这些地区的交通运输低碳发展质量较好。

2009—2012 年，经济带交通运输碳排放强度较 2008 年之前有所下降，交通运输节能减排效应有所显现。与上一时段相比，青海、内蒙古、黑龙江三个地区该项指标高于经济带均值成为交通运输低碳发展质量下降的地区，而宁夏、广西、重庆、吉林的碳排放强度均有一定程度的下降，其交通运输低碳发展质量较上一时段有所提升。

2013 年以来，经济带交通运输碳排放强度逐渐下降，交通运输节能减排效应逐渐增加。内蒙古的交通运输碳排放强度逐渐下降，成为交通运输低碳发展质量上升的地区。除甘肃、西藏、黑龙江碳排放强度增大以外，重庆、广西、云南、宁夏、陕西等地的碳排放强度逐渐下降，交通运输低碳发展质量不断提高。

表4—11　丝绸之路经济带各省区交通运输碳排放强度均值对比表

地区＼年份	2005—2008	2009—2012	2013—2016	2005—2016
陕西	5.4630	5.6322	3.8294	4.9749
甘肃	3.1485	3.2053	3.8724	3.4087
青海	2.9315	3.9050	3.4696	3.4354
宁夏	0.5512	0.3820	0.3160	0.4164
新疆	5.1595	4.3700	3.4083	4.3126
辽宁	4.5027	3.4148	2.6406	3.5194
吉林	2.8481	2.8064	2.7317	2.7954
黑龙江	2.8067	3.1199	3.5384	3.1550
内蒙古	3.0687	2.8996	2.1396	2.7026
西藏	3.7416	3.2260	4.7396	3.9024
云南	1.3881	2.3326	2.0140	1.9115
广西	0.9737	0.9409	0.6763	0.8636
重庆	0.7273	0.3660	0.3844	0.4925
经济带	3.1098	2.8387	2.3436	2.7640

三　丝绸之路经济带交通运输碳排放空间转移特征

（一）交通运输碳排放规模的空间转移特征

基于表4—12指标变化率数据，计算可得交通运输碳排放规模转移系数（见表4—13），从整体来看，2005—2016年，丝绸之路经济带上13个省区的交通运输碳排放呈现出非均衡发展的特征，其中，碳排放规模转移系数大于1的有七个地区，从高到低依次是青海、陕西、甘肃、广西、黑龙江、吉林、宁夏，11年来，这七个地区的交通运输碳排放规模从外向内转移，即可能有些交通运输碳排放是因为给外地供给了高碳产品而引致在本地发生的补偿或者替代效应。该指标系数小于1的有六个地区，从高到低依次为新疆、辽宁、云南、重庆、西藏、内蒙古，这六个地区向外地转移了碳排放。

分时段来看，2005—2008年，丝绸之路经济带沿线地区交通运输碳排放规模转移系数大于1的有陕西、宁夏、青海、黑龙江、内蒙古、云南、重庆，这些地区在发展经济时向本地内部转移了较多的交通运输碳排放量，即经济增长是以交通运输碳排放规模转移为代价的。

2009—2012 年，交通运输碳排放规模转移系数大于 1 的有青海、宁夏、新疆、西藏。较上一时段从大于 1 转变为小于 1 的有陕西、黑龙江、内蒙古、云南、重庆，即这五个地区的交通运输碳排放从向内转移转变为向外转移；系数从小于 1 转变为大于 1 的有西藏、青海，即这两个地区在此期间交通运输碳排放规模从向外地转移转变为向内地转移。

2013—2016 年，辽宁、黑龙江、西藏、云南、广西五个地区的交通运输碳排放规模转移系数小于 1，即这些地区的交通运输碳排放规模向外地转移。其他八个地区的系数均大于 1，其中，西北五省的系数值增幅显著，说明 2013 年以来西北五省区交通运输碳排放规模向本地内部转移趋增。

表 4—12　丝绸之路经济带交通运输碳排放规模及强度变化率对比表　单位：%

	碳排放规模变化率				碳排放强度变化率			
年份 地区	2005—2016	2005—2008	2009—2012	2013—2016	2005—2016	2005—2008	2009—2012	2013—2016
陕西	538.7557	173.0693	17.0027	-0.0359	-36.7079	0.4070	-2.0292	-19.4036
甘肃	421.1245	21.8965	24.4555	-0.0257	2.3029	-24.5646	4.9867	-9.9448
青海	920.3486	-80.1616	51.7058	-0.0566	43.4428	64.1622	-5.6871	-9.7856
宁夏	278.6218	55.8448	57.2765	-0.0412	-67.3552	-64.3803	8.3495	-3.0525
新疆	241.2341	-92.0241	79.4269	-0.2742	-37.2607	-9.2368	-22.1354	-14.0863
辽宁	218.3996	-1.5268	-3.6404	0.0503	-33.2858	-18.1363	-28.7314	29.9651
吉林	296.9518	-3.6994	12.7416	-0.0210	3.5708	10.2595	-15.2482	6.8712
黑龙江	318.6187	82.0724	-11.9173	0.1245	15.2711	-20.8750	19.1244	-9.2404
内蒙古	114.9045	60.0781	28.2012	-0.0692	-40.1199	-30.9414	6.6393	16.0124
西藏	119.0631	-50.111	91.0580	0.0943	14.7011	-55.7748	66.6832	70.4072
云南	197.9731	38.8779	27.431	0.0851	177.6969	129.4037	-9.7183	-14.2797
广西	373.4757	-35.2218	23.0225	0.1236	94.0147	157.0582	-25.2170	-0.3480
重庆	172.8008	126.6665	33.6590	-0.0529	-5.6697	128.3486	-21.3467	0.2368
经济带	258.8824	36.4152	33.7186	-0.0039	-26.0995	-12.2303	-9.4733	1.0619
年均变化率	12.3182	10.9058	10.17014	-0.1288	-2.7121	-4.2553	-3.2631	0.3527

（二）交通运输碳排放强度的空间转移特征

表4—13的交通运输碳排放强度转移系数显示，2005—2016年，经济带上13个省区的交通运输碳排放强度转移系数大于1的有陕西、宁夏、新疆、辽宁、内蒙古，11年来，这五个地区的交通运输碳排放强度向外地转移，交通运输低碳发展的质量较高。其余八个地区的碳排放强度转移系数小于1，表明其碳排放强度向内部转移，交通运输低碳发展质量较低。

分时段来看，2005—2008年，交通运输碳排放强度转移系数大于1的有甘肃、宁夏、辽宁、黑龙江、内蒙古、西藏，其碳排放强度向外地转移，交通运输低碳发展较好。其余地区的转移系数小于1，碳排放强度向内地转移，交通运输高碳发展。

2009—2012年，碳排放强度转移系数大于1的有新疆、辽宁、吉林、云南、广西、重庆，较前一时段其系数均有所增加。其他七个地区的转移系数均小于1，其中陕西、青海的系数较前一时段有所提高，说明这些地区交通运输高碳发展。

表4—13　丝绸之路经济带交通运输碳排放规模及强度转移系数对比表

单位：%

	碳排放规模变化率				碳排放强度变化率			
年份 地区	2005—2016	2005—2008	2009—2012	2013—2016	2005—2016	2005—2008	2009—2012	2013—2016
陕西	2.0811	4.7527	0.5043	9.3151	1.4065	−0.0333	0.2142	−18.2732
甘肃	1.6267	0.6013	0.7253	6.6581	−0.0882	2.0085	−0.5264	−9.3654
青海	3.5551	−2.2013	1.5335	14.6557	−1.6645	−5.2462	0.6003	−9.2154
宁夏	1.0762	1.5336	1.6987	10.6830	2.5807	5.2640	−0.8814	−2.8747
新疆	0.9318	−2.5271	2.3556	71.0705	1.4276	0.7552	2.3366	−13.2656
辽宁	0.8436	−0.0419	−0.1080	−13.0433	1.2753	1.4829	3.0329	28.2193
吉林	1.1471	−0.1016	0.3779	5.4297	−0.1368	−0.8389	1.6096	6.4709
黑龙江	1.2307	2.2538	−0.3534	−32.2549	−0.5851	1.7068	−2.0188	−8.7021
内蒙古	0.4438	1.6498	0.8364	17.9360	1.5372	2.5299	−0.7008	15.0795

续表

年份 地区	碳排放规模变化率				碳排放强度变化率			
	2005—2016	2005—2008	2009—2012	2013—2016	2005—2016	2005—2008	2009—2012	2013—2016
西藏	0.4599	-1.3761	2.7005	-24.4443	-0.5633	4.5604	-7.0390	66.3052
云南	0.7647	1.0676	0.8135	-22.0426	-6.8084	-10.5806	1.0259	-13.4477
广西	1.4426	-0.9672	0.6828	-32.0319	-3.6022	-12.8417	2.6619	-0.3278
重庆	0.6675	3.4784	0.9982	13.7062	0.2172	-10.4943	2.2534	0.2230

（三）交通运输碳排放趋势综合分析

综合丝绸之路经济带上各个地区交通运输碳排放规模转移系数和碳排放强度转移系数可以看出，2005—2016 年，甘肃、青海、吉林、黑龙江、广西属于碳排放规模和强度双内向转移地区，是经济带上隐含碳排放的调入地区，这五个地区碳排放规模和强度的增速均高于经济带平均水平。而新疆、辽宁、内蒙古属于碳排放规模和强度双外向转移地区，是经济带上隐含碳排放的调出地区，这三个地区交通运输碳排放规模和强度的增速均低于经济带平均水平，交通运输低碳发展质量较好。陕西、宁夏属于单纯的碳排放规模向内地转移的地区，而西藏、云南、重庆则属于单纯的碳排放强度向内地转移的地区，这三个地区交通运输碳排放强度与经济带平均水平存在一定程度的差距（见表 4—14）。2013 年以来，西北五省及重庆地区的交通运输低碳发展质量逐渐下降，东北三省交通运输低碳发展质量逐渐提升，内蒙古、云南、广西的交通运输低碳排放质量下降较快。

表 4—14　丝绸之路经济带各省区交通运输碳排放转移情况对比表

指标 地区	2005—2016 年		2005—2008 年		2009—2012 年		2013—2016 年	
	规模	强度	规模	强度	规模	强度	规模	强度
陕西	向内	向外	向内	向内	向外	向内	向内	向内
甘肃	向内	向内	向外	向外	向外	向内	向内	向内
青海	向内	向内	向外	向内	向内	向内	向内	向内

续表

指标 地区	2005—2016 年		2005—2008 年		2009—2012 年		2013—2016 年	
	规模	强度	规模	强度	规模	强度	规模	强度
宁夏	向内	向外	向内	向外	向内	向内	向内	向内
新疆	向外	向外	向外	向内	向内	向外	向内	向内
辽宁	向外	向外	向外	向外	向外	向外	向外	向外
吉林	向内	向内	向外	向内	向外	向外	向内	向外
黑龙江	向内	向内	向内	向外	向外	向内	向外	向内
内蒙古	向外	向外	向内	向外	向外	向内	向内	向外
西藏	向外	向内	向外	向外	向内	向内	向外	向外
云南	向外	向内	向内	向内	向外	向外	向外	向内
广西	向内	向内	向外	向内	向外	向外	向外	向内
重庆	向外	向内	向内	向内	向外	向外	向内	向内

四　主要结论

本节通过测算 2005—2016 年丝绸之路经济带沿线地区交通运输碳排放规模和强度转移系数等指标，得出的主要结论有：

第一，丝绸之路经济带交通运输碳排放规模和强度存在省际空间转移现象，同时呈现出不同时段和区域转移的特征。

第二，经济带上 13 个省区的交通运输碳排放呈现出非均衡发展的态势。

第三，11 年间，甘肃、青海、吉林、黑龙江、广西的交通运输碳排放规模和强度均向内转移，交通运输低碳发展质量低于经济带平均水平。新疆、辽宁、内蒙古则向外转移，交通运输低碳发展质量逐渐提升。

在构建丝绸之路经济带运输通道，推进节能减排政策实施的背景下，2013 年以来，东北三省交通运输低碳发展质量逐渐提升。而西北五省和重庆的交通运输低碳发展质量却逐渐下降，低于经济带平均水平的态势越来越明显。

第四节　本章小结

本章纳入非营运部门民用车辆碳排放指标，全口径系统地测算了各种交通运输方式的碳排放，分析了丝绸之路经济带交通运输碳排放规模、结构及强度的趋势，进而构建模型分析了交通运输碳排放的空间分布特征，碳排放空间转移趋势。

2005 年以来，丝绸之路经济带交通运输业及非营运部门民用车辆碳排放规模、碳排放强度不断增加。近年来，随着国家节能减排政策的推广及技术进步，碳排放的增速趋缓，铁路运输业的减排效应有所凸显。空间数据分析结果显示，交通运输碳排放省际差异明显，大多数地区交通运输低碳能源措施并不稳定。碳排放空间转移的测算结果表明，丝绸之路经济带交通运输碳排放存在省际空间转移现象，并呈现出不同时段和区域转移的特征。2013 年以来，丝绸之路经济带上西北五省区和重庆的交通运输低碳发展质量逐渐下降，低于经济带平均水平的态势越来越明显。

第五章

丝绸之路经济带交通运输能耗及碳排放潜力分析

上一章分析了丝绸之路经济带交通运输能源消费不断增长，碳排放不断增加的趋势，为了预测丝绸之路经济带未来交通运输碳排放潜力，需要分析交通运输能耗的影响因素及各变量之间的动态关系，进而预测未来交通运输能耗的变化。

第一节　丝绸之路经济带交通运输能耗影响因素分析

交通能耗是影响交通运输碳排放的重要因素。近年来，交通运输能耗占比位居我国行业第二，随着丝绸之路经济带国际运输通道的不断发展，丝绸之路经济带未来的碳排放将进一步增加，为了预测碳排放趋势、设计交通运输低碳发展政策，有必要分析交通运输能耗的影响因素。

一　丝绸之路经济带交通运输能耗影响因素机理分析

（一）变量与数据

本书参考柴建等（2018）运用的贝叶斯估计法，将结构方程模型引入交通运输领域，分析潜在内生变量与外生变量之间的关系，采取通径分析法对核心影响因素进行筛选，进而构建预测精度良好的 BVAR 多变量模型，预测丝绸之路经济带交通运输能耗。

相关文献认为，经济增长、技术进步、运输结构是影响交通能源消费的主要因素。本书确定指标时，基于相关理论，结合丝绸之路经济带沿路地区的发展实际，选择影响交通运输能耗的变量。

（1）经济活动变量。新经济地理增长理论认为，人口规模增加，城市化率提升、人均财富增加引致消费需求、出行需求增加，推动交通基础设施建设，促进客货周转量提高，进而引致能源消费增加。即经济增长引致交通能耗增长，因此，选取交通运输换算周转量（x_3）、人均交通运输业 GDP（x_4）、城镇化率（城镇人口占总人口的比重）（x_5）作为经济活动变量。

（2）技术进步变量。新经济增长理论认为，科学技术是影响经济增长的内生变量，通过较强的正的溢出效应促进经济增长。技术进步通过研发成果的推广、油品提升、清洁能源及节能运输工具的替代，高铁、地铁投资占比的提升等方式减少能源消费，减少单位运输成本，提高运输质量。因此，选取交通运输单位换算周转量能耗（x_6）、研究与开发机构科技活动课题数（x_7）、交通基础设施投资占总投资的比重（x_8）指标代表技术进步。

（3）交通运输结构变量。IEA 统计数据显示，2000 年至今，我国交通运输终端能耗中石油占比约为 90%，其中 75% 的石油消耗聚集在公路运输方面，同时，考虑到丝绸之路经济带沿线省区公路民航运输占比较高，非营运部门的民用车辆消费呈递增的态势，在此，将石油终端消费占比（x_9）、公路民航运输周转量占比（x_{10}）、非营运部门人均民用车辆（x_{11}）作为衡量交通运输结构指标。

（4）交通运输能耗变量。我国汽油、柴油占终端能耗石油的比重很高（IEA 统计），丝绸之路经济带沿线省区的此项指标占比也较高，故用汽油终端消费量（x_1）、柴油终端消费量（x_2）来衡量交通运输能耗。

以上指标中的城镇化率（x_5）根据历年《中国人口和就业统计年鉴》相关数据整理并计算，研究与开发机构科技活动课题数（x_7）根据历年《中国科技统计年鉴》相关数据整理并计算，交通基础设施投资占总投资的比重（x_8）根据历年《中国固定资产投资统计年鉴》相关数据整理并计算，人均非营运部门民用车辆（x_{11}）根据历年《中国能源统计年鉴》相关数据整理并计算，其他数据来源于历年《中国统计年鉴》及《各地统计年鉴》，整理后的数据见表 5—1。

表 5—1　　2005—2016 年丝绸之路经济带分析指标与基础数据表

年份	交通运输能耗		经济活动			技术进步			交通运输结构		
	x_1	x_2	x_3	x_4	x_5	x_6	x_7	x_8	x_9	x_{10}	x_{11}
2005	930.09	1741.09	14198.05	0.07	0.42	0.42	12912.00	0.12	0.43	0.21	28.83
2006	1041.65	1993.77	15904.81	0.09	0.43	0.42	14193.00	0.12	0.44	0.21	28.48
2007	1097.00	2417.04	19086.38	0.10	0.44	0.41	14878.00	0.10	0.47	0.20	33.28
2008	903.59	2698.83	25856.38	0.12	0.45	0.29	16644.00	0.09	0.41	0.35	39.66
2009	983.72	2915.05	27485.83	0.12	0.46	0.32	13299.00	0.10	0.47	0.36	82.63
2010	1082.51	3222.65	30594.12	0.14	0.47	0.32	14432.00	0.10	0.49	0.38	107.21
2011	1174.13	3486.89	35449.56	0.17	0.49	0.31	15482.00	0.08	0.48	0.39	114.41
2012	1243.75	3688.90	39314.10	0.18	0.50	0.27	16968.00	0.07	0.42	0.42	116.02
2013	1134.03	3342.34	38837.22	0.19	0.51	0.28	18793.00	0.08	0.46	0.39	131.78
2014	1245.16	3426.48	39920.06	0.21	0.52	0.29	19775.00	0.08	0.46	0.41	136.06
2015	1321.84	3437.91	36645.90	0.21	0.53	0.29	22698.00	0.09	0.40	0.44	140.68
2016	1399.67	3485.33	39427.16	0.21	0.54	0.30	22200.00	0.11	0.40	0.43	161.16

（二）测算模型与参数估计

基于贝叶斯结构方程模型原理[222]，结合概念模型，使用 Winbugs 软件设置的测算方程为：

$$y_i = \Lambda\omega_i + \varepsilon_i \tag{5.1}$$

$$A^T = \begin{bmatrix} 1 & \lambda_{2,1} & 0 & 0 & 0 & 0 & 0 & 0 & 0 & 0 & 0 \\ 0 & 0 & 1 & \lambda_{4,2} & \lambda_{5,2} & 0 & 0 & 0 & 0 & 0 & 0 \\ 0 & 0 & 0 & 0 & 0 & 1 & \lambda_{7,3} & \lambda_{8,3} & 0 & 0 & 0 \\ 0 & 0 & 0 & 0 & 0 & 0 & 0 & 0 & 1 & \lambda_{10,4} & \lambda_{11,4} \end{bmatrix}$$

$\omega_i = (\eta_i, \xi_{i-1,} \xi_{i-2}, \xi_{i-3})^T \sim N(0,\varphi)$

$\varepsilon_i \sim N[0,\psi_\varepsilon]$

ψ_ε 代表对角元素 $\psi_{\varepsilon\kappa}$ 的对角矩阵，ω_i 与 ε_i 相互独立。

结构方程为：$\eta_i = \gamma_1\xi_1 + \gamma_2\xi_2 + \gamma_3\xi_3 + \delta_i$　　(5.2)

$\delta_i = (\delta_{i-1}, \delta_{i-2}, \delta_{i-3})^T \sim N(0,\varphi)$

$\delta_i \sim N(0,\psi_\delta)$，$\xi_i$ 与 δ_i 相互独立，Λ_k^T 代表 Λ 的第 k 行（$k=1$，2，…，11）。

参考 Song（2001）[223]的做法，超参数值的共轭先验分布为：

$\varphi^{-1} \overset{D}{=} W_3(B,10)$

$\psi_{\varepsilon_k}^{-1} \overset{D}{=} G[6,10]$

$\Lambda_k \overset{D}{=} N[0.8, 4\psi_{\varphi k}I]$，I 为相应维数的单位矩阵。

$\psi_\delta^{-1} \overset{D}{=} G[6,10]$

$\Gamma \overset{D}{=} N[M, \psi_\delta I]$

$$B = \begin{bmatrix} 2 & -1 & 0 \\ -1 & 2 & -1 \\ 0 & -1 & 2 \end{bmatrix}$$

$$M = \begin{bmatrix} 0.5 \\ -0.5 \\ 0.5 \end{bmatrix}$$

从反映经济活动、技术进步、交通运输结构、交通运输能耗的变量中筛选出最具代表性的一项指标，对其参数估计为1，本章用交通运输换算周转量（x_3）代表经济活动指标，用交通运输单位换算周转量能耗（x_6）代表技术进步指标，用公路民航运输周转量占比（x_{10}）代表交通运输结构指标，用汽油终端消费量（x_1）代表交通运输能耗指标，将处理的标准化数据代入式（5.1）中，对参数进行贝叶斯估计，选择1000次迭代内收敛，对收敛后样本的参数贝叶斯估计结果见图5—1。

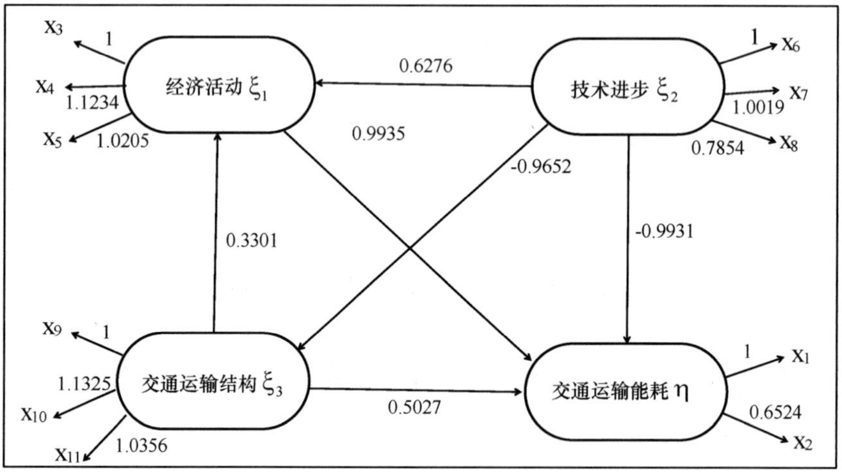

图5—1 丝绸之路经济带交通运输能耗模型路径与参数贝叶斯估计图

从各变量对交通运输能耗影响的直接效应来看，经济活动变量参数估计值 $\gamma_1=0.9935$，技术进步变量参数估计值 $\gamma_2=-0.9931$，交通运输结构变量参数估计值 $\gamma_3=0.5027$，即交通运输周转量的递增是引致交通能耗增长的主要因素，而技术进步对抑制能源消费发挥着重要的抑制作用，公路周转量进而成为影响经济带交通运输能耗增加的重要因素。

从各变量对交通运输能耗影响的间接效应来看，通过算式间接效应=相关系数×直接影响系数，算得技术进步变量通过经济活动对交通运输能耗产生的间接效应为0.6235，通过交通运输结构产生的间接效应为-0.4852，将两者相加算出技术进步变量对交通运输能耗产生的总间接效应为0.1383；交通运输结构变量通过经济活动指标对交通运输能耗的间接效应为 0.3279。通过算式总效应 = 直接效应 + 间接效应，测算的经济活动、技术进步、交通运输结构变量对交通运输能耗产生的总效应分别为 0.9935、-0.8548、0.8306，表明目前丝绸之路经济带交通运输能耗的变化受经济活动的影响较大（见表 5—2）。

表 5—2　变量对交通运输能耗产生的效应表

变量	直接效应	间接效应	总效应
经济活动	0.9935	—	0.9935
技术进步	-0.9931	0.1383	-0.8548
交通运输结构	0.5027	0.3279	0.8306

（三）变量筛选与通径分析

若将上述指标中自变量 $x_3,\cdots,x_{11}$ 均纳入模型中估算，则模型复杂化、变量间高度相关、测算结果有失准确。为了系统地考察多变量复杂性关系，需要运用通径分析法（Sewall，1921）[223] 筛选关键变量，对回归分析的多变量相关系数进行分解，然后通过直接、间接通径系数代表受变量影响的直接效应、间接效应和总效应。对 2005—2016 年丝绸之路经济带样本地区各个变量数据取对数以消除异方差性，将 9 个自变量重新定义为 $x_i(i = 1,2,\cdots,9)$ 进行通径分析，得到的通径系数值见表 5—3。

表 5—3　筛选关键自变量的通径分析表

自变量	经济活动			技术进步			交通运输结构		
	x_1	x_2	x_3	x_4	x_5	x_6	x_7	x_8	x_9
直接通径 P_{iy}	0.7352	0.0757	0.0598	0.2961	-0.0244	-0.0463	-0.0066	-0.0295	-0.0858
t 统计量	29.2134	3.2245	0.9831	23.7762	-0.2257	-0.6013	3.2346	2.9986	-0.9928

$R^2 = \sum_{i=1}^{9} P_{iy}r_{iy} = 0.99995$，剩余效应 $P_{ay} = \sqrt{1 - \sum_{i=1}^{k} P_{iy}r_{iy}} = 4.3379E-5$，这表示自变量 $x_1,\cdots,x_9$ 对变量交通运输能耗的解释率为 99.995%，用通径分析法可以分析关键影响因素。

表 5—3 中的 t 统计量检验值显示，自变量 x_3、x_5、x_6、x_9 的直接通径

系数未通过95%显著性水平下的检验，因此，将这四个变量剔除后，对剩余变量 x_1 、x_2 、x_4 、x_7 、x_8 再进行通径分析，一直到这五个自变量均通过 t 统计量检验为止，测得的变量对交通运输能耗影响的通径分析结果（见表5—4）显示，决策系数 $R^2 = 0.99993$ ，剩余效应 $P_{ay} = 6.0153E-5$ ，可以较好地解释对交通运输能耗的影响，而且，这五个变量的 t 检验值均大于 $t_{0.05}(6) = 1.943$ 临界值，通过了95%显著性水平下的检验，即变量 x_1 、x_2 、x_4 、x_7 、x_8 可以作为影响交通运输能耗的关键因素进行问题分析。

表5—4　　　　关键变量的通径分析结果表

自变量	交通运输换算周转量（x_1）	人均交通运输业GDP（x_2）	交通运输单位换算周转量能耗（x_4）	石油终端消费占比（x_7）	公路民航运输周转量占比（x_8）
总效应	0.9322	0.8054	0.6543	0.3254	0.5885
直接通径	0.8554	0.0557	0.3324	0.2017	-0.0256
总间接效应	0.0768	0.7497	0.3219	0.1237	0.6141
通过 x_1 间接通径	—	0.7065	0.2006	0.0985	0.6136
通过 x_2 间接通径	0.0339	—	0.0089	0.0003	0.0302
通过 x_4 间接通径	0.0356	0.0525	—	0.0034	-0.0466
通过 x_6 间接通径	0.0016	-0.0009	-0.0028	0.0059	0.0054
通过 x_7 间接通径	0.0100	0.0172	0.1101	—	0.0185
通过 x_8 间接通径	-0.0043	-0.0256	0.0051	0.0156	-0.0070
t 统计量	35.2056	5.8834	29.6363	7.3654	8.2742
R^2（i）	0.9568	0.1325	0.2669	0.1024	-0.1028

将直接通径与总间接通径测算的系数值相加得到总效应值，五个自变量总效应的绝对值按大小排序依次为交通运输换算周转量、人均交通运输业GDP、交通运输单位换算周转量能耗、公路民航运输周转量占比、石油终端消费占比。表5—4中的直接通径系数值显示，丝绸之路经济带交通运输换算周转量对交通能耗变化的直接影响最为显著。人均交通运输业GDP直接影响交通运输能耗变化的程度不大，而主要通过经济增长刺激支出需求，引致交通运输需求（周转量）增加，进而促进能耗消费

的机制，使人均交通运输业 GDP 通过交通运输换算周转量变化较为显著地影响了能耗消费；交通运输单位换算周转量能耗的总效应系数值为 0.6543，直接通径与间接通径的系数值差距不大，即丝绸之路经济带交通运输单位周转量能耗的变化，不仅受到交通运输需求的间接影响，而且受到自身的直接影响；经济带公路民航周转量占比因素直接影响交通运输能耗的作用并不显著（-0.0256），而主要通过交通运输需求（交通运输周转量）影响能耗变化，这种间接效应较为显著（0.8136）；石油终端消费占比的总效应系数值为 0.3254，直接通径的系数值较大。

结合关键变量对交通运输能耗影响的 R^2 、t 统计量值可以看出，交通运输换算周转量（运输需求）、人均交通运输业 GDP 是引致交通运输能源消费趋增的主要因素。随着人均交通运输业 GDP 的提高，丝绸之路经济带运输通道的不断发展，交通运输能耗将进一步增加，本着“十三五”规划之绿色发展、低碳交通的目标，提高交通运输业投资占比，促进节能减耗。同时，降低代表技术进步指标的交通运输单位换算周转量能耗，提高交通运输能源利用效率，从技术进步方面降低能耗是丝绸之路经济带交通运输低碳发展的必由之路。

二　丝绸之路经济带交通运输能耗影响因素动态关系分析

通径分析结果显示，丝绸之路经济带交通运输能耗的影响因素较多，多变量之间相互影响的关系较为复杂。西姆斯（Sims，1980）提出的向量自回归模型（VAR 模型），能有效地判断多变量相互影响的时间序列系统，分析不同类型的随机扰动项对系统变量的动态冲击。因此，本节拟构建 VAR 模型，分析多变量之间的动态关系特征，判断关键变量对交通运输能耗是否具有长期稳定的影响。

依据通径分析结果，筛选出影响交通运输能耗（y）的关键变量，选取经济活动指标中的交通运输换算周转量（x_1）、技术进步指标中的交通运输单位换算周转量能耗（x_4）、交通运输结构指标中的公路民航运输周转量占比（x_8）作为内生变量，为了提高模型分析的系统准确性，将人均交通运输业 GDP（x_2）、石油终端消费占比（x_7）作为外生变量构建 VAR 模型。通过多次试验发现，当最大滞后阶数取 1 时，VAR 模型的单位根检验均落在单位圆内，模型稳定性较好，可以进行多变量的关系分析，在此，构建的简化理论分析方程为：

$$y_t = f(y_{t-1}, x_{1_{t-1}}, x_{4_{t-1}}, x_{8_{t-1}}, x_{2_t}, x_{7_t}) \quad (5.3)$$

$$x_{1_t} = f(y_{t-1}, x_{1_{t-1}}, x_{4_{t-1}}, x_{8_{t-1}}, x_{2_t}, x_{7_t}) \quad (5.4)$$

$$x_{4_t} = f(y_{t-1}, x_{1_{t-1}}, x_{4_{t-1}}, x_{8_{t-1}}, x_{2_t}, x_{7_t}) \quad (5.5)$$

$$x_{8_t} = f(y_{t-1}, x_{1_{t-1}}, x_{4_{t-1}}, x_{8_{t-1}}, x_{2_t}, x_{7_t}) \quad (5.6)$$

表5—5的VAR模型检验结果显示，四个内生变量对应的四个模型方程通过OLS估计与t值检验后，有个别的估计值未通过t值检验，但这并不影响用VAR进行整体分析的效果，各个模型调整后的可决系数（Adj. R-squared）的拟合效果较好，F统计量通过了显著性检验。当滞后阶数取1时，赤池信息量准则（Akaike AIC）达到最小值为-17.18368，而施瓦茨标准（Schwarz criterion）为-16.17086。检验VAR模型平稳性的图5—2显示，特征根（特征根=内生变量数×滞后阶数）均在单位圆内，表明模型是平稳的，同时，最大值统计量存在5%水平下两种协整关系，这表明这四个模型可以用于实证分析。

表5—5　　VAR（1）模型的估计结果表

变量	Lny（模型1）	lnx_1（模型2）	lnx_4（模型3）	lnx_8（模型4）
lny（-1）	-0.088228 [-0.18305]	0.130191 [0.18000]	-0.031327 [-0.05397]	-0.957936 [-0.91860]
lnx_1（-1）	-1.39397** [-2.30979]	1.737049** [1.91804]	-2.131748** [-2.93317]	2.279045* [1.74540]
lnx_4（-1）	-0.049104 [-0.09175]	1.018611* [1.48828]	-0.930027* [-1.48297]	1.314267 [1.13898]
lnx_8（-1）	0.608395** [2.47022]	-0.06923 [-0.18732]	0.43175* [1.45568]	-0.140818** [-2.26426]
C	12.01739*** [3.73277]	-3.010382 [-0.62312]	10.75197** [2.77326]	-10.2426* [-1.4776]
lnx_2	1.430002** [2.20112]	-0.555987 [-0.57029]	1.347102* [1.72183]	-0.937244 [-0.66678]
lnx_7	-0.053218 [-0.14817]	0.253407 [0.47017]	0.390881 [0.90373]	-0.95751 [-1.23220]

续表

变量	Lny（模型 1）	lnx_1（模型 2）	lnx_4（模型 3）	lnx_8（模型 4）
VAR 模型各个方程检验				
Adj. R-squared	0. 995233	0. 994726	0. 955682	0. 767574
S. E. equation	0. 061511	0. 092306	0. 074075	0. 133086
F-statistic	6. 748427	18. 87824	6. 155036	6. 504065
Log likelihood	20. 62933	16. 16461	18. 58487	12. 13983
Akaike AIC	-2. 47806	-1. 666292	-2. 106339	-0. 934515
Schwarz SC	-2. 224854	-1. 413086	-1. 853133	-0. 681309
VAR 模型总体检验				
Log likelihood	122. 5102			
Akaike information criterion	-17. 18368			
Schwarz criterion	-16. 17086			

注：[ ] 里的数据表示 t-statistics；＊＊＊、＊＊、＊分别表示通过了 1%、5%、10% 的显著性水平检验。

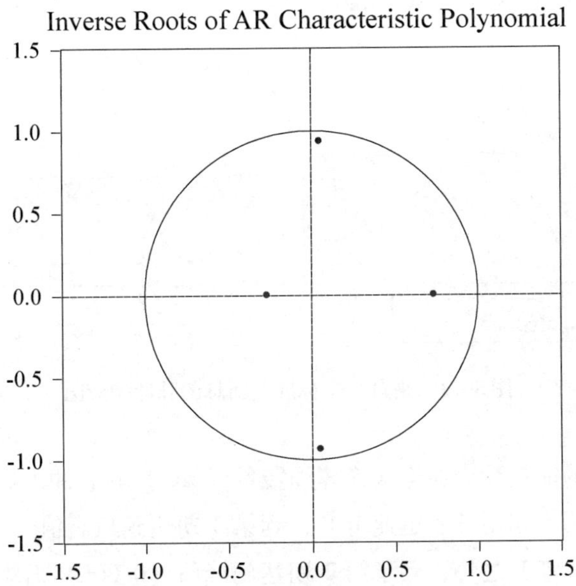

图 5—2　VAR 单位根检验结果图（Graph）

VAR 在估算单变量时较难，为了了解四个内生变量之间的动态结构关系，需要建立脉冲响应模型，进行方差分解分析四个内生变量对预测残差的标准差贡献程度大小（占比）。通过图 5—3 的四个内生变量脉冲响应函数图可以看出，丝绸之路经济带交通运输能耗（lny）受自身的一个标准差新息冲击后，其对数值从第 1 期开始迅速减小，到第 3 期降到最小值（0.01），从第 4 期上升，第 5 期达到最大值（0.04），尔后又转为下降态势，到了第 7 期降为最低值，随后上升到第 9 期峰值（0.03）后又转为下降，整体波动幅度渐而变小。出现负值现象表示与国家实施节能减排政策、交通工具的技术进步等措施有关。

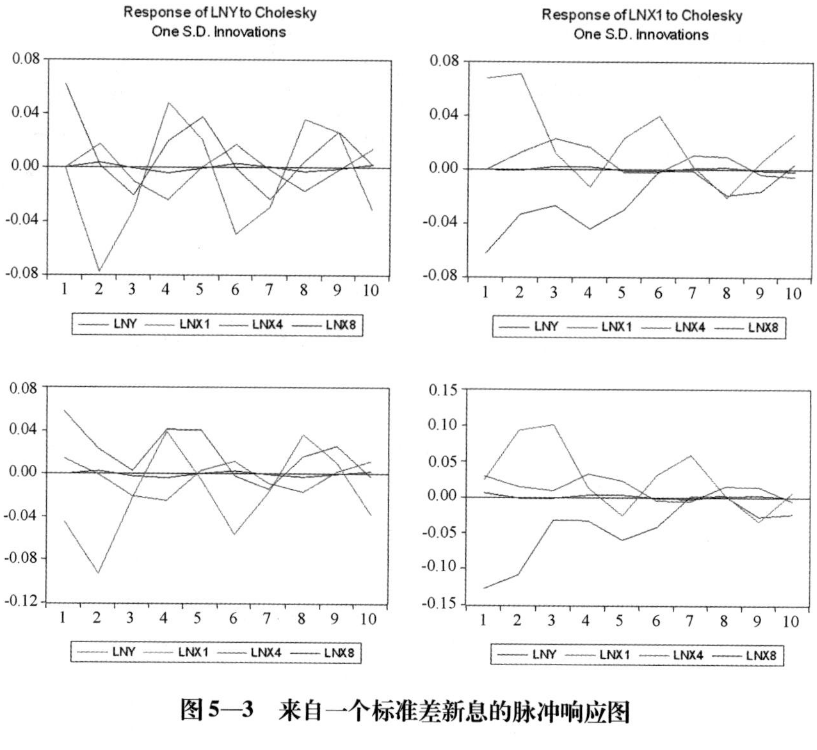

图 5—3　来自一个标准差新息的脉冲响应图

交通运输能耗受交通运输换算周转量（$\ln x_1$）新息冲击后，交通能耗的对数值从第 1 期便开始迅速上升，到第 3 期达到最高值（ -0.03），尔后出现波动式渐升之势，到了第 7 期达到峰值（0.005）后缓慢下降，到第 10 期增至新的最高值（0.009）。这表明，近年来丝绸之路经济带交通运输周转量受外部因素冲击后，对交通能耗的正向冲击效应逐渐增强，不断增加的交通运输换算周转量是影响交通运输能耗增加的一个重要因素。

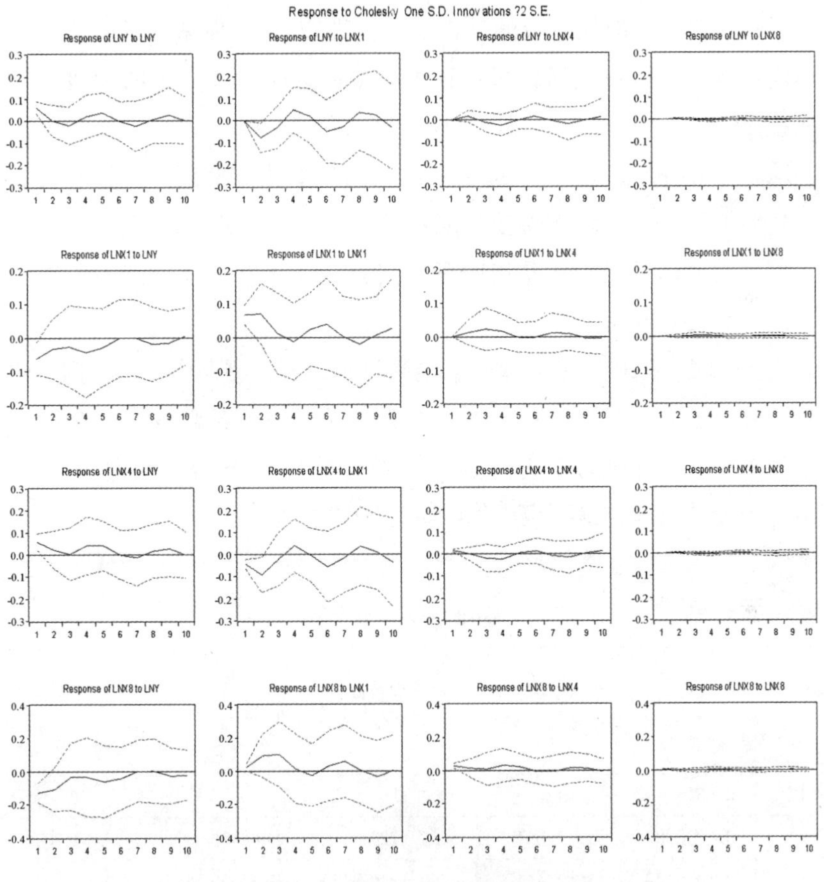

图 5—4　来自同一标准差新息的脉冲响应合并图

交通运输能耗受单位换算周转量能耗（$\ln x_4$）一个新息冲击后，从第1期开始迅速下降，到第3期下降至0.01，尔后到第5期变为最大值（0.04），第7期下降为最小的负值（－0.015），之后逐渐提升至第9期的最大值（0.03），到第10期逐渐减小趋零。这说明丝绸之路经济带交通运输能耗受单位换算周转量能耗因素的正向冲击效应逐渐减小，即长期的技术进步对交通能耗有抑制效应，这与前文分析的丝绸之路经济带交通运输能源强度年均增幅渐减的结论相符。

交通运输能耗受公路民航周转量占比（$\ln x_8$）一个信息冲击后，其变化趋势与交通运输换算周转量（$\ln x_1$）一致，受冲击的变化呈波动式渐增的趋势，到了第10期变化为负效应（-0.015），波动幅度弱于交通运输换算周转量对交通能耗引致的冲击变化。即2005年以来，丝绸之路经济带不断提升的公路民航周转量占比，对交通运输能耗的正向促进作用持续而稳定。

综合VAR模型的脉冲响应分析结果可以看出，交通运输换算周转量（经济活动）、交通运输单位换算周转量能耗（技术进步）、公路民航周转量占比（交通运输结构）是影响丝绸之路经济带交通运输能耗的重要因素，这与前文采取通径分析法得出的结论一致。

表5—6的VAR模型方差分解结果显示，当预测期为1时，四个内生变量受交通运输能耗一个新息冲击时，交通运输能耗受自身冲击影响的比重为100%；当预测期为2时，交通运输能耗自身的贡献率下降至37.3906%，尔后逐渐减少至第10期的29.0520%。

表5—6　　VAR模型方差分解表

预测期	标准差	交通运输能耗 LnY（%）	换算周转量 LnX_1（%）	单位换算周转量能耗 LnX_4（%）	公路民航周转量占比 LnX_8（%）
1	0.061511	100	0	0	0
2	0.100628	37.39061	59.47271	2.995489	0.141207
3	0.107817	36.23444	60.13499	3.50620	0.124369
4	0.122157	30.75078	62.44668	6.599408	0.203134
5	0.129334	35.84132	58.08675	5.889188	0.182737
6	0.139574	30.77649	62.49021	6.526244	0.207056
7	0.144621	31.35947	62.34992	6.096426	0.194186
8	0.150069	29.23047	63.54113	7.011350	0.217042
9	0.154593	30.47593	62.69513	6.621080	0.207858
10	0.158387	29.05195	63.65134	7.076825	0.219892

交通运输换算周转量受交通运输能耗新息冲击影响的比重，从第 1 期的 0 迅速上升到第 2 期的 59. 47%，之后逐渐上升到第 10 期的 63. 65%。

单位换算周转量能耗受交通运输能耗新息冲击影响的比重，从第 2 期的 2. 9955% 很快上升到第 4 期的 6. 5994%，之后出现小幅波动，最后稳定在 7% 左右。

公路民航周转量占比受交通运输能耗新息冲击影响的比重较小，整个预测期的比重变化幅度较小，从第 4 期以后，其贡献率稳定在 0. 20% 左右（见图 5—5）。

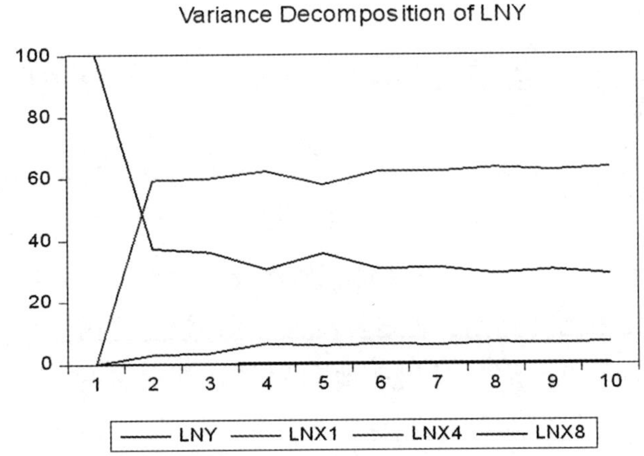

图 5—5　交通运输能耗 VAR 模型方差分解图

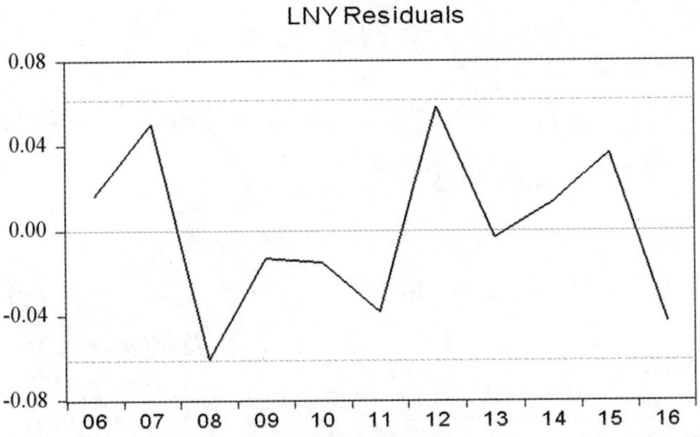

图 5—6　模型的估计残差图

基于以上分析与向量误差修正模型的残差正态分布（见图5—6）可以看出，本书选取的四个内生变量所构建的模型具有较好的稳定性，VAR的脉冲响应分析与前文采取通径分析法得出的结论一致。

丝绸之路经济带交通运输换算周转量是影响交通运输能耗变化的一个重要因素，对交通能耗变化的贡献率高达六成左右。

代表技术进步的交通运输单位换算周转量能耗对交通能耗具有长期稳定的抑制效应，近年来这种抑制（节能）效应逐渐彰显。

不断提升的公路民航周转量占比，在一定程度上引致交通运输能耗的增加，这种影响效应的增幅逐渐趋缓。

第二节　丝绸之路经济带交通运输能耗预测

VAR模型及脉冲响应分析揭示了影响丝绸之路经济带交通运输能耗的主要因素，而丝绸之路经济带未来交通运输能耗的发展趋势如何需要进一步实证分析。由于预测未来能耗所涉及的参数估计量较多，时间序列较长，VAR模型不适用，否则其预测结果的误差将比较大，缺乏有效性。Litterman（1986）[224]开创性地利用贝叶斯时间序列自回归模型（BVAR），预测多个宏观经济指标的结果误差非常小。因此，本节借鉴此预测法，构建BVAR模型对多变量参数影响下的丝绸之路经济带未来交通运输能耗规模进行预测。

一　研究方法

若令 $y_t=(y_{1t}, y_{2t}, \cdots, y_{mt})^T$ 代表 m 个变量在t时的取值，向量 $\{y_t\}$ 的滞后阶数r的非限制性VAR（r）为：

$$y_t = c + A_1 y_{t-1} + A_2 y_{t-2} + \cdots + A_r y_{r-t} + \mu_t \tag{5.7}$$

式（5.7）中的 c 代表 m 维向量，A_j（$j=1, 2, \cdots, r$）代表 $m \times m$ 的系数矩阵，向量 $\mu_t \sim i.i.d.N_m(0, \Sigma)$，$\Sigma$ 表示 $m \times m$ 的正定矩阵，Zeller将式（5.5）中的VAR（r）模型改成一般排斥性限制条件下的似不相关模型为：

$$Y_i = \tilde{Z}_i \beta_i + \varepsilon_i,\ i=1, 2, \cdots, m \tag{5.8}$$

式（5.8）中的 Y_i 表示第 i 个变量 n 个测算期所构成的 n 维向量，$\tilde{Z}$ 由 y_1，y_2，…，y_m 的滞后项组成 $n\times k_i$ 的矩阵，β_i 表示第 i 个变量单方程模型的 k_i 维向量，ε_i 表示随机误差向量。

Minnesota 共轭先验分布下 VAR（r）模型能较准确地测算 VAR（r）模型中多参数影响下的变量关系，模型为：

$$y_{it}=\sum_{j=1}^{m}\sum_{r=1}^{p}\alpha_{ijr}y_{jt-r}+\mu_{it},\ i=1,\ 2,\ \cdots,\ n \tag{5.9}$$

式（5.9）中 y_{j-r}表示滞后项，α_{ijr}表示方程 i 中 y_j 变量 r 阶滞后项的系数，如果 $\alpha_{ijr}\sim N$（δ_{ijr}，S_{ijr}^2），δ_{ijr}代表先验均值，S_{ijr}^2代表先验方差，那么，式（5.7）中参数$\geqslant 2m^2p$ 个。若引入 Minnesota 分析，就能减少需赋值的超量参数规模，提高预测可信度。因此，对式（5.7）中 $\mu_t=(\mu_1,\ \mu_2,\ \cdots,\ \mu_m)'\sim N_m(0,\ \Sigma)$，协方差 Σ 的模型先验分布调为扩散先验分布，$\Sigma>0$，$\pi(\Sigma)\propto|\Sigma|^{-(m+1)/2}$，先验均值为：

$$\delta_{ijr}=\begin{cases}1,i=j,r=1\\0,\text{其他情况}\end{cases}$$

将方差分解为 $S_{irj}=\gamma\cdot g(r)\cdot f(i,j)\cdot\dfrac{S_i}{S_j}$

其中，γ 代表总体的紧度，$g(r)$ 代表 r 阶滞后变量的一阶变量紧度，$f(i,j)$ 表示方程 i 中变量 j 相对于变量 i 的紧度，用以分析以往信息有用程度的减少量，S_i 表示变量 y_i 的单变量自回归模型的标准差，在此分布下的参数（β,Σ）联合后验概率密度函数为：

$$\pi(\beta,\Sigma\mid y,\ \tilde{Z})\propto\frac{1}{\mid\Sigma\mid m+n+\frac{1}{2}}\exp\left\{-\frac{1}{2}\left[(y-\tilde{Z}\beta)^T(\Sigma\otimes I_n)^{-1}(y-\tilde{Z}\beta)+(\beta-\mu_0)^TM_0^{-1}(\beta-\mu_0)\right]\right\}$$

$$\propto\frac{1}{\mid\Sigma\mid m+n+\frac{1}{2}}\exp\left\{-\frac{1}{2}\left[(\beta-\hat{\beta}_B)^T\bar{V}^{-1}(\beta-\hat{\beta}_B)-\hat{\beta}_B^T\bar{V}^{-1}\hat{\beta}_B+y^T(\Sigma^{-1}\otimes I_n)^{-1}y+\beta_0^TM_0^{-1}\beta_0\right]\right\}$$

$$\hat{\beta}_B=\bar{V}^{-1}[\tilde{Z}^T(\Sigma\otimes I_n)^{-1}y+M_0^{-1}\beta_0]$$

$$\bar{V}=[\tilde{Z}^T(\Sigma\otimes I_n)^{-1}\tilde{Z}+M_0^{-1}\beta_0]^{-1}$$

二 实证分析

基于 Minnesota 共轭先验分布下的 BVAR 模型，变量选择方法同上，内生变量为：交通运输能耗（$\ln y$）、交通运输换算周转量（$\ln x_1$）、单位换算周转量能耗（$\ln x_4$）、公路民航周转量占比（$\ln x_8$）。外生变量为：人均交通运输业 GDP（$\ln x_2$）、石油终端消费量占比（$\ln x_7$），滞后阶数为 1，数据时间段为 2005—2016 年，构建的 BVAR 模型为：

$$y_t = A_1 y_{t-1} + A_2 y_{t-2} + \cdots + A_p y_{t-p} + Cx_t + \mu_t, t = 1,2,\cdots,12$$

$y_t = (y_{1t}, y_{2t}, \cdots, y_{mt})^T$，$m$ 表示四个内生变量在时间 t 的取值。

$A_j (j = 1,2,\cdots,p)$ 表示内生变量系数矩阵（3×3），$\mu \sim i.i.d.\ N_m(0, \Sigma)$，$\Sigma$ 表示正定矩阵（3×3），C 表示外生变量系数矩阵（2×2），$x_t = (1, x_{1t}, x_{2t}, \cdots, x_{kt})$，两个外生变量（$k=2$）。

运用马尔可夫链—蒙特卡罗（MCMC）法的 Gibbs 抽样，获取 VAR 模型参数的后验联合分布后，估计参数值，将 2005—2016 年丝绸之路经济带交通运输能耗（$\ln x_1$）作为训练样本，多次调整参数值对其进行拟合测算（见表 5—7），得到模型 I 的测算结果，与同期的实际值相比，模型 I 的预测值偏低，其平均误差率为 2.2333%；基于丝绸之路经济带交通运输业 GDP 发展实际，结合国家“十三五”规划、国家对丝绸之路经济带经济发展的要求，增加一个外生变量——丝绸之路经济带交通运输业 GDP 增速，构建 BVAR 模型 Ⅱ，估算方法同前，测算到的交通运输能耗值比同期模型 I 的测算值偏小，且误差率降低至 2.1008%，说明模型拟合度较好。

表 5—7　　BVAR 模型的拟合结果表　　单位：万吨

年份		模型 I		模型 Ⅱ	
	实际值	测算值 I	误差率	测算值 Ⅱ	误差率
2006	1041.6500	1011.2146	−2.9218%	1016.2146	−2.4418%
2007	1096.9988	1061.3400	−3.2506%	1063.3400	−3.0683%
2008	903.5900	923.5400	2.2079%	920.5400	1.8759%
2009	983.7200	963.7700	−2.0280%	964.9700	−1.9060%
2010	1082.5088	1048.3400	−3.1564%	1050.3400	−2.9717%

续表

年份		模型Ⅰ		模型Ⅱ	
	实际值	测算值Ⅰ	误差率	测算值Ⅱ	误差率
2011	1174. 1300	1138. 3550	-3. 0469%	1139. 2550	-2. 9703%
2012	1243. 7500	1199. 6900	-3. 5425%	1200. 6900	-3. 4621%
2013	1134. 0300	1108. 1400	-2. 2830%	1111. 0400	-2. 0273%
2014	1245. 1600	1200. 3700	-3. 5971%	1201. 3700	-3. 5168%
2015	1321. 8400	1301. 8700	-1. 5108%	1302. 9700	-1. 4276%
2016	1399. 6700	1379. 5600	-1. 4368%	1382. 9700	-1. 1931%
平均误差率			-2. 2333%		-2. 1008%

预测丝绸之路经济带未来时期交通运输能耗规模时，模型Ⅰ按照原设定的参数逐年向后推算；模型Ⅱ中，结合国家对丝绸之路经济带发展要求，对增加的外生变量分时间段进行设定，即2016—2020年丝绸之路经济带交通运输业GDP增速为9. 3907%，2021—2030年的年均增速为8. 3907%，其他参数不变，依次向后推算；参考傅志寰等（2011）[225]不同情景下的能耗预测方案方法，分别构建模型Ⅲ和模型Ⅳ，模型Ⅲ是在模型Ⅱ的基础上，增设了交通运输单位换算周转量能耗的降幅（年均降低率为0. 9729%），表示交通运输低能耗的方案；模型Ⅳ为交通运输高能耗方案，即设定交通运输换算周转量快速增长（9. 3907%），交通运输单位换算周转量能耗和公路民航周转量均以自然增长率增长，根据四种不同情形的参数设定，预测2017—2030年丝绸之路经济带交通运输能耗规模如表5—8所示。

表5—8　　2017—2030年丝绸之路经济带能耗预测表　　单位：万吨

年份	模型Ⅰ	模型Ⅱ	模型Ⅲ	模型Ⅳ
2017	1479. 4437	1487. 2516	1429. 6256	1494. 1608
2018	1587. 0894	1598. 9444	1504. 0523	1618. 1911
2019	1703. 1362	1718. 5396	1689. 8027	1752. 8893
2020	1828. 2784	1846. 5573	1895. 2422	1959. 9690
2021	1963. 2915	1913. 5488	1922. 8260	2058. 7167

续表

年份	模型Ⅰ	模型Ⅱ	模型Ⅲ	模型Ⅳ
2022	2109. 0004	2030. 0981	2002. 4642	2230. 7307
2023	2266. 3029	2226. 8244	2156. 4329	2317. 1217
2024	2436. 1754	2414. 3835	2281. 4577	2519. 0939
2025	2619. 6812	2603. 4692	2368. 3137	2737. 9585
2026	2817. 9778	2814. 8159	2687. 8341	2975. 1295
2027	3032. 3259	3029. 2004	2890. 9013	3132. 1397
2028	3264. 0989	3247. 4440	3108. 4569	3310. 6565
2029	3514. 7936	3480. 4146	3341. 5113	3582. 4858
2030	3786. 0415	3729. 0288	3591. 1403	3819. 5891

用 BVAR 模型测算的 2020 年丝绸之路经济带交通运输能耗值，比情景分析下的预测值小一些，而 2030 年的结果与情景分析下的测算值较接近。2021—2030 年，用模型Ⅱ测算的结果稍低于模型Ⅰ。模型Ⅲ的测算结果表明，如果交通运输能耗不断降低、经济增速放缓、交通运输结构不断优化时，2020 年将比 2010 年减耗 745. 7696 万—764. 0485 万吨标准煤，2030 年将比 2020 年减耗 1882. 4715 万—1957. 7631 万吨标准煤。

三　分析结论

本节通过构建贝叶斯结构方程模型，分析了交通运输能耗、经济活动、技术进步、交通运输结构变量之间的影响机理，采取通径分析提取影响交通运输能耗的关键因素，运用 VAR 模型及脉冲响应分析了变量之间的动态关系，进而通过 Gibbs 抽样，构建基于贝叶斯参数估计的 BVAR 模型，预测了丝绸之路经济带 2017—2030 年交通运输能耗规模，得出了以下主要分析结论：

（1）贝叶斯结构方程模型反映了经济活动、技术进步、交通运输结构变量共同影响交通运输能耗，其中，经济活动对交通运输能耗影响的直接效应最大，技术进步通过直接效应、间接效应对交通运输能耗产生较为显著的影响。

（2）通径分析提取了五个主要影响因素，交通运输换算周转量是影响交通能耗的主导因素；人均交通运输业GDP和公路民航周转量占比通过影响交通运输需求引致能耗变化；反映技术进步的单位换算周转量能耗受交通运输需求和自身的影响，成为抑制交通运输能耗的一个重要因素。

（3）基于通径分析，构建VAR模型及脉冲响应分析变量之间的动态关系发现，交通运输能耗对换算周转量、单位换算周转量能耗的冲击变化较为灵敏，换算周转量对交通运输能耗具有显著的、长期稳定的促进效应，对交通运输能耗的贡献率高达六成左右；单位换算周转量能耗对交通运输能耗具有较为显著的、长期稳定的抑制效应；公路民航周转量占比对交通运输能耗的持续促进效应逐渐趋缓。

（4）通过贝叶斯参数估计提高了VAR模型预测的精确度。增加外生变量（交通运输业GDP增速）模型与不加外生变量模型测算2020年交通运输能耗将分别为1846.5573万吨、1828.2784万吨（标准煤），到2030年将分别为3729.0288万吨、3786.0415万吨（标准煤）。若降低交通运输能耗、放缓经济增速、优化交通运输结构，构建低耗情形下的预测模型，那么，丝绸之路经济带2020年将比2010年减耗745.7696万—764.0485万吨标准煤，2030年将比2020年减耗1882.4715万—1957.7631万吨标准煤。

（5）随着丝绸之路经济带国际运输通道的发展和人均交通运输业GDP的提高，不断增大的交通运输需求将引致能耗进一步趋增及CO_2排放量增加，基于“十三五”的低碳交通、绿色发展目标，通过技术创新提高油品、发展节能车辆、提高交通运输能源利用效率，促进节能减耗应成为必要之举。

第三节　丝绸之路经济带交通运输碳排放潜力预测

交通运输能耗是影响碳排放量的一个重要因素，上一节分析了丝绸之路经济带影响能耗的重要因素，那么，这些因素会对丝绸之路经济带交通运输碳排放带来怎样的影响需要进一步研究。

目前，丝绸之路经济带交通运输碳排放相关指标值不容乐观，节能减排目标面临很大的挑战，在打造丝绸之路互联互通的交通运输网络政策背景下有进一步增长的趋势。为了进一步预测和了解丝绸之路经济带交通运输碳排放的演变趋势，本章采用学术界主流情景分析法对 2017—2030 年的交通运输碳排放进行预测，由于单纯的情景预测精度不高，具有一定的不确定性。因此，本章基于 STIRPAT 模型的回归方法，参考借鉴刘宇光（2016）的研究方法，进一步测算碳减排潜力。

一　实证模型

IPAT 方程常用于研究人口因素对环境的影响，适用于一个变量改变，其他变量不变时的环境问题分析，对于人口等多变量变化时对环境的影响分析存在不足之处。迪茨（Dietz，1994）构建的 STIRPAT 模型，针对指数化的、非固定比例变化的自变量对环境的影响分析是较为理想的模型，其基本形式为：

$$I = a \cdot P^{b} A^{c} T^{d} e \tag{5.10}$$

式（5.10）中 a 表示模型的系数，I 表示环境压力，P 表示人口规模，A 表示经济发展程度，T 代表技术水平，b 代表人口规模的碳排放弹性，c 代表经济发展水平的碳排放弹性，d 代表技术水平的碳排放弹性系数，e 代表模型产生的随机误差项。

整合相关文献，立足于丝绸之路经济带沿线地区经济社会发展实际，结合上一章对交通运输碳排放相关指标的分析结果，将交通运输换算周转量（H）纳入 STIRPAT 模型中，并用交通运输业 GDP（TA）替代经济发展程度，用交通运输的碳排放强度（EI）和单位换算周转量的交通运输业 GDP（GI）共同构成了技术进步 T，将 STIRPAT 模型拓展为：

$$I = a \cdot P^{a_1} \times TA^{a_2} \times EI^{a_3} \times GI^{a_4} \times H^{a_5} \times S^{a_6} \times e \tag{5.11}$$

对式（5.11）两端同时进行对数运算，得出：

$$\ln I = a_0 + a_1 \ln P + a_2 \ln TA + a_3 \ln EI + a_4 \ln GI + a_5 \ln H + a_6 \ln s + e \tag{5.12}$$

式（5.12）中的 a_0 为常数项，a_1—a_6 代表指数项的回归系数，反映各个变量对于因变量的弹性大小，系数的绝对值大则表示对因变量的影响程度高，e 为随机误差项，模型中各变量说明如表 5—9 所示：

表 5—9　　　　各变量说明表

变量	定义	单位
I	CO_2 排放量	万吨
P	人口数量	万人
TA	人均交通运输业 GDP	亿元/万人
S	交通运输业 GDP 倒数	1/亿元
EI	碳排放强度（能源利用效率）	万吨 CO_2/亿元
GI	单位换算周转量的产值	亿元/亿吨公里
H	换算周转量	亿吨公里
S 为保证该等式无量纲化的补充变量		

二　数据与变量

基于上一节分析结论，将影响丝绸之路经济带交通运输能耗的主要因素纳入变量选取的研究范畴，相关变量及基础数据如表 5—10 所示：

表 5—10　　　　STIRPAT 模型中各变量数据统计表

年份	*I* CO_2 排放量	*P* 人口数量	*TA* 人均交通运输业 GDP	*S* 交通运输业 GDP 倒数	*EI* 碳排放强度	*GI* 单位换算周转量的产值	*H* 换算周转量
	万吨	万人	亿元/万人	1/亿元	万吨 CO_2/亿元	亿元/亿吨公里	亿吨公里
2005	8430. 1839	34732	0. 074494	0. 000387	3. 258281	0. 182230	14198. 0477
2006	9964. 9142	34973	0. 088293	0. 000324	3. 227120	0. 194147	15904. 8086
2007	11044. 9291	35179	0. 101481	0. 000280	3. 093821	0. 187044	19086. 3805
2008	11782. 5721	35380	0. 116452	0. 000243	2. 859808	0. 159344	25856. 3809
2009	13186. 7769	35571	0. 124362	0. 000226	2. 980958	0. 160944	27485. 8327
2010	14510. 6997	35500	0. 140368	0. 000201	2. 911994	0. 162877	30594. 1166
2011	16261. 2995	35669	0. 164993	0. 000170	2. 763121	0. 166014	35449. 5645
2012	17662. 3428	35841	0. 182613	0. 000153	2. 698580	0. 166481	39314. 1046
2013	16621. 9335	36004	0. 193766	0. 000143	2. 382612	0. 179631	38837. 2162

续表

年份	I	P	TA	S	EI	GI	H
	CO_2排放量	人口数量	人均交通运输业 GDP	交通运输业 GDP 倒数	碳排放强度	单位换算周转量的产值	换算周转量
	万吨	万人	亿元/万人	1/亿元	万吨 CO_2/亿元	亿元/亿吨公里	亿吨公里
2014	17181. 6566	36167	0. 206817	0. 000134	2. 297025	0. 187373	39920. 0575
2015	17704. 9089	36346	0. 213023	0. 000129	2. 286706	0. 211280	36645. 8974
2016	18481. 3737	36507	0. 210246	0. 000130	2. 407855	0. 194674	39427. 1580

资料来源：根据《历年各省统计年鉴》及本研究计算所得。

数据处理时，先用最小二乘法进行多元线性回归，再判断自变量之间的多重共线性问题，使用 Eview8. 0 实现多元回归分析，所得结果如图 5—7 所示：

Variable	Coefficient	Std. Error	t-Statistic	Prob.
C	-4.685184	28.06392	-0.166947	0.8755
LNX1	0.065050	0.138171	0.470795	0.6623
LNX2	-0.006800	0.007462	-0.911301	0.4137
LNX3	-0.521101	0.991873	-0.525370	0.6271
LNX4	0.996923	0.003649	273.2229	0.0000
LNX5	0.480166	0.983067	0.488437	0.6508
LNX6	0.481485	0.982836	0.489894	0.6499

R-squared	0.999998	Mean dependent var	8.443578
Adjusted R-squared	0.999996	S.D. dependent var	0.329442
S.E. of regression	0.000664	Akaike info criterion	-11.53634
Sum squared resid	1.76E-06	Schwarz criterion	-11.28314
Log likelihood	70.44988	Hannan-Quinn criter.	-11.69595
F-statistic	410636.0	Durbin-Watson stat	2.873046
Prob(F-statistic)	0.000000		

图 5—7　多元回归分析结果图

图 5—7 的回归结果显示，可决系数 $R^2=0.99$，拟合程度较好。检验值 F 为 410636，所设定的自变量总体显著解释因变量，但是，自变量 TA、S、GI、H 的系数值在 5% 的概率上都不能影响因变量的大小，各自的显著程度较差，不能通过 t 检验。进一步通过方差膨胀因子（VIF）考察这四个变量是否存在多重共线性的问题，VIF 值均远大于 10，最小二乘

法的估计解决不了这一问题，回归无效。

当多元线性回归因多重共线性问题而回归无效时，岭回归作为现在比较成熟的方法，在各个计量软件里都有拟定好的程序，能够较为准确地通过降低部分精确度，得到标准差更小的回归系数值，解决部分因多重共线性造成的无效回归，得到各系数的有偏估计值，因此，本节进一步用岭回归进行分析。

三 岭回归分析

岭估计于 1962 年由霍尔（A. E. Hoerl）提出，之后霍尔（Hoerl，1962）和肯纳德（Kennard，1970）对这一估计方法进行了系统的介绍。一直以来岭回归都被用来分析存在多重共线性的病态数据，基本的思路就是运用高斯消除法的原理，在主元上添加一个大于零小于一的数值，这一数值越小，待估参数无偏损失越小。一般来说，岭回归对病态数据的拟合效果即对实际情况的分析效果要优于最小二乘法的拟合程度。用数学表达式简单描述上述过程为：当使用最小二乘法计算正常数据的回归结果时，自变量系数 $\beta_i = (X'X)^{-1}$，此时，X 列满秩，得到唯一确定值；而当数据直接存在多重共线性时，从线性代数的基本原理可以得知，一定存在某一个在列方向上不满秩的变量 X，使 $|X'X| \approx 0$，计算 $(X'X)^{-1}$ 的值存在很大的误差，β_i 的取值问题便成了无效性的不确定问题。为了将不确定性问题转化为可以求解的确定性问题，利用高斯正则化的原理，将 X′X 进行扩大，给其加上一个大于零小于一的矩阵 kI，其中 I 是单位矩阵，降低了 X′X + kI 的奇异性，进而求得各个自变量的系数估计值 $\beta(k) = (X'X + kI)^{-1}X'y$，$\beta(k)$ 是 β 的岭估计值，将 k 值定义为岭参数值。当岭参数值 k 取零时，β(k) 的回归结果为最小二乘法估计值；当 k 取趋于无穷大的值时，岭回归值 $\beta(k)$ 将约等于零，不能很好地反映自变量对因变量的反应程度。因此 k 值确定时，其取值区间为（0，1）。k 值的选择是岭回归拟合值优劣的关键，在具体 k 值确定时，目前尚未发现 k 值的大小与 β_i 及其标准差的依赖路径具有比较大的任意性，确定的方法一般有：迭代法、差分法、岭迹法等。随着 k 值的增大，$\beta(k)$ 等式右边的 $(X'X + kI)^{-1}$ 的绝对值越来越大，与 β_i 准确值的偏差不断增大。$\beta(k)$ 与 k 的取值相对变化关系图像即为岭迹图。本节选择可以直观

观察的岭迹图示法来确定 k 的取值，确定的规则是岭迹图趋于平稳时所对应 k 的取值。

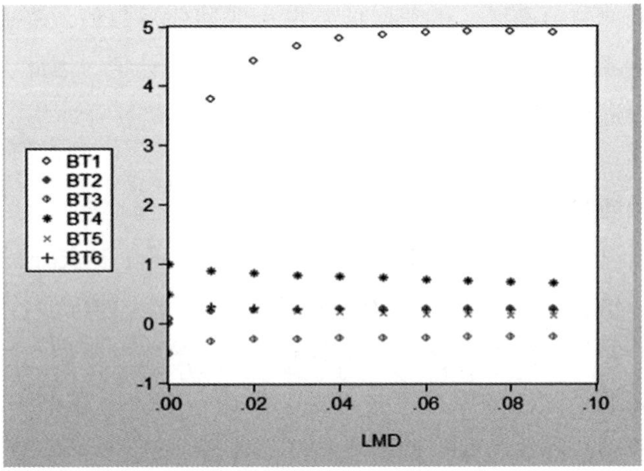

图5—8　STIRPAT 模型各变量的岭迹图

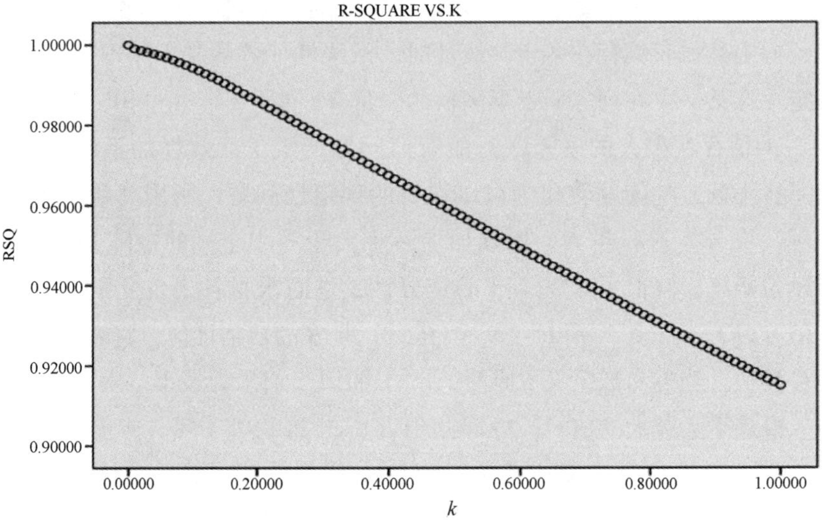

图5—9　不同岭参数 k 值对应的可决系数图

使用 Eviews8.0 软件对表 5—10 中的数据及式（5.10）进行岭回归分析。k 的取值范围为［0，1］，步长设置为 0.01，共取到 10 个值，对应的岭迹图如图5—8所示。为了对比分析不同岭参数下拟合程度的好坏，在此截取了对应岭回归系数 k 值下表示拟合优度的 R^2 的取值散点图（图5—9）。综合图5—8、图5—9进行对比分析发现，当 $k \geqslant 0.04$ 时，岭迹图的变化趋于稳定，且对应的 R^2 值均在96%以上，拟合程度较好。在确定 $k=0.04$ 之后，将其代入岭回归式中，得到的各个自变量回归系数的结果见表5—11。

表5—11　　$k=0.04$ 时各变量拟合结果表

	B	*SE*（*B*）	*Beta*	*T*	*sig*
P	4.434	0.495	0.176	8.953	0.000
A	0.263	0.014	0.304	18.545	0.000
A_2	0.234	0.074	0.130	3.150	0.014
T	0.409	0.076	0.200	5.371	0.001
Ur	0.779	0.046	0.270	17.077	0.000
IndS	1.644	0.157	0.337	10.499	0.000
Es	1.118	0.428	0.103	2.610	0.031
Constant	-41.671	5.184	0.000	-8.039	0.000

岭回归结果显示，可决系数 $R^2=0.992$，F 的 p 值接近于0，参数的整体回归效果较好，对因变量 I 值的影响程度显著。人口数量（P），人均交通运输业 GDP（TA），交通运输碳排放强度（EI），交通运输业单位换算周转量的产值（GI），交通运输换算周转量（H），常数项 a_0 通过了t检验，在95%的概率内，能很好地解释因变量的值。因此，对应各个变量的岭回归结果，将方程（5.4）设定为如下形式：

$$\ln I = -9.451 + 1.0024\ln P + 0.3214\ln TA - 0.5421\ln S + 0.5322\ln EI + 0.2113\ln GI + 0.4002\ln H \tag{5.13}$$

式（5.13）的结果表示，当丝绸之路经济带的人口数量、交通运输业人均GDP、交通运输碳排放强度、交通运输单位换算周转量的产值、交通运输换算周转量提高1%时，交通运输碳排放规模将分别增加1.5024%、0.3214%、0.5322%、0.2113%、0.4002%。

四 分析结果

为了进一步测算2017—2030年丝绸之路经济带交通运输碳排放规模及减排潜力，通过设置式（5.11）中的人口数量、人均交通运输业GDP、交通运输碳排放强度、交通运输换算周转量变量，设定变量的年均增长率，结合国家到2020年、2030年分别比2005年单位GDP碳排放减少40%—45%、60%—65%的目标，设置低碳发展情形，与基准的碳排放情形对比分析（见表5—12）。

表5—12　　2017—2030年各变量的预测值表

年份	人口数量	人均交通运输业GDP	交通运输GDP的倒数	碳排放强度	单位换算周转量的产值	换算周转量
	万人	亿元/万人	1/亿元	万吨 CO_2/亿元	亿元/亿吨公里	亿吨公里
2017	36681	0.228898	0.000119	2.342549	0.202640	41434.207500
2018	36848	0.249257	0.000109	2.279015	0.202742	45302.263704
2019	37016	0.271426	0.000100	2.217203	0.202845	49531.419099
2020	37185	0.295567	0.000091	2.157068	0.202947	54155.383801
2021	37355	0.318913	0.000084	2.098564	0.201194	59211.014907
2022	37525	0.344102	0.000077	2.041646	0.199455	64738.610278
2023	37696	0.371282	0.000071	1.986273	0.197732	70782.229747
2024	37868	0.400608	0.000066	1.932401	0.196023	77390.046317
2025	38041	0.432250	0.000061	1.879990	0.194329	84614.730144
2026	38214	0.466392	0.000056	1.829001	0.192650	92513.868359
2027	38388	0.503230	0.000052	1.779394	0.190985	101150.424096
2028	38564	0.542979	0.000048	1.731134	0.189335	110593.238357
2029	38739	0.585867	0.000044	1.684182	0.187699	120917.578740
2030	38916	0.632142	0.000041	1.638503	0.186077	132205.739390

人口数量依据2005—2016年丝绸之路经济带沿线13个省区的人口年

均增长率 0.45601541% 进行逐年推算。依据国家“十三五”规划中政府报告提出的未来几年经济增长率保持在 6.5%—7% 是比较合理的区间预测，结合国家“十二五”规划中提出新一轮西部大开发战略中西部地区经济增长速度应略高于全国平均水平的要求，对 2017—2020 年丝绸之路经济带交通运输业 GDP 的年均增长率设定为 9.3907%，2021—2030 年的年均增长率为 8.3907%，比 2005—2016 年 10.3907% 的年均增长率有所减缓。

虽然交通运输业 GDP 增速有所下调，但是随着国际运输通道的不断优化和改革开放的进一步深化，交通运输规模将有一定程度的上升趋势，其换算周转量也会逐步增长，因此，根据 2005—2016 年该项指标的平均增长率 9.3354174% 逐年递推推算交通运输换算周转量。

交通运输碳排放强度根据 2005—2016 年交通运输碳排放自然变化率——年均下降率（0.97287792%），基准情形按照历史年均增长率进行逐年递推。设定低碳情景依据的是我国在碳减排目标任务（到 2020 年、2030 年碳排放强度比 2005 年分别下降 40%—45%、60%—65%），将丝绸之路经济带交通运输碳排放情形划分为两种类别：一是低碳情形Ⅰ，将碳排放强度设定为 2020 年比 2005 年降低 40%，2030 年比 2005 年降低 60%，前后递推。二是低碳情形Ⅱ，将碳排放强度设定为 2020 年比 2005 年降低 45%，2030 年比 2005 年降低 65%，逐年推算可得 2017—2030 年的交通运输碳排放强度数值。

根据回归结果对丝绸之路经济带交通运输碳排放量进行预测，对式（5.13）两边同时进行指数运算，得出交通运输碳排放量的算式为：

$$I = e^{-9.451+1.0024\ln P+0.3214\ln TA-0.5421\ln S+0.5322\ln EI+0.2113\ln GI+0.4002\ln H} \quad (5.14)$$

将表 5—12 中各变量的相关数据代入式（5.14）中，2017—2030 年丝绸之路经济带交通运输碳排放预测结果显示（见表 5—13、图 5—10），基准情形下的交通运输 CO_2 排放量高于低碳情形下的预测值，其碳排放强度年均下降率为 4.4847%，到 2020 年、2030 年交通运输碳排放强度将比 2005 年分别降低 33.7974%、49.7127%，与国家规划的降低 40%—45%、60%—65% 的比率存在一定的差距。与基准情形下的预测值相比，低碳情形下的交通运输 CO_2 排放量增幅较慢，低碳情形Ⅰ、低碳情形Ⅱ

下的碳减排年均增长率分别为18.0449%、18.9297%，2030年交通运输CO_2排放量将分别减少7616.731576万吨、11650.370581万吨，比同期基准情形下的CO_2排放量减少了11.4681%、17.5413%，这表明丝绸之路经济带交通运输碳减排潜力较大，随着交通运输结构调整、能效提升、节能减排技术进步，这种减排空间将会更大。

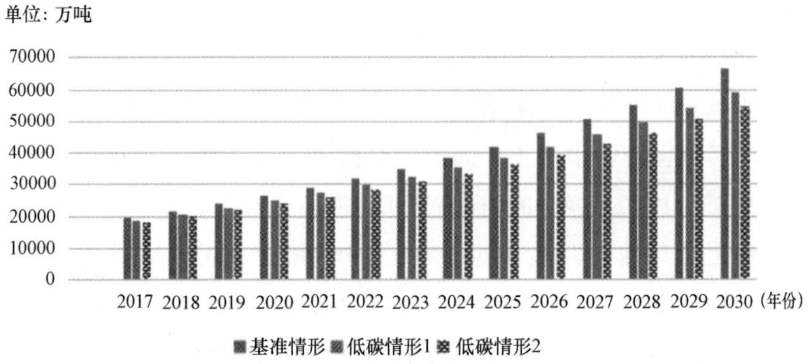

图5—10　丝绸之路经济带交通运输碳排放水平预测图

表5—13　丝绸之路经济带交通运输碳排放量情景预测结果对比表

单位：万吨

情景 / 年份	基准情形		低碳情形Ⅰ		低碳情形Ⅱ	
	CO_2排放量	比2005年碳强度下降幅度	CO_2排放量	减排潜力	CO_2排放量	减排潜力
2017	19518.224757	28.1048%	18636.863502	881.361255	18294.830727	1223.394030
2018	21609.685955	30.0547%	20591.638185	1018.047770	20027.385421	1582.300534
2019	23925.256087	31.9518%	22751.444344	1173.811743	21924.016264	2001.239823
2020	26488.949632	33.7974%	25137.787472	1351.162160	24000.261618	2488.688015
2021	29039.301337	35.5929%	27367.318637	1671.982700	26064.293200	2975.008137
2022	31835.200801	37.3398%	29794.592312	2040.608489	28305.831996	3529.368805
2023	34900.288687	39.0393%	32437.146761	2463.141927	30740.144260	4160.144427

续表

情景 / 年份	基准情形		低碳情形I		低碳情形Ⅱ	
	CO_2 排放量	比 2005 年碳强度下降幅度	CO_2 排放量	减排潜力	CO_2 排放量	减排潜力
2024	38260. 483112	40. 6926%	35314. 075753	2946. 407359	33383. 807967	4876. 675146
2025	41944. 196120	42. 3012%	38446. 166536	3498. 029584	36254. 827724	5689. 368396
2026	45982. 576869	43. 8661%	41856. 050026	4126. 526843	39372. 756629	6609. 820240
2027	50409. 771791	45. 3886%	45568. 364328	4841. 407463	42758. 828172	7650. 943618
2028	55263. 216310	46. 8697%	49609. 932764	5653. 283546	46436. 103578	8827. 112732
2029	60583. 950273	48. 3107%	54009. 957678	6573. 992595	50429. 625555	10154. 324718
2030	66416. 963020	49. 7127%	58800. 231444	7616. 731576	54766. 592438	11650. 370581

第四节　本章小结

本章首先通过构建贝叶斯结构方程模型，分析了交通运输能耗、经济活动、技术进步、交通运输结构变量之间的影响机理，采取通径分析法提取了五个关键的影响因素，运用 VAR 模型及脉冲响应分析了变量之间的动态时滞关系，通过 Gibbs 抽样，构建基于贝叶斯参数估计的 BVAR 模型，预测了丝绸之路经济带 2017—2030 年交通运输能耗规模。其次，通过构建 STIRPAT 模型，设置不同情景，分析不同假设条件下丝绸之路经济带交通运输碳排放变化情况，对比分析基准情形和低碳情形下的交通运输碳排放，预测碳减排潜力，得出的主要结论为：

（1）贝叶斯结构方程模型反映了经济活动、技术进步、交通运输结构变量共同影响交通运输能耗，其中，经济活动对交通运输能耗的直接效应最大，技术进步通过直接效应、间接效应对交通运输能耗产生较为显著的影响。

（2）通径分析提取了五个主要的影响因素，交通运输换算周转量是影响交通能耗的主导因素；人均交通运输业 GDP 和公路民航周转量占比通过影响交通运输需求引致能耗变化；反映技术进步的单位换算周转量能耗受交通运输需求和自身的影响，成为抑制交通运输能耗的一个重要因素。

（3）基于通径分析，构建 VAR 模型及脉冲响应分析变量之间的动态关系发现，交通运输能耗对换算周转量、单位换算周转量能耗的冲击变化较为灵敏，换算周转量对交通运输能耗具有显著的、长期稳定的促进效应，对交通运输能耗的贡献率高达六成左右；单位换算周转量能耗对交通运输能耗具有较为显著的、长期稳定的抑制效应；公路民航周转量占比对交通运输能耗的持续促进效应逐渐趋缓。

（4）通过贝叶斯参数估计提高了 VAR 模型预测的精确度。增加外生变量（交通运输业 GDP 增速）模型与不加外生变量模型，测算交通运输能耗到 2020 年将分别为 1846.5573 万吨、1828.2784 万吨（标准煤），到 2030 年将分别为 3729.0288 万吨、3786.0415 万吨（标准煤）。若降低交通运输能耗、放缓经济增速、优化交通运输结构，构建低耗情形下的预测模型，那么，丝绸之路经济带 2020 年将比 2010 年减耗 745.7696—764.0485 万吨标准煤，2030 年将比 2020 年减耗 1882.4715—1957.7631 万吨标准煤。

（5）随着丝绸之路经济带国际运输通道的发展和人均交通运输业 GDP 的提高，不断增大的交通运输需求将引致能耗进一步趋增、碳排放量不断增加，基于国家“十三五”规划的低碳交通、绿色发展目标，通过技术创新提高油品、发展节能车辆、提高交通运输能源利用效率，促进节能、降耗、减排应成为必要之举。

（6）若按照国家规划的标准设置碳排放强度，那么，未来 14 年丝绸之路经济带交通运输将有较大碳减排空间，在技术进步、交通运输结构优化、能耗效能提升等综合举措下，交通运输低碳发展将成为必然。

第 六 章

丝绸之路经济带交通运输碳减排绩效分析

上一章测算了丝绸之路经济带交通运输能耗与碳排放潜力，为了了解丝绸之路经济带交通运输低碳发展政策的减排绩效，本章将通过对数平均权重（LMDI）分解法，分析核心变量变化对交通运输碳排放的影响，并构建碳减排绩效模型，测算碳减排绩效及省际差距，判断相关低碳政策的减排效果。

第一节　丝绸之路经济带交通运输碳减排影响因素分析

近年来，国家制定了交通运输减排政策措施和手段，期待能够实现交通运输低碳发展的目标，但是当前碳排放增加趋势依旧明显。本章将通过 LMDI 分解法，综合测算交通运输碳排放率、能源消费结构、能源利用效率（能源强度）、交通运输强度、交通运输结构、换算周转量因素对交通运输碳排放量的影响，分析交通低碳发展政策的作用方向和作用力度，判断丝绸之路经济带低碳交通相关政策的减排绩效。

一　研究方法

有效分析环境、能源问题常用的方法有因素分析法，因素分析法中的迪氏指数法分解法是碳排放绩效分析中最常用的方法。其中，由昂等（Ang et al.，1998）提出的 LMDI 迪氏分解法是无残差的分解，可用于绝大多数情形的分析。

LDMI 模型的基本原理为：假设 V 可以表示为 i 个部分的和，则有 $V=\sum V_{\mathrm{i}}$。在 n 维空间中，可以将 V_i 分解为 n 个因子的乘积，则表达式为 $V_i=X_{1i}\times X_{2i}\times\cdots\times X_{ni}$。在时间［0，$t$］内，$V$ 从 $V^0=\sum X_{1i}^0\times X_{2i}^0\times\cdots\times X_{ni}^0$ 变化到 $V^0=\sum X_{1i}^t\times X_{2i}^t\times\cdots\times X_{ni}^t$。将其按加法分解可得：$\Delta V_{tot}=V^t-V^0=\Delta V_{X_1}+\Delta V_{X_2}+\cdots+\Delta V_{X_n}$ 式中，第 k 个因子为：

$$\Delta V_{X_k}=\sum_{i=1}^{m}L(V_i^t,V_i^0)\ln\left(\frac{X_{ki}^t}{X_{ki}^0}\right) \tag{6.1}$$

$$L(V_i^t,V_i^0)=\frac{V_i^t-V_i^0}{\ln V_i^t-\ln V_i^0} \tag{6.2}$$

ΔV_{X_k} 表示第 k 个部分的贡献值，$\frac{\Delta V_{X_k}}{\Delta V_{tot}}$ 表示贡献率的大小。

利用 Kaya 恒等式进行扩展，选择交通运输碳排放量的影响因素。Kaya 恒等式是由日本茅阳一（Yoichi Kaya）教授提出的二氧化碳排放因素分解的经典方法。原始的 Kaya 恒等式将人均 GDP、单位 GDP 能耗、人口、能源结构作为二氧化碳排放量增长的四大驱动因素，综合国内外学者相关研究成果，结合上一章分析丝绸之路经济带影响能耗的关键因素结果，将其恒等式算式改写为：

$$CO_2=\sum_{i,j}CO_{2_{ij}}=\sum_{i,j}\frac{CO_2}{TE_{ij}}\times\frac{TE_{ij}}{TE_j}\times\frac{TE_j}{TGDP}\times\frac{TGDP}{H_j}\times\frac{H_j}{H}\times H \tag{6.3}$$

$$CI=\frac{CO_2}{TE_{ij}},\ ES=\frac{TE_{ij}}{TE_j},\ EI=\frac{TE_j}{TGDP},\ GI=\frac{TGDP}{H_j},\ TS=\frac{H_j}{H} \tag{6.4}$$

式（6.3）中的 CO_2 代表交通运输碳排放量（万吨）；TE_{ij} 代表第 j 种交通运输方式对能源 i 的消费量（万吨），TE_j 表示第 j 种交通运输方式能源消费总量；$TGDP$ 代表交通运输业产值（亿元）；H_j 代表第 j 种交通运输方式的换算周转量（亿吨公里）。

将式（6.3）转化为式（6.4），其中，CI 是交通运输碳排放量与能源消耗量作商的结果，代表交通运输碳排放率；ES 是交通运输能源消耗量除以某种交通运输方式的能源消费的商，代表交通运输能源消费结构；EI 是某种交通运输方式的能源消耗量除以交通运输业产值的商，代表交通运输能源利用效率（能源强度）；GI 是交通运输业产值与第 j 种交通运输方式换算周转量的比率，表示单位换算周转量创造的经济价值，代表某种交通运输方式的运输强度；TS 表示第 j 种交通运输方式的换算周转量占总周转量的比重，代表交通运输结构。

运用 Ang 等（2013）提出的 LMDI 分解法，对式（6.3）进行分解，得到丝绸之路经济带交通运输碳排放量增加值（ΔCO_2）、交通运输碳排放率（ΔCI）、能源结构（ΔES）、能源强度（ΔEI）、运输强度（ΔGI）、运输结构（ΔTS）及换算周转量的增加值（ΔH），各个变量之间的关系用算式表示为：

$$\Delta CO_2 = \Delta CI + \Delta ES + \Delta EI + \Delta GI + \Delta TS + \Delta H \tag{6.5}$$

$$\Delta CI = \sum_{i,j} L(C_t, C_0)\ln\left(\frac{CI_t}{CI_0}\right) \tag{6.6}$$

$$\Delta ES = \sum_{i,j} L(C_t, C_0)\ln\left(\frac{ES_t}{ES_0}\right) \tag{6.7}$$

$$\Delta EI = \sum_{i,j} L(C_t, C_0)\ln\left(\frac{EI_t}{EI_0}\right) \tag{6.8}$$

$$\Delta GI = \sum_{i,j} L(C_t, C_0)\ln\left(\frac{GI_t}{GI_0}\right) \tag{6.9}$$

$$\Delta TS = \sum_{i,j} L(C_t, C_0)\ln\left(\frac{TS_t}{TS_0}\right) \tag{6.10}$$

$$\Delta H = \sum_{i,j} L(C_t, C_0)\ln\left(\frac{H_t}{H_0}\right) \tag{6.11}$$

$$L(C_{i,j}^t, C_{i,j}^0) = \frac{C_{i,j}^t - C_{i,j}^0}{\ln C_{i,j}^t - \ln C_{i,j}^0} \tag{6.12}$$

参考 Ang 和 Liu（2007）[226] 对 LMDI 应用中的零值处理法，对式（6.12）中的零值用 10^{-20} 代替。

二　数据与变量

依据《IPCC 国家温室气体排放清单指南》（2006）及 IPCC 国家温室气体排放清单中的碳排放系数，截取历年《中国能源统计年鉴》分地区能源平衡表中分行业能源消费量对其进行估算，选取交通运输工具燃料消耗（原煤、原油、汽油、柴油、燃料油、天然气）的统计数据，核算各种交通运输方式的终端能源消耗，其他相关数据来源于历年《中国统计年鉴》或各地统计年鉴，换算周转量根据不同运输方式的客货周转量转化系数计算而得，时间段为2005—2016年，样本数据为丝绸之路经济带国内段13个省区，基础数据同前（第4章），变量与数据如表6—1所示。

表6—1　　2005—2016年丝绸之路经济带相关数据表

年份	CO_2	TE	$TGDP$	H	$H_{铁路}$	$H_{公路}$	$H_{民航}$	$H_{水运}$	$H_{管道}$
2005	8430. 18	5992. 82	2587. 31	14198. 05	9033. 21	2988. 78	35. 64	1954. 67	185. 75
2006	9964. 91	6676. 28	3087. 87	15904. 81	9774. 41	3294. 38	41. 09	2614. 15	180. 78
2007	11044. 93	7902. 98	3570. 00	19086. 38	10820. 92	3759. 49	44. 91	4282. 60	106. 14
2008	11782. 57	7392. 66	4120. 06	25856. 38	11861. 71	8978. 00	46. 61	4863. 44	106. 05
2009	13186. 78	8865. 72	4423. 67	27485. 83	11851. 90	9924. 00	63. 81	5534. 43	104. 01
2010	14510. 70	9762. 43	4983. 08	30594. 12	12192. 72	11615. 64	61. 20	6584. 97	133. 53
2011	16261. 30	10853. 35	5885. 12	35449. 56	13689. 18	13891. 97	68. 52	7648. 34	145. 20
2012	17662. 34	10470. 06	6545. 05	39314. 10	13953. 62	16237. 58	77. 86	8907. 03	141. 69
2013	16621. 93	10905. 35	6976. 35	38837. 22	14425. 91	15050. 21	87. 42	9072. 52	203. 45
2014	17181. 66	11508. 28	7479. 96	39920. 06	13885. 46	16357. 34	104. 11	9230. 20	352. 85
2015	17704. 91	10801. 41	7742. 54	36645. 90	11969. 55	16075. 22	107. 42	8138. 75	335. 54
2016	18481. 37	11802. 24	7675. 45	39427. 16	12398. 44	16824. 74	115. 10	9662. 82	364. 56

三　测算结果

交通运输碳排放LMDI模型将其分解为六个因素之和，分别代表着各个影响因素对交通运输碳排放的贡献率或影响程度。由于交通运输能源碳排放率（CI）是个固定值，因此，交通运输碳排放变化主要归因于交通运输能源结构（ES）、能源强度或能源效率（EI）、运输强度（GI）、运输结构（TS）、单位换算周转量（H）的变化。以2005年为基期年，计算上述变量对交通运输碳排放总量的影响（贡献值），计算得到的结果如表6—2所示。

表6—2　　交通运输业碳排放分解结果表　　单位：万吨

年份	ΔCO_2	ΔES	ΔEI	ΔGI	ΔTS	ΔH
2005—2006	1534.7303	660.3795	-3073.5947	2772.3000	133.9942	1041.6513
2006—2007	1080.0149	2801.9623	-1879.2708	4634.6771	-6391.2747	1913.9210
2007—2008	737.6430	2986.4443	2600.2615	-2669.9757	-4689.1550	2510.0679
2008—2009	1404.2048	277.6893	41.2125	192.0642	131.0644	762.1744
2009—2010	1323.9228	313.0841	-1292.3507	385.1177	435.4898	1482.5819
2010—2011	1750.5998	-1227.3415	-750.4583	2928.8307	-1464.3917	2263.9606
2011—2012	1401.0433	-1853.9852	1285.8955	1707.5035	-1492.4522	1754.0817
2012—2013	-1040.4093	-309.4338	-1572.8535	-2302.3598	1635.0928	1509.1450
2013—2014	559.7231	-315.9112	-1139.2612	-2421.6792	2971.8191	1464.7556
2014—2015	523.2523	-416.9019	-833.2367	-2029.6208	2310.3727	1492.6390
2015—2016	776.4648	-724.7064	-634.1876	-1103.8158	1793.0416	1446.1330
2005—2016	10051.1898	2191.2795	-7247.8440	2093.0419	-4626.3990	17641.1114

2005—2016年，丝绸之路经济带交通运输碳排放量累计增加了10051.1898万吨，其中，代表经济活动的换算运输周转量对交通运输碳排放的贡献率最高；促进碳排放的效应最为显著（175.13%），运输结构变化对交通运输碳排放的贡献率最小（20.8238%），近年来，交通运输结构变化对碳排放的促进效应逐渐减小；能源强度变化对碳减排的影响较为显著（72.1093%）。

2013年以来在交通运输低碳发展政策实施的作用下，交通运输能源消费结构、能源强度（能源利用效率）、运输强度对碳排放呈现出负的抑制效应（减排效应）（见图6—1），能源强度、运输强度对交通运输碳减排效应逐渐减弱，而能源结构则对交通运输碳排放的抑制效应逐渐增加，这也说明了2013年以来丝绸之路经济带在国家低碳发展等政策的推动下，能源消费结构对交通运输碳减排的促进效应逐渐彰显，而能源强度与运输强度促进交通运输碳减排的效应逐渐减少，有待于进一步提升。

1. 能源消费结构对交通运输碳减排的影响

交通运输能源消费构成中，石油、汽油消费占比下降，煤炭、柴油

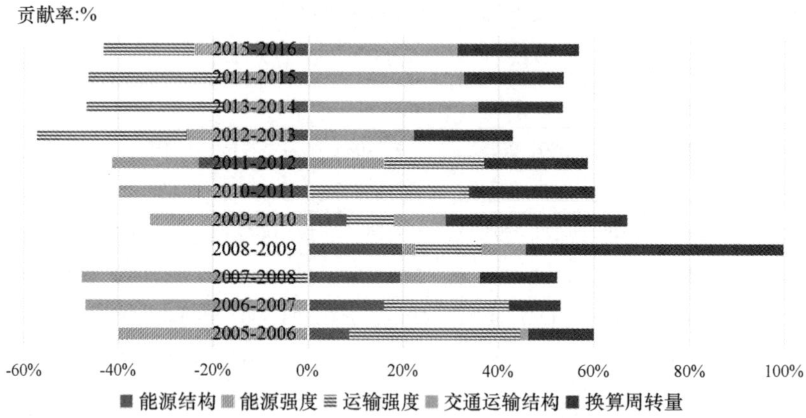

图 6—1 各变量对碳排放的贡献率影响图

消费占比渐升的能源消费结构，对交通运输碳排放的抑制效应从 2013 年以来便有所体现。从研究的整个时段来看，2005—2016 年，丝绸之路经济带交通运输能源消费结构引致碳排放量增加了 2191. 2795 万吨，主要是汽油、柴油消费较高的贡献率所致。2011 年以来，煤炭、汽油消费对交通运输碳减排效应逐渐呈现，在一定程度上抑制了交通运输碳排放量的增加，2013 年以来煤炭的抑制效应逐渐增加，汽油则逐渐减少。

丝绸之路经济带国际运输网络的不断发展，对于加速区域要素流动，增加贸易往来提供了平台，经济带沿线地区公路运输趋增成为一种必然，而公路运输以柴油和汽油消耗为主，不断增加的交通运输能源消费需求，将引致碳排放进一步增加。不过，自 2013 年以来，汽油消费对交通运输碳减排的影响呈现出逐渐减小的特征，柴油消费促进碳排放的效应较 2013 年有所降低，但渐而趋增。即公路运输业能耗是引致交通运输碳排放增加的主要运输方式，2013 年以来，新能源汽车、电动汽车等政策实施后，在一定程度上减少了交通运输碳排放，但是效果较弱（见表 6—3）。铁路运输业的能源消费主要是煤炭、电力、柴油，随着铁路电气化改造、柴油等石化能源消费比重下降的结构性政策调整，铁路运输业的碳减排效应逐渐增强。

表 6—3　　能源消费结构对交通运输碳减排的影响结果对比表

年份	能源结构	煤炭消费	石油消费	汽油消费	柴油消费
	ΔES	ΔES_1	ΔES_2	ΔES_3	ΔES_4
2005—2006	660.3795	893.9219	-46.9433	-48.4599	-138.1392
2006—2007	2801.9623	2696.2980	-803.2814	1227.0155	-318.0698
2007—2008	2986.4443	-1920.0132	1502.0133	1451.3842	1953.0600
2008—2009	277.6893	1777.6507	-1712.8342	1206.4800	-993.6072
2009—2010	313.0841	2775.8423	-416.8896	9.0493	-2054.9179
2010—2011	-1227.3415	-4079.4074	317.4253	379.4128	2155.2278
2011—2012	-1853.9852	-2942.3402	2238.5724	-1586.0045	435.7871
2012—2013	-309.4338	-3182.5450	-1496.3098	2280.6968	2088.7242
2013—2014	-315.9112	59.0010	-183.7053	-670.4852	479.2783
2014—2015	-416.9019	-423.0337	567.8586	-581.0906	586.2657
2015—2016	-724.7064	-837.0069	-45.3767	-566.2153	723.8925
2005—2016	2191.2795	-5181.6325	-79.4707	3101.7831	4917.5015

2. 能源强度对交通运输碳减排的影响

2005—2016 年，丝绸之路经济带交通运输能源强度变化引致交通运输碳排放量减少了 7247.844 万吨，其中，柴油能耗强度下降对交通运输碳排放的抑制作用最为显著，而煤炭能耗强度较大，对碳排放的促进作用明显（见表 6—4）。

从运输方式来看，丝绸之路经济带公路运输业的碳减排效应呈现出先升后降的特征，即 2005—2012 年碳排放量逐渐增加，2013 年以来交通运输碳排放增量逐年减少，节能减排效果逐渐体现。铁路运输业的碳排放自 2008 年以来不断减少，这说明，近年来能源利用效率有所提升，能源强度逐渐降低，减少了碳排放量，但是这种减排效应逐渐减弱。

表 6—4　　能源强度对交通运输碳减排的影响结果对比表

年份	能源强度	煤炭能源强度	石油能源强度	汽油能源强度	柴油能源强度
	ΔEI	ΔEI_1	ΔEI_2	ΔEI_3	ΔEI_4
2005—2006	-3073.5947	-1525.8163	-584.9511	-583.4345	-379.3928

续表

年份	能源强度	煤炭能源强度	石油能源强度	汽油能源强度	柴油能源强度
	ΔEI	ΔEI_1	ΔEI_2	ΔEI_3	ΔEI_4
2006—2007	-1879.2708	-2448.6572	1050.9222	-979.3746	497.8389
2007—2008	2600.2615	833.5024	1898.6898	244.9172	-376.8479
2008—2009	41.2125	-398.2817	192.2032	172.8890	74.4020
2009—2010	-1292.3507	-811.5129	102.3576	-323.5813	-259.6141
2010—2011	-750.4583	3150.3817	-1246.4510	-1308.4385	-1345.9505
2011—2012	1285.8955	531.1319	649.7807	-742.0124	846.9953
2012—2013	-1572.8535	2786.9732	1100.7379	-2676.2686	-2784.2960
2013—2014	-1139.2612	-327.5174	-84.8110	401.9689	-1128.9017
2014—2015	-833.2367	1545.2080	-2275.2962	440.5549	-543.7034
2015—2016	-634.1876	1814.3772	-2672.7470	643.5856	-419.4034
2005—2016	-7247.8440	5149.7889	-1869.5649	-4709.1943	-5818.8736

3. 交通运输强度对交通运输碳减排的影响

依据交通基础设施与经济增长关系的相关理论，交通运输能力增强，运输发展水平提升，交通运输流量（周转量）增加，将引致交通运输碳排放量增加。

2005—2016 年，丝绸之路经济带交通运输强度（发展水平）引致累计增加的碳排放量为 2093.0419 万吨（见表 6—5），占经济带该行业累计碳排放总量的 20.82%。2013 年以来，呈现出对碳排放的抑制效应，该行业累计碳减排量为 7857.4756 万吨，其中民航运输业的碳减排贡献率较大。这说明 2013 年以来丝绸之路经济带交通运输效率不断提升，减缓了交通运输碳排放，碳减排效应逐渐呈现出来。铁路运输强度逐年递增，且占比最高，成为引致碳减排变化的主要因素，公路运输业对交通运输业产值的贡献从 2005 年的 0.8657% 下降至 2016 年的 0.4562%，碳排放量从 729.5750 万吨下降至 98.8420 万吨。民航、管道运输强度变化对该行业碳排放的影响比公路、铁路的影响弱一些。

表 6—5　　交通运输强度对交通运输碳减排的影响结果对比表

年份	ΔTI	$\Delta TI_{铁路}$	$\Delta TI_{公路}$	$\Delta TI_{民航}$	$\Delta TI_{水运}$	$\Delta TI_{管道}$
2005—2006	2772. 3000	899. 2745	729. 5750	316. 1395	-1044. 7447	1872. 0556
2006—2007	4634. 6771	455. 2059	136. 6536	589. 4215	-3658. 1239	7111. 5200
2007—2008	-2669. 9757	587. 2453	-6297. 1088	1211. 4493	183. 8742	1644. 5644
2008—2009	192. 0642	897. 0726	-362. 6137	-1131. 0479	-725. 0784	1129. 6032
2009—2010	385. 1177	1255. 5035	-530. 2501	2226. 4453	-757. 2613	-1809. 3198
2010—2011	2928. 8307	777. 8813	-193. 3436	819. 3236	256. 3637	1268. 6056
2011—2012	1707. 5035	1477. 3641	-843. 1235	-363. 1489	-780. 9985	2217. 4103
2012—2013	-2302. 3598	523. 1798	2394. 9377	-892. 1781	778. 1449	-5106. 4441
2013—2014	-2421. 6792	1823. 2978	-229. 5617	-1774. 2313	886. 7755	-3127. 9597
2014—2015	-2029. 6208	1191. 4986	95. 2384	-1556. 6629	796. 7577	-2556. 4526
2015—2016	-1103. 8158	794. 2925	98. 8420	-406. 9363	262. 6262	-1852. 6402
2005—2016	2093. 0419	10681. 8159	-5000. 7547	-961. 4262	-3801. 6646	790. 9427

4. 交通运输结构对交通运输碳减排的影响

交通运输方式与能源消耗特征不同，其碳排放也不相同。2005—2016 年，丝绸之路经济带交通运输结构变化对交通运输碳排放表现为抑制作用，累计碳减排为 4626. 399 万吨（见表 6—6），占交通运输累计碳排放总量的 46. 028%，是影响经济带交通运输碳排放增加的重要因素。

表 6—6　　交通运输结构对交通运输碳减排的影响结果表

年份	交通运输结构	铁路运输业周转量占比	公路运输业周转量占比	民航运输业周转量占比	水路运输业周转量占比	管道运输业周转量占比
	ΔTS	ΔTS_1	ΔTS_2	ΔTS_3	ΔTS_4	ΔTS_5
2005—2006	133. 9942	-318. 0157	-148. 3162	265. 1193	1626. 0035	-1290. 7968
2006—2007	-6391. 2747	-806. 5255	-487. 9731	-940. 7411	3306. 8044	-7462. 8395
2007—2008	-4689. 1550	-2459. 0714	6425. 2827	-3083. 2754	-2055. 7003	-3516. 3906
2008—2009	131. 0644	-1369. 2726	490. 4137	1158. 8480	852. 8784	-1001. 8032
2009—2010	435. 4898	-1091. 3820	694. 3716	-2062. 3238	921. 3828	1973. 4413
2010—2011	-1464. 3917	-484. 9935	486. 2314	-526. 4358	36. 5240	-975. 7178
2011—2012	-1492. 4522	-1434. 3538	886. 1338	406. 1591	824. 0087	-2467. 5465

续表

年份	交通运输结构	铁路运输业周转量占比	公路运输业周转量占比	民航运输业周转量占比	水路运输业周转量占比	管道运输业周转量占比
	ΔTS	ΔTS_1	ΔTS_2	ΔTS_3	ΔTS_4	ΔTS_5
2012—2013	1635. 0928	-780. 1718	1091. 5861	595. 5297	702. 9422	25. 2066
2013—2014	2971. 8191	-1113. 2699	939. 5897	2484. 2592	-176. 7476	837. 9876
2014—2015	2310. 3727	-1083. 4999	1202. 7603	2051. 3358	-488. 7591	628. 5356
2015—2016	1793. 0416	-728. 4881	1480. 3129	-55. 2186	200. 4714	895. 9640
2005—2016	-4626. 3990	-11669. 0442	13060. 3929	293. 2564	5749. 8084	-12353. 9593

铁路运输业、管道运输业累计碳减排量分别为 11669. 0042 万吨、12353. 9593 万吨，成为抑制该行业碳排放的重要因素。公路周转量占比从 2005 年的 21. 05% 上升到 2016 年的 43. 39%，对碳排放的促进效应逐渐增强，碳排放累计 13060. 3929 万吨，对经济带碳排放增加发挥了重要的作用。11 年间，水运、民航周转量占比逐渐趋增，对经济带碳排放也发挥了一定程度的促进效应，其中民航的促进效应较小（6. 34%），总体变化不大，累计的碳排放增加了 293. 2564 万吨。2013 年以来，管道运输业周转量占比逐渐增加，碳排放的促进效应逐渐增加，这主要由于对煤碳电力消耗强度增加所引致。

5. 换算周转量对交通运输碳减排的影响

丝绸之路经济带交通运输换算周转量不断提高，促进了运输强度的提升，引致交通运输碳排放逐年递增，成为经济带碳排放增加的主导因素。2005—2016 年，换算周转量对碳排放的贡献率为正值，2005—2008 年该项指标的贡献率逐年上升，表明经济带沿线地区在新一轮“西部大开发”等战略实施过程中，不断增加的交通运输规模，在较低水平的运输能效及相对滞后的交通运输网络建设的环境下，交通运输碳排放不断增加。2009 年换算周转量的贡献率降至最低，尔后逐渐上升（见图 6—2），这与国家调整能效等政策有关。2011 年以来，尽管运输周转量规模不断增大，但其对该行业碳排放的贡献率逐渐平缓递减，说明交通运输能效渐而提升，交通运输结构、运输网络不断优化，节能减排的政策效应逐渐显现。

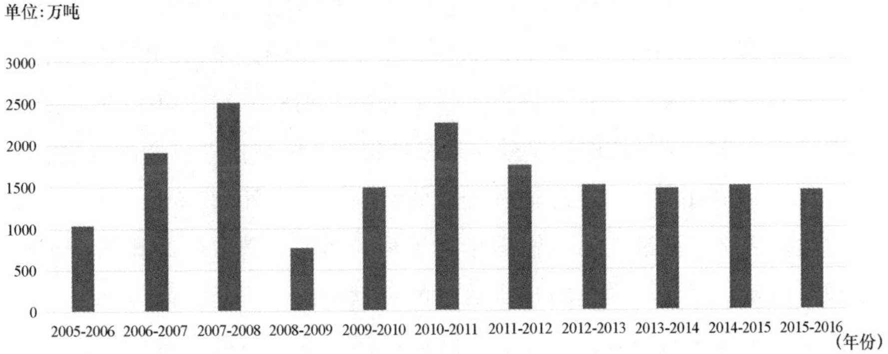

图6—2　换算周转量对交通运输碳减排的影响对比图

四　分析结论

通过LMDI分解法，把2005—2016年丝绸之路经济带交通运输碳排放变化分解为六个影响因素，分析了各变量变化对交通运输碳排放的影响效应，得出的主要分析结论为：

（1）2005—2016年，丝绸之路经济带交通运输碳排放累计增加了10051.1898万吨，2013年以来，交通运输碳排放增速逐渐趋缓，减排政策效应逐渐彰显。

（2）交通运输换算周转量变化对碳排放的贡献率最高，是促进碳排放量增加的一个最主要的因素。2011年以来，在交通运输能效提升、交通运输结构优化及运输网络体系不断完善的环境下，对交通运输碳排放的促进效应渐趋平缓降低，节能减排的政策效应逐渐显现。

（3）能源强度变化对碳排放的抑制作用最为显著，对减少交通运输碳排放的贡献率为72.1093%，柴油能耗强度降低对碳减排影响作用显著，2013年以来，能源强度变化对交通运输减排效应呈现出逐渐减弱的态势。

（4）交通运输结构对碳排放的抑制作用较为显著，其抑制效应占交通运输累计碳排放总量的46.028%。其中，铁路运输业的抑制效应显著，不断提升的公路周转量占比对碳排放的促进效应逐渐增强。民航的促进效应较小，2013年以来经济带管道运输业对碳排放的促进效应逐渐增加。

（5）能源消费结构对交通运输碳排放的影响具有时段性，2005—2010年呈现出促进效应，柴油消费变化是主要影响因素；2011年以来呈现出抑制效应，煤炭汽油消费变化是主要影响因素。2013年以来，能源消费结构变化对碳排放的抑制效应逐渐增强，节能减排效应渐而弱增。

（6）运输强度对交通运输碳排放的影响较小（20.82%），2013年以来，丝绸之路经济带交通运输碳排放呈现弱增的态势，碳减排效应业已显现，民航、管道运输业的减排效应的贡献率较为显著。随着运输强度及能源利用效率的提升，铁路、水路运输强度变化对碳排放的促进效应逐渐减小，减排效应显现但不显著。

第二节 丝绸之路经济带交通运输碳减排绩效实证分析

根据上一节分析结果可知，丝绸之路经济带能源强度变化对交通运输碳排放具有显著的抑制效应，但是2013年以来这种抑制作用却逐渐弱化。为了了解什么因素影响了能源利用效率（能源强度）、交通运输碳减排效应，交通运输碳减排绩效是否存在地区差异，需要进一步进行因素分解分析。

一 实证模型

衡量生产活动的效率指标中，全要素生产率指标分析法较为有效，Sten Malmquist（1953）最早用Malmquist指数法测算不同时期的消费变化，尔后Caves等学者应用此法进行投入产出分析。近年来，基于产出的非参数Malmquist指数法测算全要素生产率增长成为主流。本节基于Zhou等（2010）相关理论，综合劳动力、资本、能源等相关指标，借鉴王亚华（2008）[173]、王群伟（2010）[174]基于DEA模型的Malmquist指数法，将影响丝绸之路经济带交通运输碳减排绩效因素（JPJX）分解为技术效率变化指数（JX）和技术进步变化指数（JJ），进一步将技术效率变化指数分解为纯技术效率指数（CJ）和规模效率指数（GX），交通运输碳减排绩效（JPJX）的测算公式为：

$$JPJX(x^t,y^t,x^{t+1},y^{t+1}) = \left[\frac{D_0^t(x^{t+1},y^{t+1}).D_0^{t+1}(x^{t+1},y^{t+1})}{D_0^t(x^t,y^t).D_0^{t+1}(x^t,y^t)}\right]^{\frac{1}{2}} \quad (6.13)$$

式（6.13）中，x^t,y^t 表示 t 时期的投入产出向量，其中 x^t 表示 t 时期投入向量，y^t 表示 t 时期产出向量。$D_0^t(x^{t+1},y^{t+1})$、$D_0^{t+1}(x^t,y^t)$ 表示根据生产点在混合期间同前沿技术相比得到的投入距离函数；$D_0^t(x^t,y^t)$、$D_0^{t+1}(x^{t+1},y^{t+1})$ 分别表示以 t 时期的技术 J^t 为参照的交通运输 CO_2 导向的距离函数，与以 $t+1$ 时期的技术 T^{t+1} J^{t+1} 为参照的交通运输 CO_2 导向的距离函数。若 $JPJX>1$，则表示研究时段2005—2016年的交通运输碳减排绩效提升，若 $JPJX=1$，则研究时段内的交通运输碳减排绩效不变，若 $JPJX<1$，则研究时段内的交通运输碳减排绩效降低。为了进一步分析影响丝绸之路经济带交通运输碳减排绩效因素的贡献率大小，需要将其分解为技术效率变化（JX）、技术进步变化（JJ），其算式分别为：

$$JX(x^t,y^t,x^{t+1},y^{t+1}) = \frac{D_0^t(x^{t+1},y^{t+1})}{D_0^t(x^t,y^t)} \quad (6.14)$$

$$JJ(x^t,y^t,x^{t+1},y^{t+1}) = \left[\frac{D_0^t(x^{t+1},y^{t+1}).D_0^t(x^t,y^t).}{D_0^{t+1}(x^{t+1},y^{t+1}).D_0^{t+1}(x^t,y^t)}\right]^{\frac{1}{2}} \quad (6.15)$$

式（6.14）中的技术效率变化指数用来衡量样本地区第 t 期到第 $t+1$ 期对生产可能性边界的追赶程度。

式（6.15）中的技术进步变化指数用来衡量样本地区从第 t 期到第 $t+1$ 期技术边界的移动情况。若 $JX>1$，表示技术效率进步；若 $JX=1$，表示技术效率不变；若 $JX<1$，表示技术效率减退。

$JJ>1$，表示生产边界正向移动，生产技术进步；$JJ=1$，表示生产边界未移动，生产技术不变；$JJ<1$，表示生产边界负向移动，生产技术退步。

因为技术效率变动因素（JX）受纯技术效率变化（CJ）和规模效率变化（GX）的共同影响，因此，需要进一步将技术效率变动指标（JX）分解为纯技术效率变化（CJ）与规模效率变化（GX），其算式为：

$$CJ = \frac{D_0^{t+1}(x^{t+1},y^{t+1}/VRS)}{D_0^t(x^t,y^t/VRS)} \quad (6.16)$$

$$GX = \frac{S_0^t(x^t, y^t)}{S_0^{t+1}(x^{t+1}, y^{t+1})} \tag{6.17}$$

测算第 t 期至第 $t+1$ 期内的 Malmquist 生产率指数，需要在闭凸锥性、无效性、最小性等公理的假设前提下，计算相应的 4 个距离函数。

$$\begin{cases} D_0^t(x^t, y^t) = \min\theta \\ s.t. \sum_{j=1}^{n} y^t \cdot \lambda_j \geqslant y^t \\ \sum_{j=1}^{n} x_{ij}^t \cdot \lambda_j \leqslant \theta x_i^t \\ \lambda_j \geqslant 0, j = 1, \ldots n \end{cases} \tag{6.18}$$

$$\begin{cases} D_0^{t+1}(x^{(t+1)}, y^{(t+1)}) = \min\theta \\ s.t. \sum_{j=1}^{n} y_j^{t+1} \cdot \lambda_j \geqslant y^{t+1} \\ \sum_{j=1}^{n} x_{ij}^{t+1} \cdot \lambda_j \leqslant \theta x_i^{t+1} \\ \lambda_j \geqslant 0, j = 1, \ldots n \end{cases} \tag{6.19}$$

$$\begin{cases} D_0^t(x^{t+1}, y^{t+1}) = \min\theta \\ s.t. \sum_{j=1}^{n} y_j^t \cdot \lambda \geqslant y^{t+1} \\ \sum_{j=1}^{n} x_{ij}^t \cdot \lambda_j \leqslant \theta x_i^{t+1} \\ \lambda_j \geqslant 0, j = 1, \ldots n \end{cases} \tag{6.20}$$

$$\begin{cases} D_0^{t+1}(x^t, y^t) = \min\theta \\ s.t. \sum_{j=1}^{n} y_j^{t+1} \cdot \lambda_j \geqslant y^t \\ \sum_{j=1}^{n} x_{ij}^{t+1} \cdot \lambda_j \leqslant \theta x_i^t \\ \lambda_j \geqslant o, j = 1, \ldots n \end{cases} \tag{6.21}$$

增加剩余变量与松弛变量后，4 个距离函数为：

$$\begin{cases} D_0^t(x^t, y^t) = \min\theta \\ s.t. \sum_{j=1}^{n} y_j^t \cdot \lambda_j - s^- = y^t \\ \sum_{j=1}^{n} x_{ij}^t \cdot \lambda_j + s^+ = \theta x_i^t \\ \lambda_j \geqslant 0, j = 1, \ldots n \\ s^- \geqslant 0, s^+ \geqslant 0 \end{cases} \tag{6.22}$$

$$\begin{cases} D_0^t(x^{t+1}, y^{t+1}) = \min\theta \\ s.t. \sum_{j=1}^{n} y_j^{t+1} \cdot \lambda_j - s^- = y^{t+1} \\ \sum_{j=1}^{n} x_{ij}^{t+1} \cdot \lambda_j + s^+ = \theta x_i^{t+1} \\ \lambda_j \geqslant 0, j = 1, \ldots n \\ s^- \geqslant 0, s^+ \geqslant 0 \end{cases} \tag{6.23}$$

$$\begin{cases} D_0^{t+1}(x^{t+1}, y^{t+1}) = \min\theta \\ s.t. \sum_{j=1}^{n} y_j^{t+1} \cdot \lambda_j - s^- = y^{t+1} \\ \sum_{j=1}^{n} x_{ij}^{t+1} \cdot \lambda_j + s^+ = \theta x_i^{t+1} \\ \lambda_j \geqslant 0, j = 1, \ldots n \\ s^- \geqslant 0, s^+ \geqslant 0 \end{cases} \tag{6.24}$$

$$\begin{cases} D_0^{t+1}(x^t, y^t) = \min\theta \\ s.t. \sum_{j=1}^{n} y_j^{t+1} \cdot \lambda_j - s^- = y^t \\ \sum_{j=1}^{n} x_{ij}^{t+1} \cdot \lambda_j + s^+ = \theta x_i^t \\ \lambda_j \geqslant 0, j = 1, \ldots n \\ s^- \geqslant 0. s^+ \geqslant 0 \end{cases} \tag{6.25}$$

上式中，x 表示投入要素，包含有劳动力（L）、资本（K）、能源投入（E）变量，y 表示产出变量，即交通运输碳排放量，θ 表示一个决策单元在既定的产出水平下，所投入的径向缩减是可能的。若 $\theta = 1$，则决策单元 j 表现为技术弱有效；若 $\theta = 1$，且 $s^- = 0$，$s^+ = 0$，则决策单元 j 表现为非技术有效；若 $\theta^* < 1$，则决策单元 j 表现为技术无效。

若规模效率 $GX = 1$，表示规模效率有效，技术效率可用纯技术效率来衡量；若 $GX < 1$，表示规模效率无效，技术效率可用纯技术效率和规模效率一起来衡量。由 DEA 定义的有效性与规模效益可知，若 $\sum_{i=1}^{n} \lambda_i / \theta < 1$，则表示规模效益递增；若 $\sum_{i=1}^{n} \lambda_i / \theta = 1$，则表示规模效益不变；若 $\sum_{i=1}^{n} \lambda_i / \theta > 1$，则表示规模效益递减。

二 测算结果

相关理论与文献认为，一个国家或地区的碳排放受多种因素的共同影响，为了有效地测算多变量、较多数据影响下的交通运输碳减排绩效，借鉴王亚华的窗口法扩展决策单元，计算时段调整为 1 个周期。基于前文交通运输碳排放量相关数据及能源结构数据，整理丝绸之路经济带沿线各省历年统计年鉴中的人均交通运输业 GDP 数据，《中国人口和就业统计年鉴》中的劳动力就业人数，参照张军（2004）的资本存量处理法，剔除当期消费价格指数计算资本存量，研究时间段为 2005—2016 年。依据式（6.13）—式（6.17）进行计算，测算得到 2005—2016 年丝绸之路经济带交通运输 Mailmquist 碳减排绩效指数、技术效率、技术进步、纯技术效率及规模效率指数值如表 6—7 所示。

1. 丝绸之路经济带交通运输碳减排绩效分析

表 6—7 及图 6—3 的数据显示，2005—2016 年，丝绸之路经济带交通运输碳减排绩效的变化呈现出总体趋增的态势，均值为 0.9897。2005—2012 年，其碳减排绩效指数值小于 1，碳排放不断增加，减排效果不佳。2013 年以来，其碳减排绩效指数值转变为大于 1，2015 年之后增幅减缓，即 2013 年以来，交通运输碳减排绩效逐渐显现，但减排效果不是很明显，这与上一节测算的结果相似。

表 6—7　　2005—2016 年丝绸之路经济带平均技术效率分解值表

时间	技术效率变化 JX	技术进步变化 JJ	纯技术效率变化 CJ	规模效率变化 GX	碳减排绩效 JPJX
2006/2005	0.9890	0.9710	0.9954	0.9936	0.9603
2007/2006	0.9844	0.9922	0.9887	0.9957	0.9767
2008/2007	0.9786	0.9900	0.9816	0.9969	0.9688
2009/2008	0.9893	0.9980	1.0016	0.9877	0.9873
2010/2009	0.9937	0.9770	1.0056	0.9882	0.9708
2011/2010	0.9945	0.9924	0.9922	1.0023	0.9869
2012/2011	0.9986	0.9895	0.9880	1.0107	0.9881
2013/2012	0.9985	0.9995	0.9759	1.0232	0.9980
2014/2013	1.0159	1.0005	0.9954	1.0206	1.0164
2015/2014	1.0241	0.9941	0.9965	1.0277	1.0181
2016/2015	1.0273	0.9881	0.9984	1.0289	1.0151
平均值	0.9994	0.9902	0.9927	1.0069	0.9897

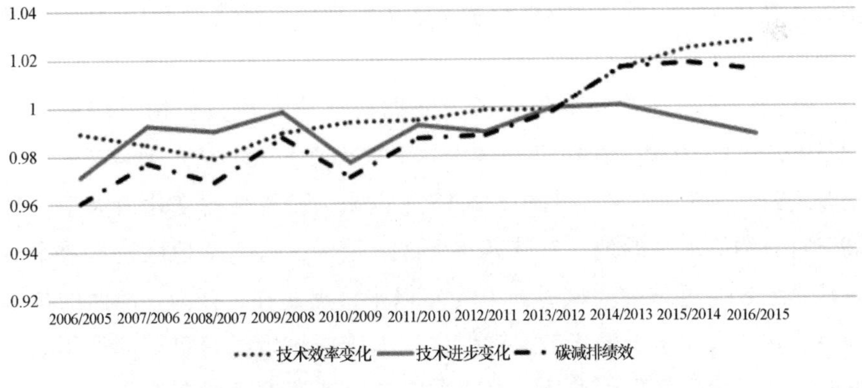

图 6—3　丝绸之路经济带交通运输碳减排绩效指数变化图

从影响碳减排绩效的技术效率和技术进步这两个因素来看，技术效率变化总体呈现出渐升的态势，整个研究时间段内的均值为 0.9994，2014 年以来此项指标值上升为大于 1 的值，对碳减排的贡献不断增加。

技术进步指标值均值为 0.9902，2010 年降至最低点，之后平稳上升，

2014 年增至最大值 1.005，对碳减排的促进作用凸显，但之后缓慢下降，这表明技术进步变化自 2014 年以来对碳减排的贡献较为显著，这与国家能源消费、节能减排政策的调整密不可分。

纯技术效率变化对技术效率的影响不显著。规模效率变化与技术进步指标变化的趋势相似，其值自 2011 年转化大于 1，且渐呈趋增的态势，不断提高的规模效率对交通运输碳减排的促进效应逐渐增强。

2005—2016 年，技术效率比技术进步变化对交通运输碳减排的影响更显著，2013 年以来，技术效率尤其是规模效率变化对丝绸之路经济带交通运输碳减排绩效的提升有较为显著的促进作用。

2. 丝绸之路经济带交通运输碳减排绩效省际差异分析

表 6—8 分省测算结果显示，2005—2016 年，陕西省交通运输碳减排绩效的均值为大于 1（1.0342），高于经济带平均水平，2014 年以来这种减排效应逐渐增大，碳减排绩效较为显著。除陕西以外，青海、云南、广西、重庆自 2013 年以来交通运输碳减排绩效也大于 1，且高于自身的均值水平，这说明 2013 年以来，陕西、青海、云南、广西、重庆交通运输节能减排政策的实施效果良好，不过这种减排效应的增幅较缓，其余地区尤其是辽宁、吉林地区的交通运输碳减排绩效指数小于 1，相关节能减排措施的实施效果不佳。

从影响丝绸之路经济带交通运输碳减排绩效指数的构成因素来看（见表 6—9），2005—2016 年，技术效率指数值大于 1 且高于经济带均值的有陕西、云南、广西。其中，2013 年以来，技术效率变化值大于 1 且高于自身均值水平的地区有陕西、青海、重庆，这三个地区技术效率对碳减排绩效的贡献较为显著，2014 年以来，黑龙江、云南、广西的技术效率值转变为大于 1 的指数，对促进当地碳减排发挥着重要的作用。在此时段的新疆、辽宁、吉林、内蒙古四个地区的技术效率值小于 1 并渐而减小，较低的技术效率值影响了减排效应的有效发挥。也就是说，2013 年以来，技术效率是促进陕西、广西、云南碳减排的重要因素，随着低碳发展、绿色生态战略的推广实施，不断提高的技术效率也逐渐成为黑龙江、重庆交通运输碳减排的有效工具。

表 6—8　**交通运输碳减排绩效分解表**

年份	陕西	甘肃	青海	宁夏	新疆	辽宁	吉林	黑龙江	内蒙古	云南	广西	重庆	经济带
2006/2005	1.0423	1.1733	1.0287	1.0352	0.8761	0.8232	0.7207	0.8043	0.7840	1.1792	0.8898	1.1673	0.9603
2007/2006	1.0635	1.1241	0.8447	0.8596	1.0639	0.8296	1.0741	0.9759	0.9392	1.0718	0.9744	0.8567	0.9767
2008/2007	1.0450	0.9506	0.9601	0.9016	1.0163	0.9102	1.0007	0.9187	0.9778	0.9891	0.9554	1.0002	0.9688
2009/2008	0.9863	0.9524	0.9422	0.9567	1.0598	0.9683	1.1062	0.9573	0.9855	1.0008	0.9687	1.0485	0.9873
2010/2009	0.9880	0.9971	1.0002	0.8485	1.0240	1.0171	0.9964	0.8422	0.9836	1.0002	1.0369	0.9154	0.9708
2011/2010	1.0144	1.0022	1.0072	0.9219	1.0016	1.0106	0.9942	0.8498	0.9957	1.0054	1.0242	0.9663	0.9869
2012/2011	1.0147	0.9866	0.9911	0.9734	0.9989	0.9926	0.9884	0.9503	0.9863	1.0008	1.0007	0.9733	0.9881
2013/2012	1.0251	0.9439	0.9916	0.9542	0.9915	0.9874	0.9835	0.9583	0.9955	1.0038	1.0138	0.9854	0.998
2014/2013	1.0514	1.0504	1.0160	0.9889	1.0104	0.9833	0.9769	0.9964	0.9751	1.0492	1.0929	1.0054	1.0164
2015/2014	1.0712	0.9942	1.0866	0.9472	0.9769	0.9258	0.9386	1.0504	0.9551	1.0337	1.1014	1.0744	1.0181
2016/2015	1.0748	0.9956	1.0897	0.9465	0.9726	0.9207	0.9351	1.0774	0.9530	1.0317	1.1040	1.0801	1.0151
均值	1.0342	1.0096	0.9388	0.9394	0.9987	0.9475	0.9654	0.9720	0.9565	1.0330	1.0260	1.0020	0.9897

表 6—9　　技术效率变化分解结果表

年份	陕西	甘肃	青海	宁夏	新疆	辽宁	吉林	黑龙江	内蒙古	云南	广西	重庆	经济带
2006/2005	1.0113	1.1240	1.0103	1.0211	0.9361	0.8953	0.9006	0.9019	0.8857	1.2314	0.9396	1.0109	0.9890
2007/2006	1.0117	1.0420	0.8495	0.9389	1.0336	0.8915	1.0782	1.0187	1.0152	1.0652	1.0328	0.8358	0.9844
2008/2007	0.9922	0.9506	0.9622	0.9467	1.0008	0.9516	0.9888	0.9568	1.0164	0.9878	1.0021	0.9877	0.9786
2009/2008	0.9929	0.9706	0.9626	0.9515	1.012	0.9804	1.0064	0.9589	1.0218	0.9912	1.0001	1.0230	0.9893
2010/2009	1.0016	0.9909	0.9762	0.9414	1.0009	1.0246	0.9883	0.9756	0.9953	0.9915	1.0197	1.0189	0.9937
2011/2010	1.0157	0.9955	0.9966	0.9521	1.0006	1.0151	0.9954	0.9462	0.997	1.0052	1.0141	1.0009	0.9945
2012/2011	1.0148	0.9941	1.0021	0.9984	1.0004	0.9968	0.9917	0.9833	0.9987	1.001	1.0008	1.0007	0.9986
2013/2012	1.0255	0.9932	1.0036	0.9812	1.0005	0.9882	0.9903	0.9862	0.9968	1.0036	1.0074	1.0057	0.9985
2014/2013	1.0514	1.0048	1.0033	0.9964	1.0202	0.9911	0.9849	1.0103	0.9979	1.0339	1.0899	1.0069	1.0159
2015/2014	1.0719	1.0055	1.0865	0.9951	0.9908	0.9392	0.9557	1.0508	0.9877	1.0189	1.0964	1.0901	1.0241
2016/2015	1.0829	1.0069	1.0896	0.995	0.9901	0.9343	0.9523	1.0781	0.9857	1.0169	1.0993	1.0961	1.0273
均值	1.0247	1.0071	0.9948	0.9743	0.9987	0.9644	0.9848	0.9879	0.9907	1.0315	1.0275	0.9988	0.9994

表 6—10　　技术进步因素变化分解结果表

年份	陕西	甘肃	青海	宁夏	新疆	辽宁	吉林	黑龙江	内蒙古	云南	广西	重庆	经济带
2006/2005	1.0306	1.0439	1.0182	1.0137	0.9359	0.9195	0.8002	0.8918	0.8852	0.9576	0.9470	1.1547	0.9710
2007/2006	1.0512	1.0788	0.9944	0.9155	1.0293	0.9306	0.9962	0.9580	0.9252	1.0063	0.9435	1.0250	0.9922
2008/2007	1.0532	1.0000	0.9979	0.9524	1.0155	0.9565	1.0120	0.9601	0.9620	1.0014	0.9534	1.0127	0.9900
2009/2008	0.9933	0.9813	0.9788	1.0054	1.0472	0.9876	1.0992	0.9984	0.9645	1.0097	0.9686	1.0249	0.9980
2010/2009	0.9864	1.0063	1.0247	0.9014	1.0231	0.9927	1.0082	0.8633	0.9882	1.0089	1.0169	0.8984	0.9770
2011/2010	0.9987	1.0067	1.0107	0.9684	1.0010	0.9956	0.9988	0.8981	0.9987	1.0003	1.0099	0.9655	0.9924
2012/2011	0.9999	0.9924	0.9890	0.9750	0.9985	0.9958	0.9967	0.9665	0.9876	0.9999	0.9999	0.9726	0.9895
2013/2012	0.9996	0.9504	0.9881	0.9725	0.9910	0.9992	0.9932	0.9716	0.9987	1.0002	1.0064	0.9798	0.9995
2014/2013	1.0000	1.0453	1.0126	0.9925	0.9904	0.9922	0.9919	0.9863	0.9772	1.0148	1.0028	0.9985	1.0005
2015/2014	0.9994	0.9887	1.0001	0.9518	0.9860	0.9857	0.9821	0.9996	0.9669	1.0145	1.0045	0.9855	0.9941
2016/2015	0.9925	0.9887	1.0001	0.9512	0.9824	0.9855	0.9820	0.9994	0.9668	1.0145	1.0043	0.9854	0.9881
均值	1.0095	1.0075	1.0013	0.9636	1.0000	0.9764	0.9873	0.9539	0.9655	1.0025	0.9870	1.0003	0.9902

从影响交通运输碳减排绩效的技术进步因素来看（见表6—10），2005—2016年，此项指标大于1且高于经济带均值的有陕西、甘肃、青海、新疆、云南、重庆。到了2013年，仅有青海、云南、广西的该项指标值大于1且高于自身均值，这三个地区的技术进步变化促进了碳减排，而其余九个地区的技术进步变化指标值均小于1，表示对碳减排的贡献作用不明显，这也表示随着节能减排技术的不断进步，青海、云南、广西三个地区的交通运输碳减排成效逐渐显现，而陕西、甘肃、新疆等地的技术进步缓慢，对于碳减排绩效提升的贡献不力。

从影响技术效率的构成因素来看（见表6—11、图6—4），2005—2016年，丝绸之路经济带纯技术效率指数、规模效率指数分别为0.9927和1.0069，经济带的规模效率指数大于1，这说明交通运输规模效率逐渐提升，业已成为促进碳减排的重要因素。分地区来看，规模效率大于1且高于带均值的地区有陕西、新疆、辽宁、广西，纯技术效率大于1且高于丝绸之路经济带均值的有陕西、甘肃、云南、广西、重庆，其余地区的此项指标值均小于1。

表6—11　2005—2016年交通运输年均碳减排绩效及指数分解表

样本	技术效率变化 *JX*	技术进步变化 *JJ*	纯技术效率变化 *CJ*	规模效率变化 *GX*	碳减排绩效 *JPJX*
陕西	1.0247	1.0095	1.0022	1.0225	1.0344
甘肃	1.0071	1.0025	1.0031	1.0040	1.0096
青海	0.9948	1.0013	0.9934	1.0014	0.9961
宁夏	0.9743	0.9636	0.9723	1.0021	0.9388
新疆	0.9987	1.0000	0.9883	1.0105	0.9987
辽宁	0.9704	0.9764	0.9632	1.0075	0.9475
吉林	0.9848	0.9803	0.9828	1.0020	0.9654
黑龙江	0.9879	0.9839	0.9868	1.0011	0.9720
内蒙古	0.9907	0.9655	0.9853	1.0055	0.9565
云南	1.0315	1.0015	1.0287	1.0027	1.0330
广西	1.0275	0.9985	1.0021	1.0253	1.0260

续表

样本	技术效率变化 *JX*	技术进步变化 *JJ*	纯技术效率变化 *CJ*	规模效率变化 *GX*	碳减排绩效 *JPJX*
重庆	1.0019	1.0001	1.0014	1.0005	1.0020
均值	0.9994	0.9902	0.9927	1.0069	0.9897

注：所有 Malmquist 指数平均值均为几何平均。

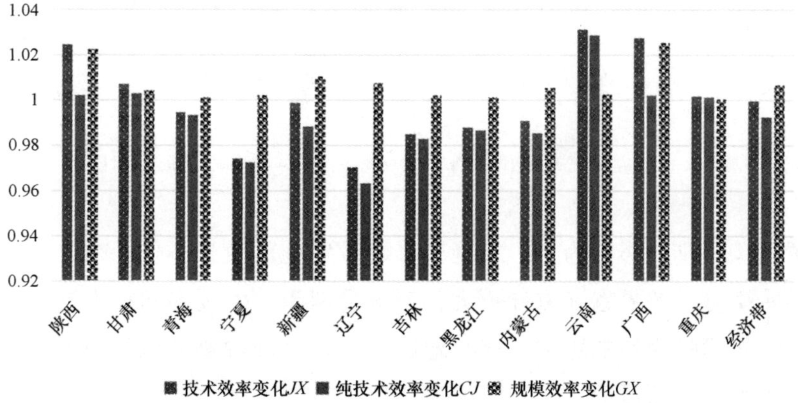

图 6—4　2005—2016 年丝绸之路经济带技术效率及分解图

2005—2016 年，陕西和广西属于纯技术效率与规模效率均大于 1 且高于均值水平的地区，这两个地区的交通运输业以较高的纯技术效率和规模效率水平，引致较高的技术效率，进而有效地促进了交通运输碳减排。而青海、宁夏、新疆、辽宁、吉林、黑龙江、内蒙古较低水平的纯技术效率，抑制了碳减排绩效的提升。

2005—2016 年，陕西、甘肃、云南、重庆在较高的技术效率与技术进步双因素的共同影响下，成为丝绸之路经济带交通运输碳减排绩效较高的地区，而宁夏、辽宁、吉林、黑龙江、内蒙古则相反，其较低水平的技术效率与技术进步抑制了碳减排绩效的提升（见图 6—5）。

分区域来看，西南地区碳减排效果较好，主要受技术效率提升的影响；西北地区的碳减排地域差异明显，除陕西技术效率提升对碳减排具有较为显著的正向促进作用以外，其余四个地区的技术效率与技术进步

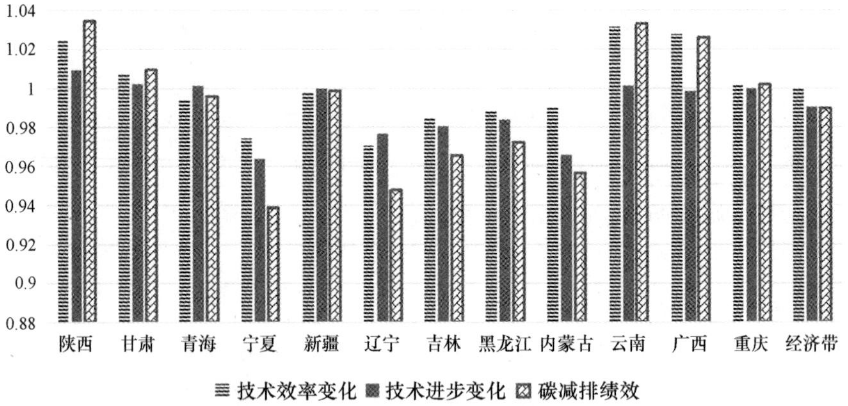

图 6—5 丝绸之路经济带各省区交通运输年均碳减排绩效对比图

因素对碳减排的影响为负，节能减排政策实施的效果不佳；东北三省及内蒙古碳减排效果省际差异不大，整体受制于技术效率和技术进步因素对碳减排贡献为负的影响，这些地区交通运输能源利用效率较低，节能减排方面任重而道远。

三 分析结论

基于 DEA 模型的 Malmquist 指数法，构建交通运输碳减排绩效模型，对 2005—2016 年丝绸之路经济带交通运输碳减排绩效进行测算，得出的结论主要有：

（1）2005—2012 年，丝绸之路经济带交通运输碳减排绩效指数值小于 1，碳减排效果不佳。2013 年以来，其碳减排绩效指数值转变为大于 1，碳减排绩效渐已彰显，但是其减排效果弱增，这与上一节测算的结果相似。

（2）2013 年以来，技术效率提升，对交通运输碳减排的促进作用较为显著，交通运输节能减排政策效应逐渐显现，但减排效应的增幅趋缓。其中，陕西、青海、广西、云南、重庆的贡献率较高。

（3）2013 年以来，技术进步缓慢是影响碳减排增幅趋缓的一个重要因素。技术进步有效地促进了青海、广西、云南的碳减排，而其余九个地区的技术进步缓慢抑制了减排效应。

（4）11 年来，丝绸之路经济带上西南地区交通运输碳减排效果较好，技术效率提升是重要的影响因素。东北地区及内蒙古碳减排效果较差，主要因为纯技术效率低下影响了技术效率水平提升速度，进而抑制了碳减排效应。西北五省区的交通运输碳减排绩效存在显著的地区差异，陕西的纯技术效率和规模效率增长共同引致技术效率提升，对碳减排的促进作用稳定而显著，而其余三个地区由于受较低水平的技术效率与技术进步因素影响，碳减排的效果并不理想。

（5）基于丝绸之路经济带交通运输能耗趋势与碳排放潜力，面对国际碳减排压力，如何进一步提高技术效率与技术进步水平，加速交通运输碳减排，是构建面向西部可持续发展的低碳交通必要之举。

第三节　本章小结

本章通过 LMDI 分解法，分析了核心变量对交通运输碳减排的影响，判断交通运输低碳发展政策的实施效果。并基于 DEA 模型的 Malmquist 指数法，构建交通运输碳减排绩效模型，测算了 2005—2016 年丝绸之路经济带交通运输碳减排绩效及省际差距，得出的主要结论有：

（1）2013 年以来，丝绸之路经济带交通运输业换算周转量、运输强度变化对碳排放的促进效应趋减，能源消费结构、能源强度变化对碳排放的抑制效应逐渐减弱，交通运输碳排放增速减慢，节能减排效应的弱增态势业已显现。

（2）铁路运输业对碳排放的抑制作用显著，不断增加的公路、管道运输业碳排放量影响了碳减排的增速。

（3）2013 年以来，丝绸之路经济带交通运输碳减排绩效指数值从小于 1 转变为大于 1，碳减排绩效弱增，其中，规模效率提升引致技术效率提升对碳减排的贡献显著，技术进步缓慢在一定程度上抑制了碳减排，引致该行业碳减排效应增幅趋缓。

（4）丝绸之路经济带上交通运输碳减排绩效的区域差异明显，西南地区的减排绩效值较高，西北地区次之，东北地区及内蒙古较低且小于 1。2013 年以来，技术进步与技术效率双提升引致青海、广西、云南地区的交通运输碳减排效果较好，其余地区则受较低水平的技术效率或技术进步因素影响，碳减排缓慢，减排绩效较低。

（5）助推交通运输低碳发展的相关政策实施以来，丝绸之路经济带交通运输碳减排取得了一定的成效，但是减排增速减慢。立足于“十三五”低碳发展要求①和国际碳减排压力，有必要采取多种举措提高技术效率与技术进步水平，提高运输强度、优化运输结构的同时，降低能源强度与碳排放强度，促进丝绸之路经济带交通运输低碳发展。

① 《“十三五”控制温室气体排放工作方案》指出，到2020年，单位国内生产总值二氧化碳比2015年下降18%。

第七章

丝绸之路经济带交通运输低碳发展的碳税政策模拟

上一章通过实证分析得出了丝绸之路经济带交通运输碳减排潜力较大的结论，那么，在目前能源效率水平下，到 2020 年、2030 年单位 GDP 的碳减排目标能否实现？课征碳税能否促进碳税“双重红利”效应的实现？不同税率会对交通运输部门的能源消费、碳减排、部门产出，对社会福利、经济增长等宏观经济社会指标带来怎样的影响？诸如此类问题的解决，需要进一步实证分析。

在分析税收、环境政策、能源效率变化对宏观经济变量综合影响方面，可计算的一般均衡模型（CGE）① 是一个有效的工具。本章将构建动态可计算的一般均衡（DCGE）模型，将不同的交通运输方式、多种燃料的碳排放纳入 CGE 递推动态模型中，模拟分析 2012—2030 年不同的碳税税率、能源利用效率及碳税收入使用方式等对交通运输业、能源消费、碳排放、收入分配与社会福利等宏观经济社会变量的影响。

第一节　部门划分与研究方法

一　部门划分

CGE 模型分析的是整个经济范围内的各个部门之间的数量关系。为

① 约翰森（Johansen，1960）第一次提出了 CGE 模型。CGE 模型参数估计更可靠，主要进行分析政策的有效性，比“投入—产出模型”更能有效地分析在一系列优化条件约束下的各个市场达到均衡时的一组数量和价格水平。

了研究交通运输部门碳减排情况，本节依据目前我国经济部门（产业结构）的划分标准，参考周银香（2018）[227]等部门划分法，结合研究需要，对目前国家2012年投入产出表中的部门进行整合，并对各种能源燃料、交通运输业细化分解，整合分解为14个部门（见表7—1）。第一产业为农业；第二产业分为能源产业与非能源产业（工业），其中能源产业部门有四个，分别是煤炭开采与洗选业，石油、天然气开采业，火电等生产和供应业；第三产业分为建筑业、交通运输业、服务业和其他行业，其中将交通运输业细分为铁路运输业、公路货运业、公路客运业、民航运输业、水路运输业和管道运输业六部分。

表7—1　　模型中的部门划分表

序号	模型中的部门划分	投入产出表中的部门
1	农业	农、林、牧渔业
2	煤炭	煤炭开采与洗选业
3	石油	石油开采业①
4	天然气	天然气开采业
5	火电	电力、热力、燃气生产和供应业
6	工业	石油加工、炼焦及核燃料加工业
		金属矿采选业
		非金属及其他矿采选业
		食品制造及烟草加工业
		纺织服装鞋帽皮革羽绒及制品业
		木材加工及家具制造业
		造纸印刷及文教体育用品制造业
		化学工业
		非金属矿制品业
		金属冶炼及压延加工业
		金属制品业
		通用、专用设备制造业
		交通运输设备制造业

① 依据《2016年中国统计年鉴》能源占比的方法分解。

续表

序号	模型中的部门划分	投入产出表中的部门
6	工业	电子机械及器材制造业
		通信设备、计算机及其他电子设备制造业
		仪器仪表制造业
		工艺品及其他制造业
		废品废料业
7	建筑业	房屋和土木工程建筑业
		建筑安装业
		建筑装饰业
		其他建筑业折叠
		其他资料建筑业
8	铁路运输业	铁路运输业
9	公路货运业	对道路运输业拆分
10	公路客运业	对道路运输业拆分
11	民航运输业	民航运输业
12	水路运输业	水上运输业
13	管道运输业	管道运输业
14	服务业及其他①	仓储业
		邮政业
		信息传输、计算机服务和软件业
		批发和零售业
		住宿和餐饮业
		金融业
		房地产业
		教育业
		科技业
		卫生、社会保障和社会福利业

① 按照国家统计局统字〔2003〕14 号文件中的产业划分。

续表

序号	模型中的部门划分	投入产出表中的部门
14	服务业及其他	文化、体育和娱乐业
		公共管理和社会组织业
		其他社会服务业

二 研究方法

为了分析变量的动态变化特征，需要运用 CGE 模型中的动态机制。目前，CGE 模型的动态机制有跨期动态与递推动态两种。跨期动态是设定研究部门经济增长率均相同的条件下，依据未来的价格预期对消费或投资行为进行判断，其测算结果不太准确，数据处理复杂，现实参考的相关文献不多见。而递推动态模型不考虑未来价格预期因素，基于外生变量构建模型进行模拟分析，数据处理相对简单可行。

鉴于此，本章基于开放 CGE 模型框架，将研究主体分为政府、企业、居民和国际机构，生产要素包含资本、能源和劳动力，采取模型的宏观闭合法，对劳动力市场运用充分就业的新古典闭合，对投资储蓄运用投资外生、储蓄内生的乔根森闭合，对国际收支平衡运用固定汇率制的闭合。[228]通过对四个研究主体加入约束条件，根据适宜的均衡条件选择函数方程，设定模型中的参数、变量，测算模型中的均衡解。为了分析不同情景、不同能源效率下课征碳税对 2012—2030 年的能耗、碳排放、部门价格产出、收入分配、社会福利等经济变量的动态影响，本章拟用递推动态 CGE 模型。

第二节 实证模型与核算矩阵

CGE 模型分析的经济单元一般包含有生产者①、消费者②、政府③、

① CGE 模型中的生产者，可以通过描述性方程（生产者的生产过程、中间生产过程等），或优化条件方程（柯布—道格拉斯或常替代弹性方程），力求在生产条件和资源约束下实现利润优化。

② 模型中的消费者行为包含描述性方程和优化方程，在预算约束条件下选择商品（包括服务、投资以及休闲）的最佳组合以提高效益。

③ CGE 模型中的政府行为，是将其看作政府变量、消费者。政府收入包含税和费，政府支出包含各项公共事业、转移支付、政策性补贴。

外贸经济①、市场均衡②五方面。本节基于基本的五个经济单元，增加了交通运输碳排放和社会福利单元，构建包含七个经济模块的交通碳税 CGE 模型。

一　模型结构

（一）生产模块

在生产模块中，为了分析生产者行为，需要构建生产要素供给与约束方程，建立生产函数及优化条件方程。在此，构建的生产函数可以分解为四个层次的嵌套模式。（1）第 1 层次是将部门总产量分解为中间投入量和生产要素增加值两部分；（2）第 2 层次是将中间投入量分解为多个中间投入部门投入量的总和，生产要素增加值分解为劳动力、资本—能源两部分；（3）第 3 层次是将资本—能源分解为资本和能源两部分；（4）第 4 层次是将能源分解为煤炭、石油、天然气、火电 4 部分（见图 7—1）。

用列昂惕夫生产函数③计算中间投入量，用固定替代弹性生产函数④（CES 生产函数）计算其他生产函数，4 个层次的生产函数分别为：

1. 第 1 层次

①各部门的产量：$Q_j = \delta_{Q_j} \cdot [\alpha_j \cdot Q_{f_j}^{\rho_{Q_j}} + (1 - \alpha_j) \cdot Q_{zh_j}^{\rho_{Q_j}}]^{\frac{1}{\rho_{Q_j}}}$　(7.1)

②最优生产要素的投入量：$Q_{f_j} = Q_{zh_j} \cdot \left[\frac{\alpha_j}{(1 - \alpha_j)} \cdot \frac{P_{Q_{zh_j}}}{P_{Q_{f_j}}}\right]^{\sigma_{Q_j}}$　(7.2)

---

① CGE 模型中的外贸行为，以常弹性转换方程（CET）分析优化出口产品利润，或用阿明顿（Armington）方程分析以最低成本实现进口产品与国内产品的优化组合。

② CGE 模型中的市场均衡内容有：（1）产品市场均衡——要求产品在数量上和价值上均衡；（2）要素市场均衡——主要是劳动力市场均衡，假定劳动力无条件迁移，不存在迁移的制度障碍；（3）资本市场均衡——投资 = 储蓄；（4）政府预算均衡——政府收入 - 政府开支 = 预算赤字；（5）居民收支平衡——居民收入 - 支出 = 节余。居民收入主要是工资 + 存款利息；（6）国际市场均衡——外贸出超是指外国资本流入，外贸入超是指本国资本流出。

③ 列昂惕夫生产函数，也称固定投入比例生产函数，是指在每一个产量水平上任何一对要素投入量之间的比例都是固定的生产函数。$Q = Min(L/U, K/V)$，其中，Q 表示一种产品的产量，L 和 K 分别表示劳动和资本的投入量，U 和 V 分别表示为固定的劳动和资本的生产技术系数，它们分别表示生产一单位产品所需要的固定的劳动投入量和资本投入量。该生产函数表示产量 Q 取决于两个比值 L/U 和 K/V 中较小的那一个，即使其中的一个比例数值较大，也不会提高产量。

④ 是指固定替代弹性生产函数。

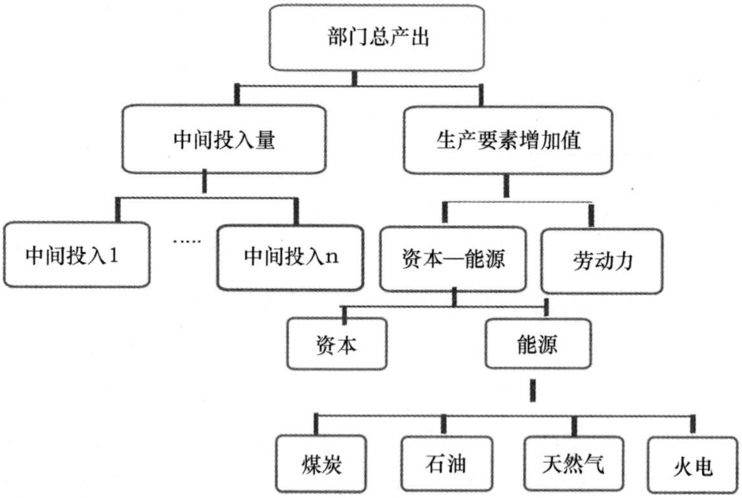

图 7—1 生产模块结构图

$$\sigma_{Q_j} = 1/(1 - \rho_{Q_j}) \tag{7.3}$$

③部门的总产出：$Q_j \cdot P_{Q_j} = Q_{zh_j} \cdot P_{Q_{zh_j}} + Q_{fj} \cdot P_{Qf_j}$ （7.4）

式（7.1）—式（7.4）中，Q_j 表示生产活动的产量，Q_{fj} 表示生产要素增加值的数量，Q_{zh_j} 为中间投入的总数量。δ_{Q_j} 表示部门总产量的规模系数，α_j 表示生产要素增加值投入份额的参数，ρ_{Q_j} 表示中间投入和生产要素增加值的弹性替代值，P_{Q_j} 表示产品的价格，P_{Qf_j} 表示生产要素增加值的价格，$P_{Q_{zh_j}}$ 表示中间投入量的价格。

2. 第2层次

①中间投入量：$Q_{T-zh_j} = \kappa \cdot Q_{zh_j}$ （7.5）

$$P_{Q_{zh}} = \sum_i \kappa \cdot P_{n_i}$$

$$i = 1, 2, 3, \cdots, 12 \tag{7.6}$$

式（7.5）、式（7.6）中，中间投入不包含能源投入，中间投入产量 Q_{T-zh_j} 表示各个部门的中间投入量 Q_{zh_j} 的加总；κ 表示中间投入的列昂惕夫生产函数消耗系数；P_{n_i} 表示中间投入产品的国内需求价格。

②生产要素增加值：$Q_{f_j} = \delta_{X_j} \cdot \left[\alpha_{L_j} \cdot Q_{L\,j}^{\;\rho_{X_j}} + (1 - \alpha_{L_j}) \cdot Q_{C-E\,j}^{\;\rho_{X_j}}\right]^{\frac{1}{\rho_{X_j}}}$

（7.7）

$$\sigma_{X_i} = 1/(1 - \rho_{X_i}) \tag{7.8}$$

$$Q_{L_j} = Q_{C-E_j} \cdot \left(\frac{\alpha_{L_j}}{(1 - \alpha_{L_j})} \cdot \frac{P_{C-E_j}}{P_{L_j}}\right)^{\sigma_{X_j}} \tag{7.9}$$

式（7.7）、式（7.8）中，δ_{X_j} 表示生产要素增加值的规模系数，α_{L_j} 表示劳动力投入份额的参数，Q_{L_j} 表示劳动力的需求量，ρ_{X_j} 表示劳动力（L）和资本—能源（$C-E$）的弹性替代值。

式（7.9）表示劳动力与资本—能源之间的数量关系。其中，Q_{C-E_j} 表示资本—能源的总量，P_{C-E_j} 表示资本—能源的价格，P_{L_j} 表示劳动力的价格。

③生产要素的产值：

$$Q_{f_j} \cdot P_{Q_{f_j}} = Q_{C-E_j} \cdot P_{C-E_j} + Q_{L_j} \cdot P_{L_j} \tag{7.10}$$

3. 第3层次

①资本—能源投入总量：

$$Q_{C-E_j} = \delta_{C-E_j} \cdot \left[\alpha_{C_j} \cdot Q_{C\,j}^{\;\rho_{C-E_j}} + (1 - \alpha_{C_j}) \cdot Q_{E\,j}^{\;\rho_{C-E_j}}\right]^{\frac{1}{\rho_{C-E_j}}} \tag{7.11}$$

$$\sigma_{C-E_i} = 1/(1 - \rho_{C-E_i}) \tag{7.12}$$

$$Q_{C_j} = Q_{E_j} \cdot \left(\frac{\alpha_{C_j}}{(1 - \alpha_{C_j})} \cdot \frac{P_{E_j}}{P_{C_j}}\right)^{\sigma_{C-E_j}} \tag{7.13}$$

②资本—能源的产值：

$$Q_{C-E_j} \cdot P_{C-E_j} = Q_{C_j} \cdot P_{C_j} + Q_{E_j} \cdot P_{E_j} \tag{7.14}$$

式（7.11）中，δ_{C-E_j} 表示资本—能源的规模系数值，α_{C_j} 表示资本投入的份额参数，Q_{C_j} 表示资本需求量，Q_{E_j} 表示能源需求量；式（7.12）中的 $\sigma_{C-E_i} = 1/(1 - \rho_{C-E_i})$ 表示资本和能源的关系，ρ_{C-E_j} 表示资本与能源的弹性替代值；式（7.13）中 P_{E_j}、P_{C_j} 分别表示能源、资本的价格。

4. 第4层次

①能源投入量：

$$Q_{E_j} = \delta_{E_j} \cdot \left[\alpha_m \cdot Q_m^{\rho_{E_j}} + \alpha_y \cdot Q_y^{\rho_{E_j}} + \alpha_q \cdot Q_q^{\rho_{E_j}} + \alpha_d Q_d^{\rho_{E_j}}\right]^{\frac{1}{\rho_{E_j}}} \tag{7.15}$$

$$\sigma_{E_j} = 1/(1 - \rho_{E_j}) \tag{7.16}$$

$$Q_m = \delta_{E_j}^{\rho_{E_j}\sigma_{E_j}} \cdot \left(\frac{\alpha_m \cdot P_{E_j}}{P_m}\right)^{\sigma_{E_j}} \cdot Q_{E_j} \tag{7.17}$$

$$Q_y = \delta_{E_j}^{\rho_{E_j}\sigma_{E_j}} \cdot \left(\frac{\alpha_y \cdot P_{E_j}}{P_y}\right)^{\sigma_{E_j}} \cdot Q_{E_j} \tag{7.18}$$

$$Q_q = \delta_{E_j}^{\rho_{E_j}\sigma_{E_j}} \cdot \left(\frac{\alpha_q \cdot P_{E_j}}{P_q}\right)^{\sigma_{E_j}} \cdot Q_{E_j} \tag{7.19}$$

$$Q_d = \delta_{E_j}^{\rho_{E_j}\sigma_{E_j}} \cdot \left(\frac{\alpha_d \cdot P_{E_j}}{P_d}\right)^{\sigma_{E_j}} \cdot Q_{E_j} \tag{7.20}$$

②能源价值量：

$$P_{E_j} \cdot Q_{E_j} = \sum_i P_i \cdot Q_i \quad (i = m,\ y,\ q,\ d) \tag{7.21}$$

式（7.15）—式（7.21）中，δ_{E_j} 表示能源规模系数；α_m 、α_y 、α_q 、α_d 分别表示煤炭、石油、天然气、火电的投入份额参数；ρ_{E_j} 表示四种能源生产的替代弹性系数；Q_m 表示煤炭总量，P_m 表示煤炭市场价格；Q_y 表示石油总量，P_y 表示石油市场价格；Q_q 表示天然气总量，P_q 表示天然气市场价格；Q_d 表示火电总量，P_d 表示火电市场价格。

（二）收入模块

收入模块分为三部分：公共部门的政府收入、私人部门的居民收入和企业收入。政府收入包含：①境内的税收收入——流转税、企业所得税、个人所得税、进口关税、碳税等。②境外的财政转移支付收入。居民收入包含个人所得收入、政府对居民的财政转移支出、企业对居民的利润分配、国外对居民的财政转移支出等，这些收入减去个人所得税之后可供居民个人支配消费与储蓄。企业收入包含企业投资收益、政府对企业的财政转移支出等（见图 7—2）。

1. 政府收入方面

政府收入：

$$Y_G = r_P \cdot Y_P + r_C \cdot Y_C + r_E \cdot Y_E + \sum T_{I_j} + \sum T_{L_j} + \sum T_{co_2\, j} + Y_{G-ZH} \tag{7.22}$$

政府储蓄：
$$S_G = G_Y - G_C \tag{7.23}$$

式（7.22）中，Y_G 代表政府收入，r_P 表示个人所得税税率，Y_P 表示居民个人收入所得；r_C 表示企业所得税税率，Y_C 表示企业收入；r_E 表示国外汇率，Y_E 表示国外财政转移支付；T_{I_j} 表示进口关税收入；T_{L_j} 表示流转税收入；$T_{co_2\, j}$ 表示能源燃料释放出 CO_2 征收的碳税收入；Y_{G-ZH} 表示政府债务收

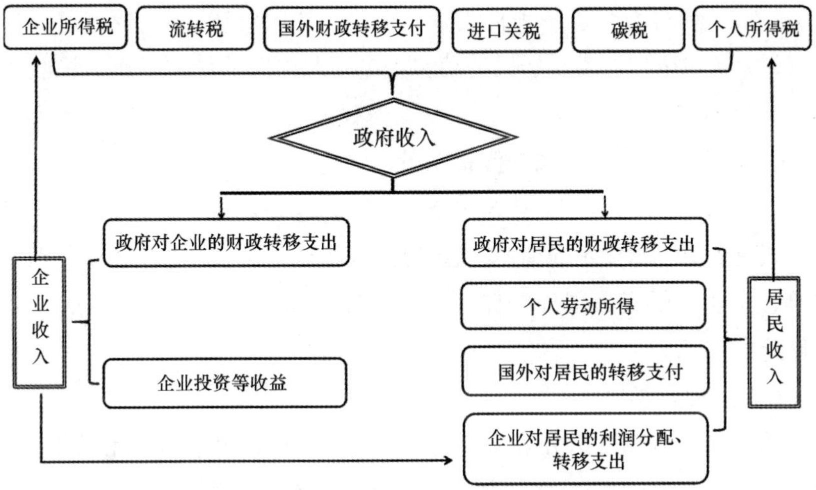

图 7—2 收入模块结构图

入。式（7.23）中的 S_G 表示政府储蓄，G_C 表示政府消费性支出。

2. 企业收入方面

企业收入：
$$Y_C = f \cdot \sum P_{K_j} \cdot Q_{K_j} \tag{7.24}$$

企业储蓄：
$$S_C = (1 - r_C) \cdot Y_C - TE_C - \sum T_{CO_{2j}} \tag{7.25}$$

企业投资：
$$I_C = \sum P_{I_i} \cdot Q_{I_i} \tag{7.26}$$

式（7.24）中 Y_C 表示企业收入，f 表示企业资本投资收益率，P_{K_j} 表示企业资本品投资的价格，Q_{K_j} 表示企业资本品投资的规模；式（7.25）中 TE_C 表示企业对居民个人的转移支出规模；式（7.26）中 P_{I_i}、Q_{I_i} 分别表示企业对商品的投资价格和投资需求量。

3. 居民收入方面

居民收入：
$$Y_P = \sum R_{L_j} \cdot Q_{L_j} + \pi \cdot \sum P_{C_j} \cdot Q_{C_j} + TE_G + TE_C + TE_I \cdot r_E \tag{7.27}$$

居民储蓄：
$$S_P = Y_P - C_P \tag{7.28}$$

式（7.27）中，R_{L_j} 表示居民劳动报酬等所得，π 表示企业的利润率，TE_G 、TE_C 、TE_I 分别表示来自政府、企业、外国对居民的转移支付规模。式（7.28）中的 C_P 表示居民的消费支出，即居民的储蓄等于居民收入与消费支出的差。

4. 政府、企业、居民的储蓄总量

$$S_T = S_G + S_C + S_P + S_I \cdot r_E \tag{7.29}$$

式（7.29）中，S_T 表示全社会的储蓄总额，S_G 、S_C 、S_P 、S_I 分别表示政府、企业、居民、国外的储蓄，即总储蓄来自政府、企业、居民及国外储蓄的加总。

（三）消费模块

消费模块将总支出分解为政府、企业、居民的消费支出和投资支出。政府支出分解为政府消费支出、政府对私人部门的财政转移支出及政府储蓄。企业支出分解为企业的生产支出、企业所得税支出、企业发生的转移支出。居民支出分解为居民消费支出、个人所得税支出，总储蓄决定总投资（见图7—3）。

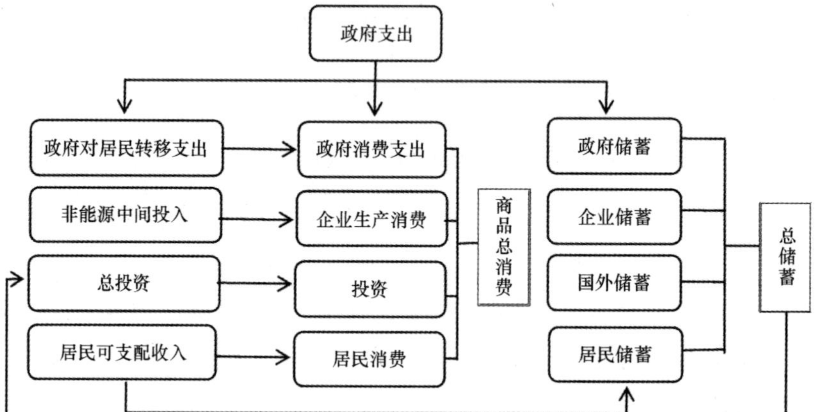

图7—3 消费模块结构图

1. 政府支出

$$E_G = \sum P_{Q-n_b} \cdot Q_{G_b} + E_{G-P} + E_{G-E} \tag{7.30}$$

式（7.30）中的 P_{Q-n} 表示国内商品的价格，Q_G 表示政府对商品的需求量，E_{G-P} 表示政府对居民的财政转移支出，E_{G-E} 表示政府对国外的财政转移支付。

2. 企业消费支出

$$E_C = \sum Q_{ZH_b} \cdot P_{Q-I_b} \tag{7.31}$$

式（7.31）中 E_C 表示企业的消费总支出，P_{Q-I_b} 表示企业对国内商品的投资价格，Q_{ZH_b} 表示企业对商品投资的数量。

3. 居民总支出

$$E_P = \sum P_{Q-I_b} \cdot Q_b + c \cdot Y_P \tag{7.32}$$

居民消费支出：

$$E_{P-C} = \sum P_{Q-I_b} \cdot Q_b \tag{7.33}$$

总投资 = 总储蓄：

$$I = S \tag{7.34}$$

式（7.32）、式（7.33）、式（7.34）中，E_P 表示居民总支出，E_{P-C} 表示居民的消费支出，I、S 分别表示总投资和总储蓄。Q_b 表示居民对商品的需求量，c 、Y_P 分别表示居民的边际消费倾向、居民的可支配收入。

（四）国际贸易模块

国际贸易模块包含两部分：一是产品的总供给量——国内和国外市场的产品供给量，即国内生产厂商加工生产，将产出的商品销售到国内与国外；二是商品的总需求量——对国内和国外进口商品需求量（见图7—4）。

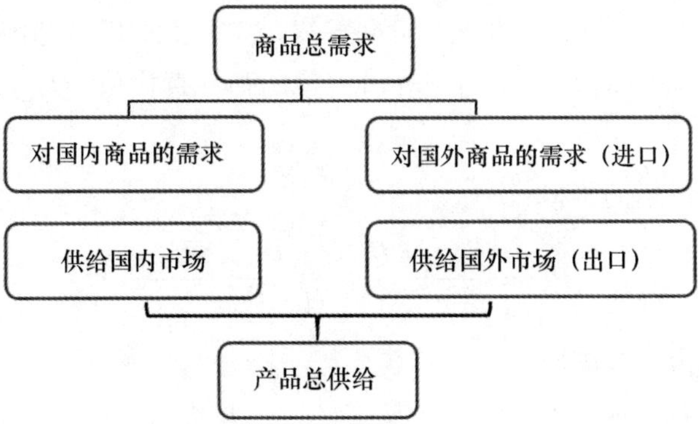

图7—4　国际贸易模块结构图

由于商品总需求等于国内商品需求与进口商品需求的总和，在此，基于 Armington 假设，采用 CES 函数法将商品总需求合成如下。

1. 商品总需求量

$$Q_{D_j} = \delta_{D_j} \cdot [\beta_{D-I_j} \cdot Q_{D-I}{}_j^{\rho_{Q_p}} + (1 - \beta_{D-I_j}) \cdot Q_{D-N}{}_j^{\rho_{Q_p}}]^{\frac{1}{\rho_{Q_p}}} \tag{7.35}$$

式（7.35）中 Q_{D_j} 表示产品的总需求量，δ_{D_j} 表示产品总需求的规模系数，β_{D-I_j} 表示进口商品的份额参数，Q_{D-I_j} 表示进口商品的需求量，Q_{D-N_j} 表示国内商品的需求量，ρ_{Q_p} 表示进口商品与国内商品的弹性替代值，$\sigma_{Q_p} = 1/(1 - \rho_{Q_p})$。

商品总需求价格：

$$P_{D_j} = \frac{P_{D-N_j} \cdot Q_{D-N_j} + P_{D-I_j} \cdot Q_{D-I_j}}{Q_{D_j}} \tag{7.36}$$

进口商品与国内商品需求量之比：

$$\frac{Q_{D-I_j}}{Q_{D-N_j}} = \left(\frac{\beta_{D-I_j}}{(1 - \beta_{D-I_j})} \cdot \frac{P_{D-N_j}}{P_{D-I_j}}\right)^{\sigma_{Q_p}} \tag{7.37}$$

进口商品的价格：

$$P_{D-N_j} = P_N \cdot (1 + r_I) \cdot r_E \tag{7.38}$$

2. 产品总供给量

由于产品总供给等于供给国内和国外市场产品的加总，因此，通过构建 CET 函数①，产品总供给可以表示如下。

$$Q_{S\ j} = \delta_{S_j} \cdot [\beta_{CET} \cdot Q_{S-E_j}{}^{\rho_{CET}} + (1 - \beta_{CET}) \cdot Q_{S-N_j}{}^{\rho_{CET}}]^{\frac{1}{\rho_{CET}}} \tag{7.39}$$

式（7.39）中 $Q_{S\ j}$ 表示产品的总供给量，δ_{S_j} 表示产品总供给的规模系数，β_{CET} 表示出口到国外市场的份额参数，Q_{S-E_j} 表示出口到国外市场上的商品量，ρ_{CET} 表示国内供给与国外供给量的弹性替代值，Q_{S-N_j} 表示国内产品供给数量。

产品总供给的价格：

$$P_{S_j} = \frac{P_{S-N_j} \cdot Q_{S-N_j} + P_{S-E_j} \cdot Q_{S-E_j}}{Q_{S_j}} \tag{7.40}$$

国外供给量与国内供给量之比：

---

① CET 函数表达的是在生产的“完成”环节，总产量 Y 与产品 Y_1 和 Y_2 的关系。通过 *CET* 函数来决定生产多少 Y_1，生产多少 Y_2。

$$\frac{Q_{S-E_j}}{Q_{S-N_j}} = \left(\frac{\beta_{CET}}{(1-\beta_{CET})} \cdot \frac{P_{S-N_j}}{P_{S-E_j}}\right)^{\sigma_{CET}} \tag{7.41}$$

式（7.40）中，P_{S-N_j} 表示供给国内市场的产品价格，P_{S-E_j} 表示出口到国外市场产品的价格，式（7.41）中的 $\sigma_{CET} = 1/(1-\rho_{CET})$。

（五）市场均衡模块

市场均衡模块结构（见图7—5），将整个市场均衡条件分为四部分：一是要素市场均衡。劳动力、资本、能源等要素的需求量与供给量保持均衡。二是投资储蓄均衡。增加国外净储蓄、虚拟变量，采取路易斯闭合①，价格基准按照消费者价格指数计算，总投资与总储蓄均衡。三是国内商品市场均衡。国内生产的产品对国内市场的供给量与国内的需求量均衡。四是国际市场外汇收支均衡。

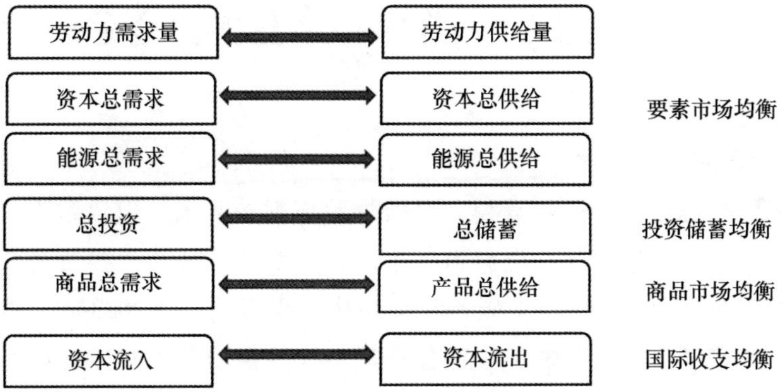

图7—5　市场均衡模块结构图

1. 要素市场均衡

$$\sum_j Q_{L_j} = Q_{L-S} \tag{7.42}$$

$$\sum_j Q_{C_j} = Q_{C-S} \tag{7.43}$$

$$\sum_j Q_{E_i} = \sum_j D_{E_i} \ (i=m, \ y, \ q, \ d) \tag{7.44}$$

式（7.42）—式（7.44）中，Q_{L_j}、Q_{L-S} 分别表示劳动力的需求量、

---

① 因为路易斯闭合适合发展中国家，他认为剔除消费价格指数（CPI）后的实际工资可以反映居民固定的生存水平。

供给量；Q_{C_j}、Q_{C-S} 表示资本的需求量、供给量；Q_{E_i}、D_{E_i} 表示能源的产出量、需求量，i 代表四种能源，m 代表煤炭，y 代表石油，q 代表天然气，d 代表火电。

2. 投资储蓄均衡

$$I = (1 - c)(1 - r_P) \cdot Y_P + S_C + S_G + S_I \cdot r_E \tag{7.45}$$

3. 商品市场均衡

$$Q_{S_j} = \sum Q_{zh} + Q_b + Q_{G_b} + Q_I \tag{7.46}$$

4. 国际收支平衡

$$\sum P_N \cdot Q_{D-N_j} = \sum P_E \cdot Q_{S-E_j} + S_I \tag{7.47}$$

$$GDP = \sum P_{D_j} \cdot (Q_b + Q_{G_b} + Q_I) + \sum P_{S_j} \cdot Q_{S-E_j} - \sum P_{D-N_j} \cdot Q_{D-I_j} \tag{7.48}$$

$$P_{GDP} = \frac{\sum P_{D_j} \cdot (Q_b + Q_{G_b} + Q_I) + \sum P_{S_j} \cdot Q_{S-E_j} - \sum P_{D_j} \cdot Q_{D-I_j} + \sum r_I \cdot P_{D-N} \cdot Q_{D_j} \cdot r_E}{GDP} \tag{7.49}$$

（六）碳排放模块

若对能源碳排放征收碳税，会增加政府财政收入，引致政府财政支出、政府储蓄发生变化，也会引致生产厂商的生产成本、投资规模及产品价格发生变化。因此，在碳排放模块中，参考梁伟（2013）[229] 的计税办法，纳税环节为能源燃料中间使用环节，计税依据为交通运输 CO_2 的排放量，税率为定额税率，依据碳排放量采取从量定额课征碳税，以碳税税额占燃料中间消耗的比重测算比例税率，进而反映总产出的价格水平，计算的式子如下。

1. 碳排放总量

$$Q_{CO_2} = \sum_{ij} Q_i \cdot \vartheta_i \quad (i = m, y, q, d) \tag{7.50}$$

2. 碳税税额

$$\sum T_{CO_{2j}} = r_{CO_2} \cdot Q_{CO_2} \tag{7.51}$$

3. 从价税率

$$r_{P-CO_2} = \frac{\sum T_{CO_{2j}}}{\sum_{ij} Q_i \cdot P_i} \tag{7.52}$$

式（7.50）—式（7.52）中，Q_{CO_2} 表示 CO_2 排放总量，ϑ_i 表示 CO_2 的排放系数，$T_{CO_{2j}}$ 表示征收的碳税，r_{CO_2} 表示定额税率，r_{P-CO_2} 表示碳税的从价比例税率。

（七）社会福利模块

基于约翰·希克斯（1939）税收或价格改变影响社会福利的相关理论，① 在测算社会福利变化时，将微观行为主体之居民消费变化（效用）作为衡量社会福利的指标，参照税收政策改变前商品的价格，测算税收政策改变后行为主体对商品消费的变化，对比分析等价性的商品消费变化情况，即税收政策改变前后对居民消费的影响，也即政策变化对社会福利的影响，[230] 构建的社会福利函数为：

$$W_P = \sum P_0 \cdot Q_{D-1} - \sum P_0 \cdot Q_{D-0} \tag{7.53}$$

式（7.53）中，W_P 表示社会福利，P_0 表示政策改变前的商品价格，Q_{D-0}、Q_{D-1} 分别表示税收政策改变前、改变后居民的商品消费量。

二　核算矩阵与数据来源

为了进一步分析社会财富中生产部门、非生产部门、不同地区的行为主体等的整体经济活动关系，需要基于投入产出表中相关数据，依据中国社会核算矩阵（SAM）原理，② 纳入各种账户的闭合关系，增补投入产出表中缺乏的第Ⅳ象限，按照交通碳税的 CGE 模型部门分类建立多个核算账户，将其划分为宏观、微观社会核算矩阵两部分进行分析。

（一）宏观核算矩阵与数据来源

构建的宏观社会核算矩阵中，按照部门分类建立包含 14 项内容的 6

---

① 约翰·希克斯在《价值与资本》（1939）中认为，若改变经济政策可以使一些人受益，另一些人经济利益受损，但可以通过改变或调整税收或价格政策，使受益者有收益，使受损者有福利剩余，那么，社会福利就有所增进，这种政策的改变就是适当的。

② 中国社会核算矩阵（Social Accounting Matrix，SAM），是以矩阵的形式反映的国民核算体系。它在投入产出表的基础上增加了非生产性部门（机构账户），如居民、政府、世界其他地区，以二维表的形式全面反映了整个经济活动的收入流和支出流，不仅能反映生产部门之间的联系，还能反映非生产部门之间以及非生产部门和生产部门之间的联系。

表 7—2　丝绸之路经济带西北五省区社会核算矩阵表

单位：亿元

指标	活动	商品	劳动力	资本	居民	企业	政府	国外	资本账户	存货变动	汇总
活动		79793. 24									79793. 24
商品	47931. 37				10375. 87		5783. 08	13134. 23	22239. 26	572. 25	100036. 06
劳动力	11292. 43										11292. 43
资本	12039. 81										12039. 81
居民			11292. 43	279. 59		3196. 39	3584. 99	0			18353. 40
企业				34996. 97							34996. 97
政府	8529. 64	16944. 7			1316. 32	9150. 44		2054. 18	320. 00		38315. 28
国外		3298. 11		-23236. 75			1425. 98				-18512. 66
资本账户					6661. 21	22650. 15	27521. 23	-33701. 07			23131. 52
存货变动									572. 25		572. 25
汇总	79793. 25	100036. 05	11292. 43	12039. 81	18353. 40	34996. 98	38315. 28	-18512. 66	23131. 51	572. 25	300018. 30

个核算账户①。基于丝绸之路经济带西北五省区投入产出表（2012）、财政年鉴、统计年鉴等相关数据，编制的 RAS 法②调整后的宏观社会核算矩阵（见表 7—2）。

表 7—3　　丝绸之路经济带西北五省区各账户数据来源表　　单位：亿元

行	列	数据来源及出处	账户	原始数据
活动	商品	《中国投入产出表（2012）》	产出合计	79793.24
商品	活动	《中国投入产出表（2012）》	中间投入合计	47931.37
	居民	《中国投入产出表（2012）》	居民消费合计	10375.87
	政府	《中国财政年鉴（2013）》	2012 年国家财政预算、决算收支总表	5783.08
	国外	《中国投入产出表（2012）》	出口	13134.23
	资本 存货变动	《中国投入产出表（2012）》	固定资本形成总额 平衡项	22239.26 572.25
劳动力	活动	《中国投入产出表（2012）》	劳动者报酬	11292.43
资本	活动	《中国投入产出表（2012）》	固定资产折旧 + 营业盈余	12039.81
居民	劳动力	《中国投入产出表（2012）》	劳动者报酬	11292.43
	资本	《中国统计年鉴（2013）》	资金流量表住户部门财产收入	279.59

① 6 个账户是指：①活动账户：对国内生产厂商在生产活动中的总投入与总产出进行归总。总投入包括中间投入和期初投入（要素投入、上缴的生产税和得到的生产补贴）（列）；总产出是指商品账户中国内总产出（行）。②商品账户：用来核算国内市场上商品总供给和总需求量。从支出的角度来看，商品账户是国内生产的总产出和来自国外进口的汇总；从收入的角度来看，商品账户是国内商品需求或消费总量（中间投入、最终支出、出口、资本形成）。③要素账户：要素包含劳动力和资本，劳动力账户分为要素的收入（行）与要素收入的分配（列）；资本账户中，包含资本要素的收入（行）与资本要素收入的分配（列）。④机构账户：分为公共部门的包括政府机构，私人部门的企业、居民机构，包含三个机构的收入（行）和支出（列）。⑤资本账户：包含总投资与总储蓄两部分。总储蓄由各项储蓄组成，各项储蓄是各个账户的收支结余（行）；总投资是将固定资本形成与存货净变动（增加值）加总（列）。⑥国外账户：包含进出口两部分内容，即进口国外商品、支付国外要素酬劳的总和（行）；出口商品、取得国外各种净收入的总和（列）。

② 英国经济学家斯通等（1960）提出的 RAS 法，基于已知的某些控制数据，通过修正原有投入产出表中的直接消耗系数矩阵法，平衡矩阵中的行列。

续表

行	列	数据来源及出处	账户	原始数据
	企业		余项	3196.39
	政府	《中国财政年鉴（2013）》	2012年国家财政预算、决算收支总表	3584.99
	国外	《中国统计年鉴（2013）》	2012年国际收支平衡表中经常转移其他部门的净收益	0
企业	资本	《中国财政年鉴（2013）》	要素分配留存收益	34996.98
政府	活动	《中国财政年鉴（2013）》	2012年国家财政决算收支总表生产税	8529.64
	商品	《中国财政年鉴（2013）》	2012年国家财政预算、决算收支总表关税汇总	16944.70
	居民	《中国财政年鉴（2013）》	个人所得税	1316.32
	企业	《中国财政年鉴（2013）》	企业所得税	9150.44
	国外	《中国统计年鉴（2013）》	2012年国际收支平衡表经常转移中的各级政府的转移收入折合人民币	2054.18
	资本	《中国财政年鉴（2013）》	政府债务收入	320.00
国外	商品	《中国投入产出表（2012）》	进口	3298.11
	资本	《中国统计年鉴（2013）》	2012年国际收支平衡表经常项目中的投资收益	-23236.75
	政府	《中国财政年鉴（2013）》	2012年国家财政预算、决算收支总表支付给国外借款的利息	1425.98
资本	居民	《中国统计年鉴（2013）》 《中国财政年鉴（2013）》	居民消费一个人所得税	6661.21
	企业		企业账户平衡项	22650.12
	政府		政府账户平衡项	27521.23
	国外		国外账户平衡项	-33701.07
存货变动	资本		所有账户实现收支平衡的情况下平衡	572.25

（二）微观核算矩阵与数据来源

参照宏观社会核算矩阵，按照本章第一部分 CGE 模型中划分的 14 个部门，对丝绸之路经济带西北五省区的投入产出表（2012）相关数据归并编制微观社会核算矩阵。由于煤炭、石油、天然气的碳排放系数不同，为了后面分析不同能源燃料的碳减排情况，因此，将统计年鉴中的石油、天然气开采业，分解为石油开采业与天然气开采业两个部门：石油开采量与天然气开采量按照 67：33 的占比标准进行分解，石油与天然气消耗按照 78：22 的占比标准进行分解。① 由于不同类型的交通运输碳排放对关联产业及宏观经济等方面的影响存在差异性，因此，有必要对不同的交通运输部门进行分析。

2012 年中国投入产出表②中交通运输部门划分为铁路、公路、水路、航空及管道运输五个部门，[231]③而西北五省地区的 2012 年投入产出表中的交通运输部门为交通运输、仓储和邮政部门，在此对表中的交通运输、仓储和邮政部门进行拆分，然后参照陈建华（2013）[231]等的行业细分法，基于 SICGE 模型④以 RAS 平衡法⑤调整交通运输部门划分。⑥ 即按照交通运输管理部门划分法，结合交通运输部科学研究院（2015）的客货

---

① 参见 2013 年《中国统计年鉴》中的比例划分标准。

② 2012 年的中国投入产出表按《国民经济行业分类》（GB/T4754－2011）划分为 139 个部门，比 1987 年、1992 年、1997 年、2002 年、2007 年的部门分类分别增加了 21、20、15、17、4 个，是目前部门分类最细的投入产出表。

③ 投入产出表中的交通运输部门划分中，1997 年有铁路客运、铁路货运、公路客运、公路货运、水上客运、水上货运、航空客运、航空货运 8 项；2002 年有铁路客运、铁路货运、道路运输、城市公共交通、水上运输、航空客运、航空货运 7 项；2007 年有铁路运输、道路运输、城市公共交通、水上运输、航空运输 5 项；2012 年有铁路运输、道路运输、水上运输、航空运输、管道运输 5 项。

④ 基于 MONASH 模型的 SICGE 模型，遵循一般均衡经济理论，由于铁路、公路、水路、航空、管道运输等 8 个部门提供的服务处于生产、消费环节，因此将其独立出来作为行业分析引入模型中。

⑤ 英国经济学家斯通（1960）提出的 RAS 平衡法，是指在已知计划期（预测期）的某些控制数据的条件下，修正原有投入产出表直接消耗系数矩阵，并据以编制计划期投入产出表的一种方法。这种方法调整社会核算矩阵时，比最小二乘法、交叉嫡法更有效。因为最小二乘法基于权重测算的结果有失精准；交叉嫡法对于负数变量的处理失效。

⑥ 数据来源于 2012 年的地区投入产出表。

表 7—4　**2012 年丝绸之路经济带西北五省区投入产出表**　单位：亿元

	农业	煤炭采选业	石油开采业	天然气采选业	火电业	工业	建筑业	铁路运输业	公路货运业	公路客运业	民航运输业	水上运输业	管道运输业	服务业及其他	最终消费	资本形成	净调出	总产出
农、林、牧、渔业	950.26	2.59	0.10	0.05	0.15	1277.96	24.84	20.10	16.50	0.78	0.21	0.00	8.81	176.40	1410.87	184.40	2198.47	6559.21
煤炭采选业	13.35	463.03	2.33	1.13	841.35	824.47	49.49	3.66	2.14	0.09	0.10	0.01	0.12	34.46	72.50	42.48	1383.00	3943.81
石油采选业	3.43	1.50	92.70	45.65	72.14	1650.52	0.00	0.07	0.07	0.00	0.17	0.00	0.00	6.86	54.32	23.22	1310.34	3344.72
天然气采选业	0.97	0.74	26.15	12.88	22.38	501.26	0.00	0.02	0.02	0.00	0.05	0.00	0.00	2.00	15.44	6.55	331.58	943.65
火电业	107.93	140.13	52.71	25.95	941.97	1260.49	191.64	165.33	137.57	5.47	9.97	1.39	7.64	429.49	392.09	0.34	-941.94	3492.62
工业	1168.22	704.22	504.06	248.15	339.13	13164.35	5992.81	374.71	301.22	14.84	12.84	1.61	62.08	2855.17	3806.26	4804.74	-16948.03	29340.95
建筑业	0.55	7.89	0.20	0.10	7.69	28.49	307.31	10.71	8.46	0.32	1.30	0.06	1.62	141.68	127.84	15404.39	-9434.28	10852.62
铁路运输业	58.83	53.57	26.25	12.93	30.72	472.05	192.96	84.55	61.84	2.62	2.22	0.46	7.75	247.61	293.73	124.36	-210.10	1735.72
公路货运业	46.87	50.11	12.04	5.93	27.58	357.92	163.52	61.40	55.22	2.80	1.05	0.43	6.68	191.39	231.77	87.05	-173.05	1375.03
公路客运业	2.05	2.82	0.46	0.22	2.23	16.40	9.33	2.61	2.80	0.21	0.06	0.01	0.36	9.83	9.40	4.82	-4.57	64.51
民航运输业	1.25	3.27	0.16	0.08	0.65	14.40	3.78	2.22	2.25	0.09	4.32	0.00	0.09	25.29	6.84	65.21	-22.96	108.10
水路运输业	0.25	0.36	0.01	0.01	0.09	2.41	0.96	0.46	0.43	0.01	0.00	0.01	0.00	1.07	1.99	0.19	-2.40	9.72
管道运输业	13.08	5.59	2.68	1.32	1.06	53.67	20.53	7.75	6.68	0.36	0.09	0.00	3.29	31.55	29.54	24.77	-3.60	197.47
服务业及其他	345.44	361.54	135.94	66.94	280.20	2179.17	1085.72	237.59	203.00	8.53	23.35	1.70	25.37	3509.17	9741.12	1515.67	-4320.72	17450.12
劳动投入	3326.41	638.91	236.51	116.44	372.13	2375.82	2075.07	447.09	365.73	17.92	41.55	2.49	42.01	5744.26				
资本投入	552.26	975.78	1527.90	752.51	700.67	2398.59	650.67	254.59	193.95	9.31	5.62	1.31	23.46	2589.99				
总投入	6559.21	3943.81	2873.20	1415.16	3492.62	29340.95	10852.62	1735.72	1375.03	64.51	108.10	9.72	197.47	17450.12				

资料来源：根据陕西、甘肃、宁夏、青海、新疆投入产出表（2012）数据整理。

周转量换算法,① 将交通运输业进一步细分为铁路运输业、公路货运业、公路客运业、② 民航运输业、水上运输业、管道运输业六个部门，对测算2012 年各种交通运输部门的中间投入与增加值（行）、中间使用与最终使用值（列）③，经过多次 RAS 平衡调整，使行数据的总产出与列数据的总投入保持相等，可得包含 14 个部门的投入产出表，组建成微观社会核算矩阵（见表 7—4）。

第三节　碳税模拟参数设定及动态化机理

为了测算宏观、微观社会核算矩阵中变量之间的关系，需要设定与估算交通碳税动态 CGE 模型中的外生参数——替代弹性、份额参数、规模系数、碳排放系数、劳动力增长率、资本增长率、能源利用效率等参数值。

一　参数设定

1. 替代弹性的估算

由于要素调整会引起其他要素的替代效应，政策变化会引起国民经济的波动，为了较为精准地测算政策变化或调整对模型测算结果影响的稳健性，在此，标定模型中的参数时，对于要素替代弹性参数的设定基于黄卫来等（1997）[232] 的设定法，结合肖皓（2009）[233]、郭正权（2011）[234] 的替代弹性估算法，参考陈建华（2013）等 [231] 估算不同交通运输方式的替代弹性法，对划分的 14 个部门进行估算并进行个别调整（见表 7—5、表 7—6）。

---

① 按照不同运输方式的周转量总量占比计算，其中将客运周转量按照公路为 0. 10、水路为 0. 33、铁路为 1. 00、民航为 0. 09 的转换系数转换为货运周转量（亿吨/公里）。

② 根据 2012 年道路运输业中的公路货运周转量和公路客运周转量的占比，推算 2012 年的中间投入、中间使用值。

③ 根据 2012 年交通运输业部门的客运周转量、货运周转量数据，对照 CPI 价格指数估算中间投入与增加值。

表7—5

替代弹性系数估算表

替代弹性值 部门	CES生产函数				Armington函数	CET函数
	中间投入与生产要素增加值的替代弹性系数 ρ_{α}	劳动力与资本—能源的替代弹性系数 ρ_{x_1}	资本与能源的替代弹性系数 ρ_{C-E_1}	各种能源生产的替代弹性系数 ρ_{E_1}	进口商品与国内商品的替代系数 ρ_Q	国内供给与国外供给的替代弹性系数 ρ_{CET}
1. 农业	2.33	0.25	0.67	0.2	0.67	1.25
2. 煤炭	2.33	0.25	0.67	0.2	0.67	1.25
3. 石油	2.33	0.25	0.67	0.2	0.67	1.25
4. 天然气	2.33	0.25	0.67	0.2	0.67	1.25
5. 火电	2.33	0.25	0.67	0.2	0.11	3
6. 工业	2.33	0.25	0.67	0.2	0.67	1.2
7. 建筑业	2.33	0.25	0.67	0.2	0.75	0.5
8. 铁路运输业	2.33	0.25	0.67	0.2	0.5	1.25
9. 公路货运业	2.33	0.25	0.67	0.2	0.5	1.25
10. 公路客运业	2.33	0.25	0.67	0.2	0.5	0.25
11. 民航运输业	2.33	0.25	0.67	0.2	0.5	1.25
12. 水路运输业	2.33	0.25	0.67	0.2	0.5	1.25
13. 管道运输	2.33	0.25	0.67	0.2	0.5	1.25
14. 服务业及其他	2.33	0.25	0.67	0.2	0.5	1.25

表 7—6　**替代弹性值估算表①**

替代弹性值 / 部门	CES 生产函数				Armington 函数	CET 函数
	中间投入与生产要素增加值的替代弹性值 σ_{O_1}	劳动力与资本—能源的替代弹性值 σ_{x_1}	资本与能源的替代弹性值 σ_{C-E_1}	各种能源生产的替代弹性值 σ_{E_1}	进口商品与国内商品替代弹性值 σ_Q	国内供给与国外供给的替代弹性值 σ_{CET}
1. 农业	0.3	0.8	0.6	1.25	3	4
2. 煤炭	0.3	0.8	0.6	1.25	3	4
3. 石油	0.3	0.8	0.6	1.25	3	4
4. 天然气	0.3	0.8	0.6	1.25	3	4
5. 火电	0.3	0.8	0.6	1.25	0.9	0.5
6. 工业	0.3	0.8	0.6	1.25	3	5
7. 建筑业	0.3	0.8	0.6	1.25	4	2
8. 铁路运输业	0.3	0.8	0.6	1.25	2	4
9. 公路货运业	0.3	0.8	0.6	1.25	2	4
10. 公路客运业	0.3	0.8	0.6	1.25	2	4
11. 民航运输业	0.3	0.8	0.6	1.25	2	4
12. 水路运输业	0.3	0.8	0.6	1.25	2	4
13. 管道运输	0.3	0.8	0.6	1.25	2	4
14. 服务业及其他	0.3	0.8	0.6	1.25	2	4

① 修正包含铁路、公路、航空、水运的 CES 生产函数，基于各种运输方式的货物周转量，构建价格指数（对投入产出表中货运价格，以样条插值技术划分 4 个时段进行构建），基于 GTAP 模型的复合产出定义，汇总计算出全方式的加总产出值，利用 Stata12.0 稳健估计全运输方式的常替代弹性为 0.8。

2. 份额参数的估算

基于以上 CES 生产函数、Armington 函数、CET 函数的替代弹性值，依据微观社会核算矩阵中的数据，估算生产模块、国际贸易模块中的份额参数值，其算法为：

由式（7.1）的 $Q_j = \delta_{Q_j} \cdot [\alpha_j \cdot Q_{f\,j}^{\rho_{Q_j}} + (1-\alpha_j) \cdot Q_{zh_j}^{\rho_{Q_j}}]^{\frac{1}{\rho_{Q_j}}}$ 求解可得生产要素增加值投入份额参数为：

$$\alpha_j = \left(\frac{Q_{f\,j}}{Q_j}\right)^{1-\rho_{Q_j}} \cdot \left(\frac{P_{Q_j}}{P_{Q_{fj}}}\right)^{-1} \tag{7.54}$$

由式（7.7）的 $Q_{f_j} = \delta_{X_j} \cdot [\alpha_{L_j} \cdot Q_{L\,j}^{\rho_{X_j}} + (1-\alpha_{L_j}) \cdot Q_{C-E\,j}^{\rho_{X_j}}]^{\frac{1}{\rho_{X_j}}}$ 求解可得劳动力投入份额参数为：

$$\alpha_{Lj} = \left(\frac{Q_{L_j}}{Q_{f_j}}\right)^{1-\rho_{X_j}} \cdot \left(\frac{P_{Q_{f_j}}}{P_{L_j}}\right)^{-1} \tag{7.55}$$

由式（7.11）的 $Q_{C-E\,j} = \delta_{C-E_j} \cdot \left[\begin{array}{l}\alpha_{C_j} \cdot Q_{C\,j}^{\rho_{C-E_j}} + (1-\alpha_{C_j}) \cdot \\ Q_{E\,j}^{\rho_{C-E_j}}\end{array}\right]^{\frac{1}{\rho_{C-E_j}}}$ 求解可得资本投入份额参数为：

$$\alpha_{C_j} = \left(\frac{Q_{C_j}}{Q_{E_j}}\right)^{1-\rho_{C-E_j}} \cdot \left(\frac{P_{E_j}}{P_{C_j}}\right)^{-1} \tag{7.56}$$

由式（7.17）的 $Q_m = \delta_{E_j}^{\rho_{E_j}\sigma_{E_j}} \cdot \left(\frac{\alpha_m \cdot P_{E_j}}{P_m}\right)^{\sigma_{E_j}} \cdot Q_{E_j}$ 求解可得煤炭投入份额参数为：

$$\alpha_m = \left(\frac{Q_m}{Q_{E_j}}\right)^{1-\rho_{E_j}} \cdot \left(\frac{P_{E_j}}{P_m}\right)^{-1} \tag{7.57}$$

由式（7.18）的 $Q_y = \delta_{E_j}^{\rho_{E_j}\sigma_{E_j}} \cdot \left(\frac{\alpha_y \cdot P_{E_j}}{P_y}\right)^{\sigma_{E_j}} \cdot Q_{E_j}$ 求解可得石油的投入份额参数为：

$$\alpha_y = \left(\frac{Q_y}{Q_{E_j}}\right)^{1-\rho_{E_j}} \cdot \left(\frac{P_{E_j}}{P_y}\right)^{-1} \tag{7.58}$$

由式（7.19）的 $Q_q = \delta_{E_j}^{\rho_{E_j}\sigma_{E_j}} \cdot \left(\frac{\alpha_q \cdot P_{E_j}}{P_q}\right)^{\sigma_{E_j}} \cdot Q_{E_j}$ 求解可得天然气的投入份额参数为：

$$\alpha_q = \left(\frac{Q_q}{Q_{E_j}}\right)^{1-\rho_{E_j}} \cdot \left(\frac{P_{E_j}}{P_q}\right)^{-1} \quad (7.59)$$

由式（7.20）的 $Q_d = \delta_{E_j}^{\rho_{E_j}\sigma_{E_j}} \cdot \left(\frac{\alpha_d \cdot P_{E_j}}{P_d}\right)^{\sigma_{E_j}} \cdot Q_{E_j}$ 求解可得火电的投入份额参数为：

$$\alpha_d = \left(\frac{Q_d}{Q_{E_j}}\right)^{1-\rho_{E_j}} \cdot \left(\frac{P_{E_j}}{P_d}\right)^{-1} \quad (7.60)$$

由式（7.35）的 $Q_{D_j} = \delta_{D_j} \cdot [\beta_{D-I_j} \cdot Q_{D-I\,j}^{\ \rho_{Q_P}} + (1-\beta_{D-I_j}) \cdot Q_{D-N\,j}^{\ \rho_{Q_P}}]^{\frac{1}{\rho_{Q_P}}}$ 求解可得进口商品的份额参数为：

$$\beta_{D-I_i} = \left(\frac{Q_{D-I_j}}{Q_{D_j}}\right)^{1-\rho_{Q_P}} \cdot \left(\frac{P_{Q_{D_j}}}{P_{Q_{D-I_j}}}\right)^{-1} \quad (7.61)$$

由式（7.39）的 $Q_{S\,j} = \delta_{S_j} \cdot [\beta_{CET} \cdot Q_{S-E_j}^{\ \rho_{CET}} + (1-\beta_{CET}) \cdot Q_{S-N_j}^{\ \rho_{CET}}]^{\frac{1}{\rho_{CET}}}$ 求解可得出口到国外市场的份额参数为：

$$\beta_{CET} = \left(\frac{Q_{S-E_j}}{Q_{S_j}}\right)^{1-\rho_{CET}} \cdot \left(\frac{P_{Q_{S_j}}}{P_{Q_{S-E_j}}}\right)^{-1} \quad (7.62)$$

两个模块中9个份额参数的估算值见表7—7。

3. 规模系数的估算

将计算得到的各种替代弹性系数、替代弹性值、份额参数值代入上述算式中，计算的规模系数估算如表7—8所示。

4. 碳排放系数的估算

关于能源燃料碳排放系数的估算，目前主要分为两大类：第一类是针对能源消费量的碳排放系数计算法：①以陈诗一（2009）[235]为代表的基于《IPCC国家温室气体减排放清单指南》中能源平均低位发热量、碳排放系数、氧化碳因子、能源消费量综合计算的方法；②以陈国泉（2006）[236]为代表的参考《国家发改委能源研究所》中能源碳排放系数（吨/吨标煤）的方法；③以钱斌华（2011）[237]为代表的参考《亚洲地区的能源利用和地球环境》（日本科学技术厅出版）中各种能源碳排放系数的方法。第二类是以王克（2008）[238]为代表的基于《国际能源署》中相关数据，构建CGE模型估算不同的化石能源碳排放系数值的方法。考虑到本节构建的交通运输碳税CGE模型，数据来源于投入产出表，数据是

表 7—7 份额参数估算值表

份额参数 / 部门	生产模块			对外贸易模块					
	生产要素增加值投入份额参数 α_j	劳动力投入份额参数 α_{L_j}	资本投入份额参数 α_{C_j}	煤炭的投入份额参数 α_m	石油的投入份额参数 α_y	天然气投入份额参数 α_q	火电的投入份额参数 α_d	进口商品份额参数 β_{D-I_i}	出口商品的份额参数 β_{CET}
1. 农业	0. 3609	0. 8759	0. 3496	0. 0119	0. 0000	0. 0000	0. 9881	0. 1495	0. 9312
2. 煤炭	0. 3905	0. 1769	0. 2836	0. 2648	0. 0000	0. 0000	0. 7352	0. 0751	0. 4288
3. 石油	0. 4082	0. 0585	0. 0699	0. 0167	0. 3150	0. 1145	0. 5539	0. 2284	0. 6317
4. 天然气	0. 4082	0. 0585	0. 0699	0. 0167	0. 3150	0. 1145	0. 5539	0. 2284	0. 6316
5. 火电	0. 6604	0. 4191	0. 2217	0. 8405	0. 0028	0. 0021	0. 1546	0. 2507	0. 3343
6. 工业	0. 9321	0. 3398	0. 2393	0. 2887	0. 3125	0. 3038	0. 0951	0. 3548	0. 5646
7. 建筑业	0. 7719	0. 7337	0. 7985	0. 2877	0. 0000	0. 0000	0. 7123	0. 6582	0. 0324
8. 铁路运输业	0. 6453	0. 4721	0. 0945	0. 0104	0. 0000	0. 0000	0. 9896	0. 2146	0. 7008
9. 公路货运业	0. 3337	0. 8301	0. 2475	0. 1463	0. 0000	0. 0000	0. 8537	0. 3042	0. 7844
10. 公路客运业	0. 3337	0. 8301	0. 2475	0. 1463	0. 0000	0. 0000	0. 8537	0. 4242	0. 9338
11. 民航运输业	0. 7488	0. 7099	0. 1909	0. 4964	0. 0000	0. 0000	0. 5036	0. 4020	0. 2664
12. 水路运输业	0. 2546	0. 3455	0. 3147	0. 5653	0. 0000	0. 0000	0. 4347	0. 2421	0. 3550
13. 管道运输业	0. 2158	0. 2728	0. 4385	0. 0964	0. 0000	0. 0000	0. 9036	0. 2351	0. 2492
14 服务业及其他	0. 6164	0. 6239	0. 5130	0. 1045	0. 0000	0. 0000	0. 8955	0. 2481	0. 5883

表 7—8　　规模系数估算表

部门 \ 规模系数	部门总产量的规模系数 δ_{O_1}	生产要素增加值的规模系数 δ_{x_1}	资本—能源的规模系数 δ_{C-E_1}	能源规模系数 δ_{E_1}	商品总需求的规模系数 δ_{D_1}	商品总产出的规模系数 δ_{S_1}
1. 农业	1. 7072	1. 0857	2. 7205	1. 8007	1. 1067	1. 1143
2. 煤炭	1. 4555	1. 0343	1. 5300	1. 1258	1. 0524	1. 0217
3. 石油	1. 3596	1. 0821	3. 4360	1. 2441	1. 1595	1. 1773
4. 天然气	1. 3596	1. 0821	3. 4360	1. 2441	1. 1595	1. 3773
5. 火电	1. 0048	1. 0509	1. 4654	1. 4257	1. 6730	2. 2565
6. 工业	1. 5027	1. 2041	1. 6794	1. 3256	1. 2417	1. 2949
7. 建筑业	1. 0235	1. 1516	1. 2466	1. 1542	1. 5874	1. 0159
8. 铁路运输业	1. 0791	1. 3044	1. 9986	1. 3191	1. 1572	1. 3725
9. 公路货运业	1. 1449	1. 1315	1. 8267	1. 2590	1. 2448	1. 2017
10. 公路客运业	1. 1449	1. 1315	1. 8267	1. 2590	1. 3982	4. 9232
11. 民航运输业	1. 9250	1. 1618	1. 7016	1. 2185	1. 2554	1. 4483
12. 水路运输业	1. 6599	1. 1920	1. 8694	1. 1785	1. 1827	1. 0788
13. 管道运输业	1. 5843	1. 1948	1. 6703	1. 5289	1. 1738	1. 2797
14. 服务业及其他	1. 0465	1. 1967	1. 6264	1. 2401	1. 1277	1. 1097

价值量而非能源的消耗量，而且存在部门间的合并情况，因此，对于煤炭、石油、天然气等能源的碳排放系数估算借鉴王克的做法，但由于当前西部地区产能落后、能源利用率较低，因此，在王克估算的碳排放系数值（煤炭为 41. 3141，石油为 3. 3580，天然气为 4. 3710）的基础上，对各种能源的碳排放系数进行调整（见表 7—9）。

表 7—9　　各种能源碳排放系数表

部门	碳排放系数 ϑ_i（吨/万元）	最终需求量（万元）	碳排放量①Q_{CO_2}（百万吨）
煤炭采选业	41. 3141	39438132. 9240	1629. 350967
石油开采业	3. 3580	33447152. 9340	112. 315540
天然气开采业	4. 3710	9436504. 5645	41. 246961
火电	5. 902014285②	34926189. 8092	206. 134871

5. 劳动力就业率的估算

国家为了建设丝绸之路经济带，推动新一轮西部大开发，在提升劳动力职业素养、强化人力资本、减少人才流失等方面出台了许多政策，促进西部地区劳动力就业率提升。关于我国劳动力增长率的研究，王德文（2007）、贾一苇（2009）认为，我国劳动力人数（15—64 岁）增长率在 2015 年或 2016 年到达峰值，之后逐渐下降。娄峰（2014）[188]基于两者的结论预测了我国 2008—2020 年的劳动力增长率。本节根据西北五省统计年鉴的劳动力就业人数、就业增加人数等数据，计算得到 2012—2017 年西北地区劳动力就业率③，算出年均就业增长率（α^l），进而估算 2013—2030 年西北地区的劳动力就业增长率（见表 7—10），借鉴郭正权（2011）[234]基于投入产出表中劳动者报酬数据的估算法，测算 2018—2030

① 碳排放量等于碳排放系数×能源最终需求量。

② 主要是煤炭，是煤炭的七分之一。

③ 2012—2017 年西北地区的劳动力就业率分别为：1. 1420%、1. 5784%、2. 2692%、1. 0351%、2. 1809%、1. 4338%。

年西北地区劳动力就业数量（L_{t+1}）等于第 t 期劳动力就业数量（L_t）与增加值的合计，其算式为：$L_{t+1} = L_t \cdot (1 + \alpha^l)$。

表 7—10　　　丝绸之路经济带西北五省劳动力就业增长率表

年份	劳动力就业增长率
2013	1.58%
2014	2.27%
2015	1.04%
2016	2.18%
2017	1.43%
2018	1.38%
2019	1.3167%
2020	1.2582%
2021	1.1996%
2022	1.1411%
2023	1.0800%
2024	1.0241%
2025	0.9655%
2026	0.9070%
2027	0.8485%
2028	0.7899%
2029	0.7314%
2030	0.6729%

6. 能源利用效率的估算

吴玉鸣（2009）[239]的面板数据检验结果认为，1997—2007 年我国七大区域的能源利用效率存在显著的区域差异，西北地区能源利用效率显著低于全国平均水平，宁夏、新疆显著的能耗强度引致西北地区能源利用效率位居七大区域最低水平，但此项指标值的区域差距逐渐缩小，各区域能源利用率逐渐提升。依据地区统计年鉴、《中国能源统计年鉴》中的相关数据及能耗算法，计算得到2012—2016年西北地区单位GDP能耗增长率分别为 -2.9676%、-2.3766%、-2.5452%、2.4407%、-4.5748%，年均下降速度为1.7974%。按照"能源利用效率=当年GDP/能源消费量"的式子，计算得到2012—2017年西北地区能源利用效率年均增长率为1.8303%，考虑到未来在技术进步、节能减排政策优化等因素的推动下，我国能源利用效率可能还会有所提升，因此，将分别设定能源使用效率增长率不变，能源使用效率年增长率上升2%、2.5%、3%的情况下进行结果模拟。

二 CGE模型动态化机理

目前关于资本存量的测算方法主要有两种：一是资本存量=上期资本存量-折旧+本期投资；二是行业资本存量=行业资本折旧量÷行业资本折旧率。由于CGE模型中资本投入量=资本存量×（资本折旧率+资本收益率），计算结果等于投入产出表中固定资产折旧加上营业盈余的和。在此，本节采用第二种测算方法，即依据投入产出表中固定资产与营业盈余数据，将其合并加总计算2012年的资本投入量。2018—2030年的资本增长率的估算，借鉴Goldsmith（1951）提出的资本存量核算法，参考张军（2002）[240]及娄峰（2014）的CGE动态化运行机理，即考虑技术进步的全要素生产率（TFP）的动态变化、资本积累与新增资本在部门间流动等的动态变化，用式7.63—式7.69表示如下：

$$\lambda_{t+n}^{TFP} = \lambda_t^{TFP} \cdot (1 + \gamma^{TFP})^n \tag{7.63}$$

$$i_{K_{t他}} = \sum \left[\left(\frac{K_{i,t}}{\sum_i K_{i,t}} \right) \cdot r_t \cdot k_{i,t} \right] \tag{7.64}$$

$$\eta_{i,t} = \left(\frac{K_{i,t}}{\sum_i i,t} \right) \cdot \left(1 + \alpha_i \cdot \left(\frac{r_t \cdot k_{i,t}}{i_t} - 1 \right) \right) \tag{7.65}$$

$$\Delta K_{i,t} = \frac{\eta_{i,t} \cdot \sum_i PQ_i \cdot I_i}{P_{K_t}} \tag{7.66}$$

$$P_{K_t} = \frac{\sum_i PQ_i \cdot I_i}{\sum_i I_i} \tag{7.67}$$

$$K_{i,t+1} = K_{i,t} \cdot \left(1 + \frac{\Delta K_{i,t}}{K_{i,t}} - \beta_i\right) \tag{7.68}$$

$$K_{t+1} = K_t - \sum_i K_{i,t} \cdot \beta_i + \sum_i \Delta K_{i,t} \tag{7.69}$$

式（7.63）表示全要素生产率动态增长方程。其中，TFP 表示全要素生产率，λ^{TFP} 表示全要素生产率的增长率。

式（7.64）表示资本平均收益率方程。其中，$i_{K_t他}$ 表示第 t 期资本平均收益率。

式（7.65）表示资本在部门间分配方程。其中，$\eta_{i,t}$ 表示部门 i 在第 t 期新增资本的系数，α_i 表示资本的部门流动系数。

式（7.66）表示部门新增资本方程。$\Delta K_{i,t}$ 表示部门 i 在第 t 期的新增资本。

式（7.67）表示资本价格方程。P_{K_t}表示第 t 期的单位资本价格。

式（7.68）表示资本存量方程。$K_{i,t+1}$ 表示部门 i 在第 $t+1$ 期的资本存量，β_i 表示第 t 期的资本折旧率。

式（7.69）表示总资本存量方程。K_{t+1}表示第 $t+1$ 期的资本总量。

第四节　碳税设计与模拟结果

根据构建的交通碳税 CGE 模型得到 301 个方程，将方程进行矩阵变换，通过通用代数建模系统（GAMS）软件①可求得最终均衡解。为了分析课征碳税对经济增长、能源消耗、碳减排、收入分配等因素的影响，需要进一步模拟交通碳税的税率。

基于人口、资源与环境可持续发展、科技进步、政治意愿的背景，1990 年个别发达国家开征了碳税，目前已有 15 个国家课征碳税并取得了一定的成效。这些国家的碳税税率大多采取定额税率，计税

① 通用代数建模系统（GAMS）适用处理大型、复杂的列表和表格数据，在优化线性、非线性、混合整数模型方面有较高的精确性。

依据为能源的碳排放量，征税环节有生产环节、消费环节、进口环节，各国在碳税制度设计时，均制定相关税收优惠、税收返还等规定（见表7—11）。

由于目前碳税的征税环节主要集中在生产环节、消费环节，所以，本节拟从这两个征税环节进行碳税模拟分析。

一 从量定额课征碳税的模拟分析

若碳税的征收环节为煤炭、石油、天然气、火电的中间投入消费环节，计税依据为这几种化石能源转化的碳排放量，税率参考中国环保部20元/吨的初始碳税税率，结合“十三五”规划中部门中不设置差别税率的要求，借鉴国外碳税税率逐渐提升的实践，将定额税率设置为20—100元/吨，将其代入模型中进行模拟分析。

（一）从量课征碳税对交通运输业的影响

1. 从量课征碳税对交通运输业碳减排的影响

表7—12显示，交通运输业各个部门的碳排放随着碳税税率的提升不断减少，当碳税税率为20元/吨碳时，交通运输业碳减排平均水平为1.85%，其中，铁路、公路货运、公路客运、民航、水路及管道运输部门的碳排放量分别减少2.13%、1.87%、1.93%、1.65%、1.60%、1.90%。当碳税税率为40元/吨碳、50元/吨碳时，交通运输业碳减排速度分别为3.7%、4.62%。从运输结构来看，除了民航和水路运输部门，其余四个运输部门的碳减排速度分别在4%—5%，这个水平下的碳减排速度与国家2030年碳减排目标的年均碳减排速度为4%—5%的水平基本一致。当碳税税率为100元/吨碳时，交通运输业碳减排比率增至9.24%，其中铁路运输部门的碳排放减少10.65%，水路运输部门的碳排放减少8%。即课征碳税能有效降低交通运输部门的碳排放，税率越高，碳减排效果越明显，税率对铁路运输部门的碳减排影响最为显著，次之依次是管道运输、公路客运、公路货运部门，对民航运输、水路运输的碳减排效应较低。

表7—11　　世界各国碳税税目税率表

国家	征税时间	课税对象	税率	征税环节	税收使用	取得的成效
英国①	2001年	煤炭	7欧元/吨碳	消费环节	减少其他税收	年收入11.9亿美元 年均碳减排6.33%
		天然气	13欧元/吨碳			
		电力	14欧元/吨碳			
日本②	2007年	煤炭	1370日元/吨碳	生产环节 消费环节 进口环节	税收减免	年收入3600亿日元
		石油	2800日元/吨碳			年均碳减排0.4%
		天然气	1860日元/吨碳			发展低碳技术
美国③	2006年	煤炭	0.155美元/吨碳（CARB）	生产环节 进口环节	税收豁免	年均碳减排6.25% 增加就业50万个 可再生能源占比年均增长率11.603%
		石油				
		天然气				
		电力				
德国④	1999年	煤炭 天然气	25欧元/吨碳		减少个人所得税 减少社会保障税	年均碳减排2%—3% 能源消费规模减少 能源结构优化 新增就业岗位

① 中国碳排放交易网，http：//www. tanpaifang. com/tanshui/2014/0907/37700. html。

② 日本环境省官方网站，http：//www. env. go. jp/en。

③ CARB，AB 32 cost of implementation fee regulation（HSC 38597）. Sacramento［CAEB/OL］. available at www. arb. ca. gov/cc/adminfee/adminfee. htm，2011－04－15.

④ 《气候大会渐远碳税话题又起》，HTTP：//finance. Sina. com. cn/roll/20101230/01119183072. shtml。

续表

国家	征税时间	课税对象	税率	征税环节	税收使用	取得的成效
挪威	1991 年	煤炭	21 美元/吨碳	消费环节	税收减免 减少社会保障税	年收入 9 亿美元 年均碳减排 1.5%—2% 造纸行业油耗降低 21%
		石油	41 欧元/吨碳			
		天然气	0			
		工业电力	4.5 欧元/吨碳·每兆瓦时			
芬兰	1990 年	能源	20 欧元/吨碳	生产环节 进口环节	税收返还 减少个人所得税与社会保险税	年收入 7.5 亿美元 就业人数增加
瑞典①	1991 年	能源燃料	106 欧元/吨碳	消费环节	税收减免 减少个人所得税	年收入 36.7 亿美元
						年均碳减排 4.18%
						清洁能源替代增加
荷兰②	1990	石油 煤炭 天然气 电力	25 美元/吨碳	生产环节 进口环节	税收返还 减少其他税收 支持气候变化	年收入 48.2 亿美元 年均碳减排 2.986%

① International energy agency，http：//www. iea. org.

② 《实施碳税效果和相关因素分析》，载《中国可持续能源》，中国 2050 年低碳发展之路课题报告之一。

续表

国家	征税时间	课税对象	税率	征税环节	税收使用	取得的成效
丹麦①	1992 年	煤炭	32.485 欧元/吨	消费环节	对工业企业税收返还 补贴环境 降低个人所得税	年收入 9.1 亿美元 碳排放减少 能源消费减少 10% 清洁能源替代增加
		石油	0.0403 欧元/千克			
		天然气	12.10 欧元/吨			
		电力	0.0134/千瓦时			
加拿大（大不列颠哥伦比亚省）②	2008 年	煤炭 石油 天然气 电力	30 美元/吨碳	生产环节	税收返还 减少其他税收	年收入 2.9 亿美元 年均碳减排 2.5%
澳大利亚③	2012 年	煤炭 石油 天然气 电力	23 澳元/吨碳 （2012—2013） 24.15 澳元/吨碳 （2013—2014） 24.50 澳元/吨碳 （2014—2015）	生产环节 消费环节	税收返还 投资清洁能源 居民补贴	年均碳减排 5.56%

① 参见周勇刚《丹麦能源反战战略：节能与环保并举》，《中华工商时报》2007 年 4 月 16 日。
② 陈健鹏：《加拿大 B. C 省碳税政策反思》，《中国电力报》2012 年 7 月 3 日。
③ 《澳大利亚碳税体系并非“碳税”》，http：//www. yicai. com/news/2012/07/1866640. html。

表7—12 交通运输业碳减排增速表 单位：元/吨碳

行业＼税率	20	30	40	50	60	70	80	90	100
铁路运输业	0.0213	0.0320	0.0426	0.0533	0.0639	0.0746	0.0852	0.0959	0.1065
公路货运业	0.0187	0.0281	0.0375	0.0469	0.0562	0.0656	0.0750	0.0844	0.0937
公路客运业	0.0193	0.0290	0.0387	0.0483	0.0580	0.0677	0.0773	0.0870	0.0967
民航运输业	0.0165	0.0248	0.0331	0.0414	0.0496	0.0579	0.0662	0.0745	0.0827
水路运输业	0.0160	0.0240	0.0320	0.0400	0.0480	0.0560	0.0640	0.0720	0.0800
管道运输业	0.0190	0.0285	0.0380	0.0475	0.0569	0.0664	0.0759	0.0854	0.0949
平均值	0.0185	0.0277	0.0370	0.0462	0.0555	0.0647	0.0739	0.0832	0.0924

2. 从量课征碳税对交通运输业能源消费的影响

从交通运输业的能源消费来看（见表7—13），课征碳税后，各个运输部门的能耗均有所降低，当碳税从20元/吨碳增至100元/吨碳时，交通运输业能源消费量从1.28%提高至6.42%，铁路、公路客运、管道、公路货运、水路、民航运输部门减少的能源消费分别从1.33%、1.30%、1.29%、1.29%、1.24%、1.24%提高至6.67%、6.49%、6.46%、6.44%、6.22%、6.21%。征收碳税对铁路运输部门能源消费的影响最为显著，次之依次是管道运输部门、公路客运部门、公路货运部门，而对民航、水路运输部门的影响并不明显。即从量定额课征碳税对铁路、管道、公路尤其是公路客运部门能耗有较为显著的抑制效应。

表7—13 交通运输业能耗增速表 单位：元/吨碳

行业＼税率	20	30	40	50	60	70	80	90	100
铁路运输业	-0.0133	-0.0200	-0.0267	-0.0333	-0.0400	-0.0467	-0.0533	-0.0600	-0.0667
公路货运业	-0.0129	-0.0193	-0.0258	-0.0322	-0.0387	-0.0451	-0.0515	-0.0580	-0.0644
公路客运业	-0.0130	-0.0195	-0.0260	-0.0325	-0.0390	-0.0455	-0.0519	-0.0584	-0.0649
民航运输业	-0.0124	-0.0186	-0.0249	-0.0311	-0.0373	-0.0435	-0.0497	-0.0559	-0.0621
水路运输业	-0.0124	-0.0187	-0.0249	-0.0311	-0.0373	-0.0435	-0.0497	-0.0560	-0.0622
管道运输业	-0.0129	-0.0194	-0.0259	-0.0323	-0.0388	-0.0452	-0.0517	-0.0582	-0.0646
平均值	-0.0128	-0.0193	-0.0257	-0.0321	-0.0385	-0.0449	-0.0513	-0.0578	-0.0642

3. 从量课征碳税对交通运输业产出的影响

从交通运输部门产出变化来看（见表7—14），由于对煤炭、石油等能源的消费征税，引致能源消费价格上升，需求量减少，使交通运输部门的产出值变小。当碳税税率从20元/吨碳逐渐提高到100元/吨碳时，交通运输业产值减少的比重从0.85%提高至13.27%，其中铁路、公路货运、公路客运、管道、水路、民航的产值减少分别从1.13%、1.03%、1.01%、0.85%、0.58%、0.52%提高至19.65%、18.65%、17.56%、10.25%、6.90%、6.59%。不同税率对铁路运输部门产值的影响最为显著，对公路货运、公路客运产值的影响较大，对管道运输部门产值的影响较小，对民航、水路运输部门的产出影响最不明显。即课征碳税给铁路、公路运输带来的产出效应较为显著，随着税率的提高，铁路、公路货运、公路客运部门的产值减少较为明显。

表7—14　　交通运输业产出增速表　　单位：元/吨碳

行业＼税率	20	30	40	50	60	70	80	90	100
铁路运输业	-0.0113	-0.0129	-0.0246	-0.0432	-0.0639	-0.0945	-0.1052	-0.1458	-0.1965
公路货运业	-0.0103	-0.0118	-0.0226	-0.0333	-0.0539	-0.0846	-0.1002	-0.1359	-0.1865
公路客运业	-0.0101	-0.0115	-0.0222	-0.0328	-0.0534	-0.0839	-0.0945	-0.1350	-0.1756
民航运输业	-0.0052	-0.0098	-0.0124	-0.0130	-0.0196	-0.0241	-0.0247	-0.0353	-0.0659
水路运输业	-0.0058	-0.0107	-0.0136	-0.0145	-0.0204	-0.0267	-0.0272	-0.0381	-0.0690
管道运输业	-0.0085	-0.0088	-0.0110	-0.0113	-0.0115	-0.0218	-0.0320	-0.0523	-0.1025
交通运输业	-0.0085	-0.0109	-0.0177	-0.0247	-0.0371	-0.0559	-0.0640	-0.0904	-0.1327

（二）从量课征碳税对宏观经济变量的影响

从经济变量的变化情况来看，征收碳税引致工业企业投资减少，影响总产出及GDP（见表7—15），当碳税税率提升时，总产出减少的幅度最为显著，从20元/吨碳的3.4%提高到100元/吨碳的26.01%。总投资的减少幅度次之，从1.16%增至5.92%。GDP从1.58%增至8.98%，变化幅度位于总产出与总投资之间。即征收碳税将增加政府收入，减少企业投资，引致经济增长、总投资及总产出减少，这种负的经济效应随着税率的递增不断增强，其中，对于总产出的抑制效应最为显著。

表7—15　　总产出、投资、GDP的增速表　　单位：元/吨碳

指标＼税率	20	30	40	50	60	70	80	90	100
总产出	-0.0340	-0.0510	-0.0680	-0.0950	-0.1220	-0.1590	-0.1860	-0.2330	-0.2601
总投资	-0.0116	-0.0154	-0.0223	-0.0271	-0.0353	-0.0423	-0.0492	-0.0543	-0.0592
GDP	-0.0158	-0.0196	-0.0295	-0.0329	-0.0389	-0.0456	-0.0593	-0.0664	-0.0898

（三）从量课征碳税对能源消费的影响

表7—16显示，当碳税税率从20元/吨碳增至100元/吨碳时，能源消费总量不断减少，减速从2.75%提高到13.74%，其中，能源消费减速从快到慢依次为煤炭、天然气、火电、石油。煤炭消费减速从8.26%提高到41.31%，天然气消费减速从0.87%提高至4.37%，火电消费减速度从1.18%提高到5.90%，石油从0.67%提高至3.36%。西北地区煤炭消费占比较大，当提高碳税税率时，煤炭消费变化的速度较快。即课征碳税减少能源消费，在一定程度上减少了对化石能源的消费量，对煤炭的消费效应影响最为显著。

表7—16　　能源消费的增速表　　单位：元/吨碳

能源＼税率	20	30	40	50	60	70	80	90	100
煤炭	-0.0826	-0.1239	-0.1653	-0.2066	-0.2479	-0.2892	-0.3305	-0.3718	-0.4131
石油	-0.0067	-0.0101	-0.0134	-0.0168	-0.0201	-0.0235	-0.0269	-0.0302	-0.0336
天然气	-0.0087	-0.0131	-0.0175	-0.0219	-0.0262	-0.0306	-0.0350	-0.0393	-0.0437
火电	-0.0118	-0.0177	-0.0236	-0.0295	-0.0354	-0.0413	-0.0472	-0.0531	-0.0590
能源总量	-0.0275	-0.0412	-0.0549	-0.0687	-0.0824	-0.0962	-0.1099	-0.1236	-0.1374

（四）从量课征碳税对碳排放量的影响

依据微观社会核算矩阵中的相关数据，计算出不同碳税税率对应的

碳减排量、单位 GDP 碳排放量、相当于从价课征的比例税率，计算结果如表 7—17 所示，当碳税税率不断提高时，碳减排量不断增加，单位 GDP 的碳减排效应也逐渐提升，当碳税税率为 40 元/吨碳、50 元/吨碳时，单位 GDP 碳减排增速分别为 3.99%、4.99%，这与我国 2030 年碳排放达到峰值提出的年均单位 GDP 碳减排为 4%—5% 的指标相对应。不同税率对应的碳税换算为从价的比例税率，随着定额税率的提高，折算的比例税率亦不断提高，20 元/吨碳的定额税率与 3.4065% 的比例税率计算的碳税值相等，定额税率 40 元/吨碳、50 元/吨碳的计算值约为比例税率 6.8130%、8.5163% 时的计算值。当定额税率提高至 100 元/吨碳时，碳减排的速度约为 20 元/吨碳的 5 倍，对应的比例税率也提高到了 25.83%。随着碳税税率的提升，总体的碳减排效应不断增强，当税率为 40—50 元/吨碳时，单位 GDP 的碳减排速度符合国家估算的碳减排速度指标，相当于按 6.8%—8.5% 的比例税率课税减少的碳排放。

表 7—17　　碳减排的增速表　　单位：元/吨碳

税率 增速	20	30	40	50	60	70	80	90	100
碳减排	0.0166	0.0291	0.0421	0.0452	0.0521	0.0612	0.0844	0.0897	0.103
单位 GDP 碳减排	0.0199	0.0299	0.0399	0.0499	0.0598	0.0698	0.0798	0.0897	0.09971
从价税率%	3.4065	5.1098	6.8130	8.5163	12.6195	14.9228	17.6260	20.3293	25.8332

（五）从量课征碳税对收入分配、社会福利的影响

表 7—18 显示，对能源消费环节征收碳税，将引致政府收入、政府储蓄增加，居民收入、居民储蓄减少，企业收入、企业储蓄减少，社会福利减少。随着碳税税率的提升，社会福利损失越来越显著，当税率由 20 元/吨上升到 100 元/吨时，社会福利损失由 383.1209 万元上升到 1669.0856 万元。政府收入的变化快于企业和居民收入的变化，政府储蓄的变化亦快于企业、居民储蓄的变化。由于居民收入的来源有劳动报酬、资本收益、企业与政府的转移支出项目，当劳动力市场充分就业时，居民收入变化很小。政府课征碳税减少总产出，进而影响居民资本收益，使

表 7—18　　收入、储蓄、社会福利的增速表

单位：元/吨碳，万元

项目＼税率	20	30	40	50	60	70	80	90	100
政府收入	0.0156	0.0208	0.0260	0.0311	0.0363	0.0415	0.0467	0.0519	0.0556
政府储蓄	0.0122	0.0183	0.0244	0.0305	0.0366	0.0427	0.0488	0.0549	0.0610
居民收入	-0.0107	-0.0125	-0.0183	-0.0222	-0.0250	-0.0319	-0.0377	-0.0465	-0.0484
居民储蓄	-0.0107	-0.0125	-0.0183	-0.0222	-0.0250	-0.0319	-0.0377	-0.0465	-0.0484
企业收入	-0.0114	-0.0171	-0.0227	-0.0284	-0.0341	-0.0398	-0.0455	-0.0512	-0.0568
企业储蓄	-0.0144	-0.0178	-0.0237	-0.0291	-0.0352	-0.0408	-0.0462	-0.0531	-0.0553
社会福利	-383.1209	-564.2638	-738.9563	-907.5370	-1070.3210	-1227.6024	-1379.6554	-1526.7365	-1669.0856

居民收入减少，政府因课征碳税增加财政收入，增加对居民、企业的财政转移支出，与减少的资本收益相加的结果，使居民、企业收入减少的幅度降低。即在希克斯等价变动下，政府课征碳税，增加企业生产成本，引致产品市场价格上涨，减少居民消费需求，社会福利下降，碳税税率越高，这种抑制作用越强，社会福利水平下降程度越高。

二　从价定率课征碳税的模拟分析

若征税环节为煤炭、石油、天然气、火电的生产或采选环节，计税依据为这几种能源的市场价格，税率为比例税率，将差别比例税率代入模型中进行分析的结果如下。

（一）从价课征碳税对交通运输业的影响

1. 从价课征碳税对交通运输业碳减排的影响

表7—19的结果显示，对能源生产环节征收碳税，引致能源市场价格提升，交通运输部门对化石能源消费需求减少，降低碳排放。随着征税税率的提升，交通运输部门的碳减排也不断增加。其中，铁路运输部门的碳减排程度最高，次之为公路货运、公路客运、管道、水路及民航运输部门。当税率为15%—20%时，交通运输业的碳减排比率为3.73%—6.57%。采取比例税率征税，对铁路运输业的减排效应最为显著，对公路货运、公路客运部门的碳减排影响较为显著，对水路运输业的碳减排影响较小，对民航运输业的碳减排影响最小。

表7—19　　交通运输业碳减排增速表

行业＼税率	3%	5%	6%	8%	10%	15%	20%	25%	30%
铁路运输业	0.0020	0.0053	0.0069	0.0095	0.0106	0.0658	0.1131	0.1463	0.1896
公路货运业	0.0018	0.0046	0.0056	0.0087	0.0102	0.0646	0.1075	0.1343	0.1881
公路客运业	0.0019	0.0048	0.0058	0.0088	0.0106	0.0650	0.1103	0.1417	0.1790
民航运输业	0.0014	0.0021	0.0026	0.0028	0.0032	0.0041	0.0065	0.0086	0.0094
水路运输业	0.0040	0.0020	0.0038	0.0039	0.0046	0.0061	0.0180	0.0287	0.0489
管道运输业	0.0085	0.0027	0.0056	0.0089	0.0134	0.0182	0.0389	0.0857	0.1184
交通运输业	0.0033	0.0036	0.0051	0.0071	0.0088	0.0373	0.0657	0.0909	0.1222

2. 从价课征碳税对交通运输业能源消费的影响

课征碳税对交通运输业的能源消费有一定的抑制作用（见表7—20），随着比例税率的提高，交通运输能耗减少的比重不断上升。当税率为3%时，交通运输业的能源消费减少2.02%，其中，铁路、公路货运、管道、公路客运、民航、水路运输部门的能源消费将分别减少3%、2.87%、2.73%、2.01%、1.01%、0.5%。当税率提高至30%时，公路货运部门的能源消费减少最为明显，减少了34.35%，次之是管道运输部门（32.44%），铁路运输部门能耗减少为29.31%、公路客运部门为28.30%，水路能耗减少12.93%，民航运输部门的能耗变化最小（5.32%）。即课征比例税率的碳税，交通运输部门的能耗有所降低，随着税率的提高，公路货运部门的能耗减少效应最为显著，税率对管道、公路客运部门的能耗抑制作用较强，对水运部门的能耗影响弱增，对民航运输部门的能耗影响并不明显。

表7—20　　交通运输业能耗增速表

税率/行业	3%	5%	6%	8%	10%	15%	20%	25%	30%
铁路运输业	-0.0300	-0.0499	-0.0598	-0.0796	-0.0994	-0.1485	-0.1972	-0.2454	-0.2931
公路货运业	-0.0287	-0.0395	-0.0692	-0.1023	-0.1391	-0.1935	-0.2375	-0.2951	-0.3435
公路客运业	-0.0201	-0.0394	-0.0496	-0.0635	-0.0796	-0.1284	-0.1774	-0.2152	-0.2830
民航运输业	-0.0101	-0.0165	-0.0193	-0.0196	-0.0225	-0.0288	-0.0303	-0.0458	-0.0532
水路运输业	-0.0050	-0.0129	-0.0197	-0.0235	-0.0297	-0.0548	-0.0997	-0.1046	-0.1293
管道运输业	-0.0273	-0.0396	-0.0622	-0.0895	-0.1094	-0.1587	-0.2173	-0.2601	-0.3244
平均值	-0.0202	-0.0330	-0.0466	-0.0630	-0.0800	-0.1188	-0.1599	-0.1944	-0.2378

3. 从价课征碳税对交通运输业产出的影响

课征碳税引致能源市场价格上升，影响各个部门能源的消费需求，也影响交通运输部门产出值的变化，当税率从3%提升至30%时，交通运输业产值从0.63%增加到13.52%，其中，铁路运输部门从0.61%增至13.59%，管道运输部门从1.36%提高到30.62%，民航、水路运输部门产出值分别从0.26%、0.28%提高到3.95%、4.09%。公路货运、公路客运部门产值分别从0.61%、0.67%增至13.92%、14.97%。即对于西北地区而言，从价定率课征碳税，对于管道运输业产值的冲击最大，对于公路客运、公路货运产值的影响较为显著，对于铁路运输部门产值的影响次于公路运输部门，而对于水路运输部门产值的影响并不显著，对于民航运输部门产值的影响最小。

表7—21　　交通运输业产出增速表

行业＼税率	3%	5%	6%	8%	10%	15%	20%	25%	30%
铁路运输业	-0.0061	-0.0076	-0.0093	-0.0118	-0.0137	-0.0391	-0.0782	-0.1035	-0.1359
公路货运业	-0.0061	-0.0075	-0.0092	-0.0113	-0.0130	-0.0314	-0.0778	-0.1041	-0.1392
公路客运业	-0.0067	-0.0094	-0.0098	-0.0121	-0.0145	-0.0433	-0.0801	-0.1152	-0.1497
民航运输业	-0.0026	-0.0061	-0.0068	-0.0095	-0.0129	-0.0228	-0.0238	-0.0356	-0.0395
水路运输业	-0.0028	-0.0064	-0.0072	-0.0098	-0.0132	-0.0233	-0.0249	-0.0368	-0.0409
管道运输业	-0.0136	-0.0227	-0.0332	-0.0543	-0.0654	-0.1001	-0.1682	-0.2305	-0.3062
交通运输业	-0.0063	-0.0100	-0.0126	-0.0181	-0.0221	-0.0433	-0.0755	-0.1043	-0.1352

（二）从价课征碳税对宏观经济变量的影响

宏观经济变量增速表（见表7—22）显示，碳税税率从3%增至30%时，总产出减少的幅度最为显著，从1.46%增加到24.99%。GDP减幅次之，从1.64%增至18.57%，总投资变化幅度最小，从1.11%提高到10.06%。即对能源的生产环节采取比例税率征收碳税，影响能源消费价格，减少企业投资，抑制地区经济增长速度，这种经济效应随着税率的递增而不断增强。

表7—22　　总产出、投资、GDP增速表

项目＼税率	3%	5%	6%	8%	10%	15%	20%	25%	30%
总产出	-0.0146	-0.0278	-0.0395	-0.0528	-0.0764	-0.1159	-0.1663	-0.2077	-0.2499
总投资	-0.0111	-0.0159	-0.0189	-0.0211	-0.0396	-0.0422	-0.0565	-0.0826	-0.1006
GDP	-0.0164	-0.0199	-0.0233	-0.0281	-0.0531	-0.0967	-0.1016	-0.1379	-0.1857

（三）从价课征碳税对能源消费的影响

表 7—23 显示，当碳税税率为 3%—30% 时，能源消费减少量从 1.17% 增至 14.74%。其中，煤炭消费的减速从 0.76% 提高到 9.65%，石油从 1.64% 提高至 20.74%，天然气从 1.92% 增至 21.71%，火电消费的减速从 0.62% 增加至 7.82%。对能源生产环节课征比例税率，对于天然气行业的能耗影响最为显著，对石油的影响次之，对于煤炭的抑制效应也较为显著，对于火电行业的能源消费影响最小。即课征碳税将减少各种能源消费，对于西北地区而言，从价定率课征碳税，在一定程度上能减少石油、天然气等石化能源的消费。

表 7—23　能源消费增速表

税率 行业	3%	5%	6%	8%	10%	15%	20%	25%	30%
煤炭	-0.0076	-0.0130	-0.0157	-0.0214	-0.0272	-0.0427	-0.0594	-0.0773	-0.0965
石油	-0.0164	-0.0279	-0.0338	-0.0459	-0.0585	-0.0917	-0.1276	-0.1662	-0.2074
天然气	-0.0192	-0.0299	-0.0348	-0.0475	-0.0596	-0.0978	-0.1317	-0.1725	-0.2171
火电	-0.0062	-0.0105	-0.0128	-0.0173	-0.0221	-0.0346	-0.0481	-0.0627	-0.0782
能源消费总量	-0.0117	-0.0198	-0.0240	-0.0326	-0.0416	-0.0652	-0.0907	-0.1181	-0.1474

（四）从价课征碳税对碳减排的影响

从表 7—24 可以看出，当税率从 3% 提高至 30% 时，碳减排量从 5967.15 万吨增加至 59671.45 万吨，单位 GDP 碳减排从 0.99% 提高到 13.66%。其中，煤炭对其贡献率最高，占比为 79.25%，随着税率的提升其贡献率逐渐减小。火电行业碳减排的贡献率次之，大概在 16.31% 左右，随着税率的提升，该行业的碳减排效应逐渐减弱。石油与天然气的碳减排贡献率较小，分别从 2.51%、1.94% 提高至 2.79%、2.18%。即课征比例税率的碳税，对煤炭的碳减排影响最为显著，对于火电部门的碳减排影响较为显著，对于石油、天然气的碳减排影响较小。

表 7—24　　能源碳减排增速表　　单位：万吨

税率	3%	5%	6%	8%	10%	15%	20%	25%	30%
碳减排量	5967.15	9945.24	11934.29	15912.39	19890.48	29835.73	39780.97	49726.21	59671.45
煤炭贡献率	0.7925	0.7923	0.7922	0.792	0.7918	0.7913	0.7909	0.7904	0.7900
石油贡献率	0.0251	0.0253	0.0254	0.0256	0.0258	0.0263	0.0268	0.0273	0.0279
天然气贡献率	0.0194	0.0196	0.0197	0.0199	0.0201	0.0206	0.021	0.0214	0.0218
火电贡献率	0.1631	0.1628	0.1627	0.1625	0.1623	0.1618	0.1613	0.1609	0.1603
单位 GDP 碳减排	0.0099	0.0133	0.0140	0.0154	0.0269	0.0410	0.0786	0.1008	0.1366

（五）从价课征碳税对收入分配、社会福利的影响

采取比例税率在能源生产或采选环节课征碳税，将提高要素投入、产出价格，减少部门产出，进而影响部门收入、储蓄、消费、投资及社会福利的变化。从表 7—25 的测算结果来看，课征碳税政府取得碳税收入，增加政府收入，随着税率的提升，政府收入的增速不断增加，当税率为 3% 时，政府收入增加 0.92%，当税率为 30% 时，政府收入增至 9.18%。在增税引致产品价格提升的情况下，政府消费支出亦不断增加，引致政府储蓄也有所提高。

征税使私人部门的企业与居民收入与储蓄减少，收入减少的速度随着税率的提高而递增。企业收入主要是资本收益部分，课征碳税引致资本价格降低，企业收入与储蓄减少，当税率为 3% 时，企业收入减少 0.51%，当税率提高至 30% 时，企业收入减少 5.05%，而居民收入与储蓄的变化小于企业，它们均从 3% 税率下的 0.05% 提高至 30% 税率下的 0.46%，这与政府增加税收收入后，增加对居民的转移支出规模密不可分。

在希克斯等价变动下，社会福利从 3% 税率下的 −302.2098 万元减少至 30% 税率下的 −2394.4315 万元。课征碳税带给政府的收入效应、储蓄效应为正，随着税率的提升，该效应不断增强；带给企业、居民的收入效应、储蓄效应为负，随着税率的提升，此效应逐渐加强；与对企业部门影响效应相比较，居民部门的收入、储蓄减少幅度较小；社会福利减少规模随着税率的提升而不断增大。

表 7—25　　收入、储蓄、社会福利的增速表　　单位：万元

行业＼税率	3%	5%	6%	8%	10%	15%	20%	25%	30%
政府收入	0. 0092	0. 0153	0. 0184	0. 0245	0. 0306	0. 0459	0. 0612	0. 0765	0. 0918
政府储蓄	0. 0108	0. 0180	0. 0216	0. 0288	0. 0360	0. 0539	0. 0719	0. 0899	0. 1079
居民收入	-0. 0005	-0. 0008	-0. 0009	-0. 0012	-0. 0015	-0. 0023	-0. 0030	-0. 0038	-0. 0046
居民储蓄	-0. 0005	-0. 0008	-0. 0009	-0. 0012	-0. 0015	-0. 0023	-0. 0030	-0. 0038	-0. 0046
企业收入	-0. 0051	-0. 0068	-0. 0091	-0. 0128	-0. 0165	-0. 0183	-0. 0270	-0. 0338	-0. 0505
企业储蓄	-0. 0051	-0. 0068	-0. 0091	-0. 0128	-0. 0165	-0. 0183	-0. 0270	-0. 0338	-0. 0505
社会福利	-302. 2098	-494. 0890	-587. 3134	-768. 5830	-943. 2609	-1353. 3743	-1729. 3117	-2075. 1740	-2394. 4315

三 两种课税方法的对比分析

通过对比以上分析结果发现，采取从量定额课税法和从价定率课税法，均能带来部门效应、碳减排效应、能源消费效应、经济增长效应、收入分配效应及社会福利效应相似的变化。

若对能源的消费环节采取从量定额课征碳税：①引致交通运输部门碳减排效效应从大到小依次为铁路、公路客运、管道、公路货运、民航、水路运输部门；其能耗效应的大小次序与碳减排效应的次序基本一致，民航能耗效应最小；部门产出效应为负。②引致经济增长效应为负，GDP的减幅位居总产出与总投资之间。③引致能源消费效应为负，对于煤炭行业的能耗效应最为显著，次之为火电、天然气、石油行业。④引致碳减排效应为正，单位GDP碳减排效应随着税率的提高而平稳增加。⑤引致政府收入、储蓄效应为正，企业和居民收入及储蓄效应为负（居民的此项效应弱于企业），社会福利效应为负。

若对煤炭、石油、天然气、火电部门的生产环节采取从价定率课征碳税：①引致交通运输部门碳减排效应从大到小依次为铁路、公路货运、公路客运、管道、水路、民航运输部门；其能耗效应的大小依次为公路货运、管道、铁路、公路客运、水路、民航运输部门，民航能耗效应最小；其部门产出效应为负。②引致经济增长效应为负，GDP减幅位居总产出与总投资之间。③引致能耗效应为负，对于天然气部门的能耗效应最为显著，次之依次为石油、煤炭、火电部门。④引致碳减排效应为正，煤炭对其贡献率最高，次之依次为石油、天然气、火电；单位GDP碳减排效应为正，随着税率提升不断增大。⑤引致政府收入、储蓄效应为正，企业和居民收入、储蓄效应为负，社会福利效应为负。

尽管这两种方法测算变量关系的结果相似，但仍存在一定程度的差异。

第一，从对经济增长的影响来看，采取从价比例税率课税，随着税率的提高，引致GDP、总投资的减速较快，采取从量定额税率课税，引致其减速较慢。

第二，从对单位GDP碳减排的影响来看，从量定额课税引致的单位GDP碳减排量，若将其换算成此减排量对应的比例税率，那么，同样的单位GDP碳减排量，从量定额课税对应的税率低于从价税率，即采取从量定额课税法引致单位GDP的碳减排效应强于从价定率课税的减排效应。

第三，从对能源消费的影响来看，从量定额课税对煤炭消耗的抑制效应最强，对石油的抑制效应较小，这与西北地区目前能源消费结构基本一致；从价定率课税对于化石能源消费的抑制效应不同，呈现出对天然气能耗影响最强，对火电能耗影响最弱的特征，这与西北地区能源消费结构不符；而且，相同的单位GDP碳减排量所对应的税率，采取从量税率引致的能耗减速快于从价税率的能耗减速。

第四，从对收入分配、社会福利的影响来看，与从价定率课税相比，从量定额课税对政府、居民、企业的收入、储蓄增减及社会福利减少的影响较小。

综上对比分析可以看出，对能源消费环节课征碳税，税率为定额税率，计税依据为消费化石能源的碳排放量，这种“谁消费，谁负担”的课税办法，对经济增长、单位GDP碳减排和能耗、收入分配及社会福利的影响效应，优于对能源生产（采选）环节采取比例税率课税引致的效应。当能源效率不变时，在20—100元/吨碳的税率中，税率为40—60元/吨碳时所对应的单位GDP碳减排比率、交通运输部门的碳减排率、能耗减速等指标与我国2030年碳排放达到峰值时的相关指标相对应。即选择40—60元/吨碳的定额税率课征碳税，可能比较适合西北地区的交通运输低碳发展。

四 递推动态CGE的模拟分析

（一）碳税对碳减排的影响

为了测算征收碳税对2012—2030年西北地区碳减排、宏观经济及社会福利等指标的动态影响，引入劳动力动态调整和资本动态积累，将劳动力就业增长率和GDP增长率外生，考虑技术进步，设置能源利用效率年均增长率不变（1.8303%）、年均增长率上升2%、2.5%、3%的境况，模拟征收碳税时不同碳税税率下的碳减排效应、单位碳税碳排放强度的边际变化（见表7—26）。

表 7—26　　**2030 年末碳税对单位 GDP 碳排放的影响表**

指标 税率（元/吨碳）	能源效率年增长率不变		能源效率年增长率提高					
	1.8303%		2.0%		2.5%		3.0%	
	单位 GDP 碳排放	单位碳税碳减排边际变化率 %	单位 GDP 碳排放	单位碳税碳减排边际变化率 %	单位 GDP 碳排放	单位碳税碳减排边际变化率 %	单位 GDP 碳排放	单位碳税碳排放边际变化率 %
0	-0.3641	—	-0.3837	—	-0.4172	—	-0.4434	—
20	-0.5392	-0.4928	-0.5528	-0.4603	-0.5754	-0.4245	-0.5962	-0.3820
30	-0.5709	-0.1585	-0.5824	-0.1480	-0.6012	-0.1290	-0.6196	-0.1170
40	-0.6061	-0.1760	-0.6161	-0.1685	-0.6325	-0.1565	-0.6427	-0.1155
50	-0.6378	-0.1585	-0.6448	-0.1435	-0.6587	-0.1310	-0.6656	-0.1145
60	-0.6661	-0.1415	-0.6691	-0.1215	-0.6819	-0.1160	-0.6872	-0.1080
70	-0.6902	-0.1205	-0.6911	-0.1100	-0.7038	-0.1095	-0.7077	-0.1025
80	-0.7114	-0.1060	-0.7121	-0.1050	-0.7245	-0.1035	-0.7275	-0.0990
90	-0.7316	-0.1010	-0.7322	-0.1005	-0.7440	-0.0975	-0.7466	-0.0955
100	-0.7516	-0.1000	-0.7521	-0.0995	-0.7634	-0.0970	-0.7654	-0.0940

表7—26 显示，若不征收碳税，当能源利用效率年均增长率分别为 1.8303%、2%、2.5%、3%时，2030 年末西北地区的单位 GDP 碳排放将分别减少 36.41%、38.37%、41.72%、44.32%。若课征碳税，当能源利用效率年均增长率分别为 1.8303%、2%、2.5%、3%时，2030 年末西北地区的单位 GDP 碳排放相对于能源效率增长率为零且不征碳税时，将分别减少 75.16%、75.21%、76.34%、76.54%。

要实现“我国到 2030 年单位 GDP 二氧化碳排放比 2005 年下降 60%—65%”① 的目标，当能源效率增长率为 1.8303%时，需要课征税率约为 40 元/吨碳的碳税；当能源效率增长率为 2%时，需要课征税率约为 35 元/吨碳的碳税；当能源效率增长率为 2.5%时，需要课征税率约为 30 元/吨碳的碳税；当能源效率增长率为 3%时，需要课征税率约为 20 元/吨碳的碳税。

在不同的能源利用效率增长率水平下，课征碳税，均引致单位碳税的碳排放边际变化率发生变化，其变化率随着税率的提升而逐渐变小，能源利用效率增长率越高，其边际变化率越大，能源利用效率增长率越低，其边际变化率越小。

（二）碳税对能源价格的影响

如果能源碳排放因子等影响因素不同，能源利用效率增长率水平不同，碳税税率不同，则引致能源价格上升的比例亦不同。表7—27 的模拟结果显示，碳税税率越高，对能源价格的影响越大。当能源利用效率年均增长率不变，碳税税率为 40 元/吨碳时，2012 年煤炭价格增长 11.37%，石油、天然气、火电价格分别增长 3.28%、5.18%、14.09%。到 2030 年时这四种能源的价格将分别增长 30.08%、7.53%、8.62%、31.46%，较高的碳税税率引致物价上涨压力较大。当能源利用效率逐渐提升到年均增长 2.5%、碳税税率为 30 元/吨碳时，煤炭、石油、天然气、火电的价格 2012 年将分别增长 4.33%、2.58%、4.02%、7.36%，到 2030 年将分别增长 18.42%、7.02 %、7.63%、23.01%，价格上升压力较小。随着节能减排技术的不断进步，能源利用效率逐渐提升，碳税税率低于 40 元/吨碳时，可以实现 2030 年单位 GDP 碳减排目标。

① 参见何建坤《我国 2030 年碳排放达到峰值》，中国新闻网，2015 年 11 月 18 日。

表 7—27　　碳税对能源价格的影响表　　单位：%

年份	能源效率年增长率不变				能源利用效率年增长率提高											
	1.8303%				2%				2.5%				3%			
	40 元/吨碳				35 元/吨碳				30 元/吨碳				20 元/吨碳			
	煤炭	石油	天然气	火电	煤炭	石油	天然气	火电	煤炭	石油	天然气	火电	煤炭	石油	天然气	火电
2012	11.37	3.28	5.18	14.09	6.27	2.90	4.29	9.04	4.33	2.58	4.02	7.36	1.77	2.15	2.63	2.97
2013	12.72	3.42	5.40	14.16	6.82	3.07	4.59	10.14	4.59	2.87	4.26	8.45	1.86	2.38	2.84	3.18
2014	13.14	3.56	5.63	15.24	7.97	3.24	4.86	11.19	5.06	3.15	4.50	8.54	2.18	2.62	3.06	3.29
2015	14.55	3.69	5.85	16.31	8.22	3.41	5.19	12.29	6.80	3.44	4.74	9.62	2.58	2.85	3.27	3.40
2016	15.96	3.82	6.08	17.39	9.97	3.59	5.39	13.36	7.27	3.73	4.98	9.71	3.29	3.08	3.49	3.51
2017	16.39	3.95	6.30	18.46	10.02	3.76	5.59	14.43	8.54	4.02	5.22	10.80	3.90	3.31	3.70	3.62
2018	17.81	4.08	6.53	19.54	11.77	3.93	5.89	15.44	9.01	4.30	5.46	11.89	4.31	3.55	3.92	4.73
2019	18.24	4.20	6.75	20.61	12.12	4.10	6.09	16.47	9.75	4.59	5.70	12.98	4.52	3.78	4.13	5.84
2020	19.66	4.32	6.98	21.69	13.87	4.27	6.39	17.48	10.48	4.88	5.94	13.06	5.13	4.01	4.35	5.95
2021	20.87	4.72	7.21	22.77	14.02	4.63	6.69	18.51	11.31	4.35	6.18	14.16	5.95	4.24	4.55	6.06
2022	21.08	5.12	7.44	23.84	15.97	4.99	6.99	19.58	12.14	4.68	6.42	15.25	6.18	4.48	4.76	6.18

续表

年份	能源效率年增长率不变				能源利用效率年增长率提高											
	1.8303%				2%				2.5%				3%			
	40 元/吨碳				35 元/吨碳				30 元/吨碳				20 元/吨碳			
	煤炭	石油	天然气	火电	煤炭	石油	天然气	火电	煤炭	石油	天然气	火电	煤炭	石油	天然气	火电
2023	22. 29	5. 51	7. 67	24. 92	16. 52	5. 36	7. 29	20. 63	13. 98	4. 68	6. 65	16. 35	6. 60	4. 71	4. 97	7. 29
2024	23. 50	5. 91	7. 90	25. 99	17. 27	5. 72	7. 59	21. 72	14. 24	5. 01	6. 89	17. 44	7. 23	4. 94	5. 17	8. 21
2025	24. 70	6. 31	8. 13	26. 07	18. 02	6. 08	7. 89	22. 79	14. 81	5. 67	7. 13	18. 53	7. 96	5. 17	5. 38	8. 52
2026	25. 18	6. 55	8. 42	27. 14	19. 26	6. 32	7. 92	23. 98	15. 39	5. 94	7. 31	19. 63	8. 48	5. 45	5. 49	9. 63
2027	26. 65	6. 79	8. 52	28. 22	20. 49	6. 55	7. 95	24. 01	15. 55	6. 21	7. 39	20. 73	9. 70	5. 72	5. 60	10. 75
2028	27. 13	7. 04	8. 62	29. 30	21. 73	6. 79	7. 98	25. 11	16. 11	6. 48	7. 47	21. 82	10. 92	6. 00	5. 70	11. 86
2029	28. 60	7. 28	8. 71	30. 38	22. 97	7. 02	8. 01	26. 16	17. 26	6. 75	7. 55	22. 92	11. 14	6. 27	5. 81	12. 98
2030	30. 08	7. 53	8. 62	31. 46	23. 20	7. 26	8. 04	29. 20	18. 42	7. 02	7. 63	23. 01	12. 36	6. 55	6. 92	16. 09

（三）碳税对部门的影响

由于西北地区能源利用效率较低，能源效率增长率较慢，碳税税率不宜过低，若能源使用效率年均增长率不变，碳税税率为 35 元/吨碳时，丝绸之路经济带西北地区到 2020 年、2025 年、2030 年 14 个部门的价格与产出变化如表 7—28 所示（见图 7—6），课征碳税，会增加企业生产成本，引致各个部门的产出价格提升。能源采选业中的火电价格变化最大，次之为石油、煤炭、天然气。工业部门价格上升幅度较大，建筑业的价格上升幅度较小。交通运输部门中，民航运输业的价格变化幅度最小，水路、铁路运输部门的价格缓慢上升，公路货运、公路客运部门的价格上升幅度较大，而管道运输业的价格上升幅度随着时间变化而减小。服务业及其他部门的价格上升幅度逐年减少。

产出变化方面，能源行业之煤炭采选业的产出降幅最大，火电行业的产出降幅较大，而天然气开采部门的产出逐渐增大，能源的替代效应渐而显现。工业产出降幅随着时间的推移逐渐较少，建筑业产出逐渐增加。交通运输业中民航产出变化很小，管道运输产出、水路运输产出降幅较小，铁路、公路货运、公路客运产出变化较大，服务业与其他部门的产出降幅逐年增加。

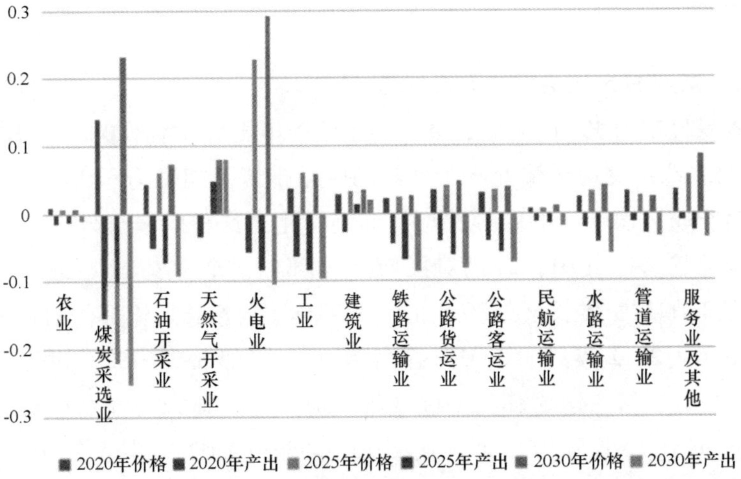

图 7—6 35 元/吨碳的税率对部门产出与价格的影响图

表 7—28 碳税对部门价格与产出的影响表

序号	部门	2020 年		2025 年		2030 年	
		价格	产出	价格	产出	价格	产出
1	农业	0.0084	−0.0156	0.0067	−0.0125	0.0059	−0.0113
2	煤炭采选业	0.1397	−0.1545	0.1802	−0.2086	0.2320	−0.2534
3	石油开采业	0.0427	−0.0503	0.0608	−0.0721	0.0726	−0.0923
4	天然气开采业	0.0639	−0.0332	0.7892	0.0484	0.0804	0.0791
5	火电业	0.1748	−0.0578	0.2279	−0.0831	0.2920	−0.1052
6	工业	0.0367	−0.0638	0.0597	−0.0831	0.0585	−0.0962
7	建筑业	0.0289	−0.0287	0.0328	0.0124	0.0351	0.0204
8	铁路运输业	0.0213	−0.0457	0.0239	−0.0686	0.0264	−0.0851
9	公路货运业	0.0356	−0.0411	0.0414	−0.0617	0.0468	−0.0814
10	公路客运业	0.0301	−0.0402	0.0354	−0.0575	0.0388	−0.0728
11	民航运输业	0.0065	−0.0126	0.0076	−0.0158	0.0107	−0.0187
12	水路运输业	0.0232	−0.0215	0.0325	−0.0434	0.0416	−0.0601
13	管道运输业	0.0320	−0.0124	0.0251	−0.0289	0.0231	−0.0338
14	服务业及其他	0.0354	−0.0102	0.0563	−0.0257	0.0862	−0.0368

（四）碳税对交通运输业的影响

当碳税税率为 35 元/吨碳，能源使用效率年均增长率不变时，2012—2030 年西北地区交通运输业 6 个部门的碳减排情况如表 7—29 所示。课征碳税对交通运输部门的碳排放均有抑制作用，这种碳减排效应呈现出逐渐增加的趋势。其中，碳税对民航运输部门的碳减排影响最小，从 2012 年的 1.0924% 增长至 2030 年的 7.3577%。对水路运输部门的碳减排影响较小，从 2012 年的 3.0001% 提高至 2030 年的 3.9564%。对公路客运、公路货运、管道运输部门的碳减排效应较为明显，对铁路运输部门的碳排放抑制效果最为显著，从 2012 年的 3.9302% 增至 2030 年的 41.2657 %。

表 7—29　　2012—2030 年交通运输部门碳减排变化表　　单位:%

年份	铁路运输业	公路货运业	公路客运业	民航运输业	水路运输业	管道运输业
2012	3. 9302	3. 9724	3. 8855	1. 0924	3. 0001	3. 2258
2013	5. 3992	5. 1507	5. 2757	1. 2301	3. 2816	4. 0095
2014	6. 8605	6. 3109	6. 6670	1. 3641	3. 5570	4. 7932
2015	8. 3272	7. 5022	8. 0572	1. 4993	3. 8503	5. 5768
2016	9. 7933	8. 6755	9. 4305	1. 6347	4. 1319	6. 3617
2017	11. 2545	9. 8517	10. 8117	1. 7687	4. 4171	7. 1442
2018	12. 7201	11. 0230	12. 2129	1. 9041	4. 7002	7. 9281
2019	14. 1838	12. 2012	13. 6042	2. 0394	4. 9841	8. 7119
2020	15. 6164	13. 3895	15. 0394	2. 1773	5. 2789	9. 4996
2021	18. 2127	15. 2973	17. 1506	2. 3625	5. 4779	11. 2039
2022	20. 7551	17. 2381	19. 2868	2. 5407	5. 6862	12. 9112
2023	23. 3064	19. 1589	21. 4310	2. 7189	5. 8923	14. 6185
2024	25. 8077	21. 0697	23. 5592	2. 8891	6. 1055	16. 3268
2025	28. 5591	22. 9825	25. 6964	3. 0694	6. 3147	18. 0332
2026	31. 2204	24. 9212	27. 8366	3. 2636	6. 5259	19. 7396
2027	33. 5897	26. 8320	29. 9718	3. 4618	6. 7361	21. 4469
2028	36. 1930	28. 7628	32. 1970	3. 6300	6. 9443	23. 1543
2029	38. 8044	30. 6836	34. 2422	3. 7882	7. 1565	24. 8616
2030	41. 2657	32. 5844	36. 3674	3. 9564	7. 3577	26. 5687

（五）碳税对收入分配、社会福利的影响

通过设定 5 种方式的碳税课征情景，对比不征碳税的基础情景（见表 7—30），模拟多种碳税收入返还方式下，课征税率为 35 元/吨碳的碳税对宏观经济变量的影响分析结果（见表 7—31），与基础情景相比，假设 I 中课征碳税，引致企业生产成本上升、物价上涨，进而改变居民、企业、政府部门收入、消费及储蓄，影响进出口、实际 GDP、总投资、社会福利、单位 GDP 碳排放等水平发生变化。

表 7—30 碳税收入返还方式设定的模拟表

基础情景	不征碳税。2012—2030 年能源利用效率不变，劳动力供给外生。
假设Ⅰ	基于基础情景，对能源消费环节课征碳税，其他税率不变。
假设Ⅱ	基于基础情景，对能源消费环节课征碳税。减少居民所得税，将碳税收入完全返还给居民，保持财政收入中性；居民所得税或税收返还内生，财政收入外生。
假设Ⅲ	基于基础情景，对能源消费环节课征碳税。减少企业所得税，或碳税收入完全返还给企业，保持财政收入中性；企业所得税税或税收返还内生，财政收入外生。
假设Ⅳ	基于基础情景，对能源消费环节课征碳税。减少企业流转税，保持财政收入中性；流转税税率内生，财政收入外生。
假设Ⅴ	基于基础情景，对能源消费环节课征碳税。碳税收入按 50：50 的比例返还给企业与居民，减少企业流转税，减少居民所得税，保持财政收入中性；税收返还内生，财政收入外生。

假设Ⅱ中，碳税收入完全返还给居民，增加居民收入，引致居民消费需求、社会福利增加。但由于政府获取碳税收入时，减少了个人所得税收入，引致政府给居民的财政转移支出规模减少，且财政转移支出减少的规模大于个人所得税减少的数额，因而与假设Ⅰ的结果相比，居民税前收入降幅较大；课征碳税引致境内物价上涨、进口增加、资本价格下降，使企业收入、企业消费、政府消费、总投资、出口、GDP 减少的降幅均比假设Ⅰ的结果大一些；同时，单位 GDP 的碳减排增加，社会福利提升，碳税的“双重红利”效应逐渐显现。

假设Ⅲ中，基于基础情景，征收碳税时减少企业所得税，将碳税收入完全返还给企业，引致企业收入、储蓄上升、政府给企业的转移支出减少，资本价格降低引致总投资增加、居民收入减少，进而影响居民消费、居民储蓄及社会福利较大幅度的下降。尽管财政收入、储蓄未变，但是与基期相比，物价上升导致政府实际消费水平降幅较为明显。相比假设Ⅰ、假设Ⅱ，社会福利水平降幅较大，单位 GDP 碳减排亦较低。即征收碳税，降低企业所得税或将碳税收入完全返还给企业的这种假定，没能有效地反映碳税的“双重红利”效应。

表 7—31　　2020 年、2030 年末不同假设条件下各变量的变化表

单位：%

指标 \ 年份 \ 情景	假设Ⅰ		假设Ⅱ		假设Ⅲ		假设Ⅳ		假设Ⅴ	
	2020	2030	2020	2030	2020	2030	2020	2030	2020	2030
实际 GDP	-1.8936	-2.2365	-1.9621	-2.1005	-1.2633	-2.0024	-1.0102	-1.6054	-1.1237	-1.6587
总投资	-1.2387	-3.0008	-3.8048	-2.6265	2.1564	3.0664	-2.1559	-2.1542	-2.9838	-3.3125
社会福利	-3.6674	-1.2301	4.0415	2.3014	-3.9552	-2.0047	-1.1041	-0.5324	-0.9286	-0.4197
居民收入	-0.4226	-2.3564	-0.6554	-0.2554	-0.4557	-0.1297	-0.4350	-0.1053	-0.4023	-0.0866
居民消费	-1.0227	-3.2014	1.4461	1.9564	-0.9005	-0.6543	-0.3535	-0.0951	-0.2987	-0.0711
居民储蓄	-0.2115	-0.1621	-0.8557	-0.5214	-0.2365	-0.1004	-0.4531	-0.2257	-0.5103	-0.3142
企业收入	-1.0214	-2.5645	-1.5532	-2.8895	-0.7335	-1.4679	-0.6883	-1.1157	-0.9595	-1.9883
企业储蓄	-1.0214	-2.5645	-1.5532	-2.8895	5.6687	8.3654	-0.6883	-1.1157	-0.9595	-1.9883
政府储蓄	3.9954	0.0000	0.0000	0.0000	0.0000	0.0000	0.0000	0.0000	0.0000	0.0000
政府消费	3.2667	5.3367	-0.5686	-0.9654	-0.9834	-1.5525	-0.1354	-0.5337	-0.1226	-0.4007
进口	1.9882	2.6637	1.2005	2.1136	2.6687	4.0034	0.8864	1.0035	1.0067	2.6258
出口	-3.3125	-4.0027	-3.0122	-3.6821	-4.6823	-5.6334	-0.3577	-1.5546	-2.2324	-3.3005
单位 GDP 碳排放	-21.3541	-38.9252	-22.0324	-39.0025	-21.3541	-38.9252	-21.6651	-39.3814	-21.9873	-40.1127

假设Ⅳ中，课征碳税时减征企业流转税，引致资本收入下降，影响境内产品的生产价格，厂商将税负转嫁给需求方，引致境内商品需求及出口规模降低。与之前的三种假设相比，假设Ⅳ中的企业收入降幅最小，净出口额减幅最小。财政转移支出减少，引致居民收入、居民消费有所降低，但是同时降低间接税，导致境内商品价格下降，居民消费、政府消费、社会福利较之前的假定有些许提升；2012—2030 年社会福利的降幅逐渐缩小，这种假设条件下，征收碳税对社会福利的影响较小。

假设Ⅴ中，基于基础情景，将碳税收入按 50∶50 的比例分别返还给企业与居民，减少企业流转税，减少居民个人所得税的模拟结果显示，征收碳税拉动物价上涨，减征流转税对产品生产成本的上升形成一定程度的冲击，与假设Ⅳ相比，商品价格上升幅度较大引致净出口值下降 2%，引致总投资、实际 GDP、政府消费、企业消费等指标则出现小幅下降。将 50% 的碳税收入返还给居民，补偿居民课征碳税的一部分经济损失，社会福利、居民收入、居民消费、政府消费较假设Ⅳ的结果有所增长，将税收返还给居民和企业促进了单位 GDP 的碳减排效应。

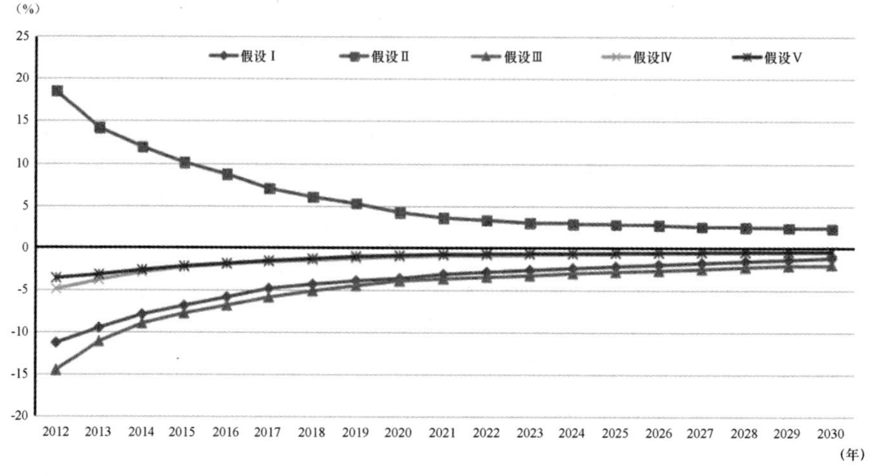

图 7—7　2012—2030 年不同假设下社会福利的变化图

综上对比分析，结合图 7—7 的社会福利变化，假设Ⅴ中对能源消费环节课征碳税，以 35 元/吨碳的定额税率取得碳税收入，将其分别返还给居民与企业的方式，对宏观经济社会变量的影响较小，社会福利损失最小，单位 GDP 碳减排效果更佳。

（六）主要结论

随着能源效率的逐渐提升、节能减排技术的不断进步，到 2020 年、2030 年单位 GDP 碳减排目标是可以实现的。课征碳税引致能源价格、其他部门物价上涨。税率越高，导致物价上涨压力越大，价格上涨对能源消费、部门产出、收入分配、社会福利、总投资、进出口等宏观经济变量带来一定程度的负效应，这种效应随着时间的推移逐渐递减，能源利用效率是影响单位 GDP 碳减排的一个重要因素，能源利用效率越高，单位碳排放强度的边际变化越大。由于目前西北地区能源利用效率较低，能源效率增长率较慢，碳税税率宜为 35 元/吨碳。

对能源消费环节课征碳税，引致部门产出价格上涨。其中，能源价格尤其是火电价格上涨幅度最大。工业部门价格涨幅较大，建筑业部门的价格上升幅度较小，交通运输业中的公路货运、公路客运部门的价格涨幅较大，民航运输部门的价格变化幅度最小，管道运输部门的价格涨幅逐渐递减，服务业及其他部门的价格涨幅逐年递减。随着煤炭等化石能源价格的上涨，部门产出逐渐减少，但是低碳清洁能源产出的替代效应逐渐增强。

课征碳税对交通运输业的碳减排具有促进作用。其中，该效应在铁路运输部门最为显著，在公路客运、货运及管道运输部门较为明显，在水路运输部门较小，在民航运输部门很小。

课征碳税影响收入分配、社会福利，对宏观经济变量带来负效应。为了提高社会福利水平，降低对宏观经济影响的负效应，对碳税收入进行税收返还是有必要的。

如果对能源消费环节课征碳税，同时减少居民所得税，将碳税收入完全返还给居民，保持财政收入中性，那么，将引致单位 GDP 碳减排增加，社会福利提升，碳税的“双重红利”效应逐渐显现。

如果对能源消费环节课征碳税，同时减少企业所得税，将碳税收入完全返还给企业，财政收入保持中性，那么，社会福利水平降幅较大，不能实现碳税的“双重红利”效应。

如果对能源消费环节课征碳税，同时减征企业流转税，财政收入保持中性，那么，对社会福利水平影响的负效应低于减少企业所得税假设情景下的负效应。

如果对能源消费环节课征碳税，将碳税收入按 50∶50 的比例分别返还给企业与居民，减少企业流转税，减少居民个人所得税，财政收入保持中性，那么，社会福利水平、单位 GDP 碳减排效应比减征企业流转税假设条件下的碳减排效应有所提高。因此，为了减少碳税对社会福利影响的负效应，个人所得税改革应与课征碳税同步，给居民有一定程度的税收返还；为了促进单位 GDP 的碳减排，课征碳税的同时适当减少企业的流转税，这样会较好地促进“双重红利”效应的实现。

第五节　本章小结

本章基于开放 CGE 模型框架，构建动态可计算的一般均衡（DCGE）模型，将 6 种交通运输部门、四种能源燃料的碳排放等因素纳入 CGE 递推动态模型中，模拟分析不同的碳税税率、不同的能源利用效率、不同的碳税收入使用方式等情景对交通运输业、能源消费、碳排放、收入分配与社会福利等宏观经济变量的动态影响，得出了以下主要结论。

（1）若采取从量定额课税法，对煤炭、石油、天然气、火电等能源的消费环节课征碳税，那么，交通运输部门的碳减排效应为正，税率越高，碳减排效果越明显，其中，铁路运输部门的碳减排效应最为显著，次之依次是管道、公路客运、公路货运部门，民航及水路运输部门的碳减排效应变化很小；同时，铁路、管道、公路运输部门的能耗及产出的减速较为显著。

（2）若采取从价定率课税法，对煤炭、石油、天然气、火电的生产或采选环节课征碳税，引致政府收入增加，石化能源消费减少，总体碳减排、经济增长、社会福利、总投资尤其是总产出的减速随着税率的提高而逐渐增加，此效应与采取从量定额课征碳税的结果相似，但是，采取“谁消费，谁负担”的从量定额课税法测算的对经济增长、单位 GDP 碳减排、收入分配及社会福利的影响效应，优于对能源生产（采选）环节采取比例税率课税法的结果。

（3）能源利用效率是影响单位 GDP 碳减排的一个重要因素。能源利用效率越高，单位碳排放强度的边际变化越大。若能源利用效率年均增长率为零，税率为40—50元/吨碳时测算的单位GDP碳减排效应、能耗减速等指标，符合国家估算的到2020年、2030年碳减排强度等目标，选择40—50元/吨碳的税率适合西北地区的低碳发展。若按照2012—2017年西北地区能源效率的年均增长率进行模拟，碳税税率为35元/吨碳时，西北地区到2020年、2030年单位GDP碳减排的目标是可以实现的。而且，课征碳税对部门产出、收入分配、社会福利、总投资、进出口等经济变量的负效应随着时间的推移逐渐递减。

（4）对能源消费环节课征碳税，引致各个部门产出的价格上涨。其中，能源价格尤其是火电价格上涨最大。工业部门价格涨幅较大，建筑业部门的价格上升幅度较小，交通运输业中的公路货运、公路客运部门的价格涨幅较大，民航运输部门的价格变化幅度最小，管道运输部门的价格涨幅逐渐递减，服务业及其他部门的价格涨幅逐年递减。随着煤炭等化石能源价格的上涨，部门产出逐渐减少，低碳清洁能源的替代效应逐渐增强。

（5）为了提高社会福利水平，促进单位GDP的碳减排，同时降低对宏观经济的负效应，对碳税收入实施税收返还是有必要的。将碳税收入按一定比例分别返还给企业与居民，减少企业流转税，减少居民个人所得税，财政收入保持中性，会较好地促进“双重红利”效应的实现。

第八章

主要结论与政策建议

第一节　主要结论

本书基于我国交通运输碳排放增速过快、丝绸之路经济带交通运输网络不断发展的现实，在面临国际新框架下的节能减排压力及“十三五”规划中的低碳发展目标要求背景，系统梳理了丝绸之路经济带交通运输发展历程、交通运输低碳发展政策，实证分析了丝绸之路经济带交通运输碳排放趋势及空间转移特征，预测了交通运输能耗及碳排放潜力、碳减排绩效，模拟了交通运输低碳发展的碳税政策，得出了以下主要结论。

（1）丝绸之路经济带交通运输发展迅速，1992 年新亚欧大陆桥开通以来，我国与丝绸之路沿线国家在铁路、公路、管道及航空运输里程及客货运输方面快速增长；交通工具由零碳排放—高碳排放—低碳排放转变，大力发展非化石能源为动力的交通工具是我国当前和未来的发展方向。

（2）我国低碳制度从无到有，从摸索到试点，逐渐建立起比较完善的低碳制度体系。为了鼓励交通运输低碳发展，我国出台了相应的财税政策，在降低化石能耗规模及能源强度，推动交通工具节能，减轻环境污染，控制碳排放等方面取得了一定的成效，但现有财税政策调控低碳发展的效率较低，缺少专门的环境税种，缺乏对煤炭等化石能源主要污染物征税的措施。

（3）1992 年以来，丝绸之路经济带综合交通运输体系取得了较快的发展，交通运输部门及民用车辆碳排放规模、强度不断趋增，省际差异较大，存在空间转移现象，2013 年以来，碳排放增速减慢，铁路运输业减排效应凸显，西北五省、重庆的交通运输低碳发展质量逐渐下降，低于经济带平均水平的态势越来越明显。

（4）经济活动、技术进步、交通运输结构变化共同影响了交通运输能耗。其中，换算周转量（经济活动）是主导因素，单位周转量能耗（技术进步）、公路民航周转量占比（运输结构）是重要因素。

（5）VAR 模型及脉冲响应分析说明，换算周转量对交通运输能耗具有显著的、长期稳定的促进效应，其贡献率高达六成左右。单位周转量能耗对其有显著的、长期稳定的抑制效应，公路民航周转量占比对其促进效应趋缓。

（6）基于“十三五”低碳发展目标，降低交通运输能耗、创新技术、放缓经济增速、优化交通运输结构，丝绸之路经济带交通运输能耗 2020 年将比 2010 年减少 745.7696 万—764.0485 万吨标准煤，2030 年将比 2020 年减少 1882.4715 万—1957.7631 万吨标准煤，未来 14 年丝绸之路经济带交通运输碳减排空间较大。

（7）2013 年以来，丝绸之路经济带交通运输碳排放增速减慢，节能减排效应弱增。其中，换算周转量、运输强度因素的促进效应趋降，能源消费结构、能源强度因素的抑制效应逐渐减弱，铁路运输业减排效应显著，公路、管道运输业碳排放量渐增。

（8）2005—2016 年，丝绸之路经济带交通运输碳减排绩效的区域差异明显，西南地区碳减排绩效值较高，西北地区次之，东北地区及内蒙古较低且小于 1。2013 年以来，其碳减排绩效转为正值，但呈弱增态势。除青海、广西、云南地区以外，其他地区由于技术效率或技术进步水平较低，尤其是技术进步缓慢引致碳减排增速趋缓。

（9）丝绸之路经济带交通运输碳减排已取得了一定成效，但其减排增速减慢。面对“十三五”低碳发展要求和国际碳减排压力，通过提高技术效率与技术进步水平，降低能源强度、碳排放强度，优化运输结构等多措并举共促丝绸之路交通运输低碳发展是必然之举。

（10）选择定额税率，对交通运输部门消费煤炭、石油、天然气、火电等化石能源排放出的 CO_2 课征碳税，对经济增长、降能减排、收入分配及社会福利变化的影响效果，比采取从价比例税率课征碳税模拟的结果更优。

（11）碳税税率越高，引致交通运输碳减排效应越强，但同时交通运输能耗与部门产出的减速也越快（民航、水路除外）。若按照2012—2017年西北地区能源效率的年均增长率测算，当碳税税率为35元/吨 CO_2 时，到2020年、2030年单位GDP碳减排目标是可以实现的，而且对宏观经济变化、社会福利变量等经济变量带来的负效应随着时间的推移而逐渐递减。

（12）若按35元/吨碳的税率征税，引致部门产出的价格上涨，随着煤炭等化石能源价格的上涨，部门产出逐渐减少，低碳清洁能源产出的替代效应逐渐增强，对降低能源强度的促进作用逐渐彰显。

（13）若财政收入保持中性，对碳税收入按照一定比例（50∶50）分别返还给企业与居民，减少企业流转税和居民个人所得税，那么，可以促进单位GDP的碳减排、提高社会福利水平，同时可以降低对宏观经济影响的负效应，较好地促进"双重红利"效应的实现。

第二节　促进丝绸之路经济带交通运输低碳发展的税收政策建议

基于前文分析的结论，立足于国家"十三五"低碳发展目标和国际减排压力，结合国外发达国家交通运输低碳发展的成功经验，促进丝绸之路经济带交通运输低碳发展的碳税制度设计如下。

一　开征交通碳税的制度设计

（一）交通碳税制定的目标

政府将"节能减排，控污减霾"作为国家环境战略的基本点。丝绸之路经济带在向西大发展的格局下，更需要把握好发展机遇，找准新的增长点，碳税政策的跟进是一项重要举措。尤其是交通运输业作为终端能源消耗端，行业碳排放已位居第三，减排需求十分迫切，在丝绸之路经济带国家战略部署下，交通运输业将迅速发展，碳税的制定必须立足于交通运输结构升级转型，建设低碳化的交通运输业，进一步来讲，这将改善我国碳减排工作中的大国形象，更好地开展国际合作，按时间段将碳税目标的设定分为两个阶段。

第一，短期目标。降低交通运输碳排放强度，提高运输强度、优化运输结构，减缓气候变暖势头，促进“十三五”规划中减排目标的实现。

第二，长期目标。形成交通运输节能减排的长效机制，企业绿色生产，居民绿色消费，走技术节能路线，为打造可持续发展的美丽中国、构建“两型”社会添砖加瓦，促进我国到2030年碳排放强度比2005年下降60%—65%的目标任务实现。

（二）交通碳税制定的原则

为了实现交通运输低碳发展的目标，开征碳税应遵循以下四个原则：

1. 效率和公平兼顾的原则

开征碳税的效率原则主要体现为经济效率及社会生态效率。经济效率主要是指课征碳税确保税收额外负担最小化，提高对经济增长以及产业结构调整的贡献；社会生态效率是指课征碳税促进生态效率提高，实现资源环境可持续发展。公平原则主要是指不同收入的居民及不同生产能力的企业在不同碳税税率下的税负差异、社会福利差异。当税率水平较低时，能源消费者倾向于将全部或大部分税负转嫁给产品需求方，此时，产品价格上涨幅度较小，对高收入和低收入家庭的影响都比较小，是相对公平的。但是，较低的税率水平，对产业结构低碳化调整以及新的经济增长点的刺激作用不足，效率原则不能较好地体现；若税率水平不断提高，对能源消费需求和排污决策的影响逐渐增强，对产业结构和经济增长的作用将逐渐增强。但是，税率过高将导致低收入家庭的经济利益损失较多，有失公平。因此，碳税税率的制定要兼顾效率和公平原则，尽量减少因超额税负转嫁引致过多的社会福利损失，同时节能减耗，提高生态环境质量。

2. 发展经济与保护环境兼顾的原则

碳税制定直接作用是促进碳排放的减少，推行国家节能减排规划。理论上随着碳税税率的不断提高，减排效果会逐渐明显，环境保护的目标实现较好；与此同时，节能减排也需要兼顾经济成本。一旦经济受损严重，很多政策推广都将成为纸上谈兵，难以推行。制定交通碳税时，在开始征税时不宜制定过高的税率，需要不断论证减排经济成本，兼顾企业的生产决策和产业竞争力，研讨多项指标设定对纳税人税负的影响，最小化碳减排的经济成本，提高生态环境质量。

3. 立足实际与借鉴经验的原则

我国经济社会发展与交通运输碳排放区域差异较大，开征碳税将对不同地区带来不同的经济增长、碳减排、收入分配及能耗效应，立足于经济增长与环境保护兼顾的目标，本着地区发展实际，适当借鉴国外税收返还等成功经验，实施地区有差别的碳税优惠措施，将会平衡区域收入差距及社会福利损失差距，推动交通运输低碳发展的持续性。因此，构建碳税时要立足地区发展实际，充分考虑地区碳减排责任和经济承受能力，同时参考国外成功的经验。

4. 碳税设计与碳交易制度相补充的原则

理论与国外实践证明，碳税与碳交易通过不同的调控优势均可有效地促进碳减排，两个工具从起初的替代性逐渐向互补性转化，可以并行不悖地共同促进碳减排。若侧重公平效应，则两者相互协调配合，碳减排效果更显著。[194]我国自2017年全面实施碳交易制度以来已取得了一定的成效，若适时开征范围宽泛、侧重公平的碳税，使之与碳交易制度形成互补，那么，将更有效地降低目前碳排放强度及国际减排压力，促进交通运输低碳发展。因此，考虑适时开征碳税，使之与碳交易制度协调搭配共促减排，走出一条中国特色的低碳发展之路。

（三）交通碳税的税制要素

1. 纳税人

参照其他税种中纳税人的规定，结合交通运输业本身的特点，目前该行业可以归入碳税的纳税人应该包括在我国境内因消耗化石能源向自然环境中直接排放二氧化碳的单位和个人，其中单位包括机关、企事业单位、社会团体及其他单位。包括营运部门的铁路运输部门、城市公共交通部门、道路运输部门、水路运输部门、航空运输部门、管道运输部门、运输辅助服务装卸搬运及非营运部门的民用车辆运输等在内的全部单位和个人。

2. 课税对象

碳税的征税对象为消费化石燃料（煤炭、石油、天然气、火电等）后向自然环境中直接排放的二氧化碳。

3. 计征依据

考虑到节约征管成本和操作方便，本书认为计税依据的确定，可借鉴大多数发达国家的估算法，即依照《IPCC 国家温室气体清单指南》(2006）提供的基准，估算所消耗化石能源直接排放出的 CO_2 规模，其估算的算式为：

CO_2 排放量 = 化石能源消费量 × CO_2 排放系数

其中，CO_2 排放系数 = 碳排放因子 × 低位发热量 × 碳氧化率 × 碳转换系数（$\frac{44}{12}$），IPCC 对各个因素的估算值见表 8—1。对估算的 CO_2 排放量，按照定额税率计征，便可算得消费化石能源应缴纳的碳税税额。

表 8—1　　IPCC 对 CO_2 排放系数的估算与对应税率表

税目	税率（元/吨，元/立方千米）②＝①×35	CO_2 排放系数（吨）①
原煤（吨）	67.78	1.9366
精洗煤（吨）	85.48	2.4423
其他洗煤（吨）	27.14	0.7753
焦炭（吨）	105.50	3.0142
原油（吨）	106.25	3.0358
汽油（吨）	103.12	2.9463
柴油（吨）	109.63	3.1324
燃料油（吨）	112.04	3.2012
液化石油气（吨）	110.17	3.1478
炼厂干气（吨）	107.03	3.0581
焦炉煤气（立方千米）	277.65	7.9329
其他煤气（立方千米）	86.77	2.4791
天然气（立方千米）	75.83	2.1667

资料来源：《IPCC 国家温室气体清单指南》(2006)。

4. 税率

由于 CO_2 的排放规模会直接影响环境质量，本着“按量负担”的原则更显公平，基于前文分析的从量定额课征比从价定率课征更显效率，对宏观经济变量的负效应较小的结论，建议税率设定为定额税率，从量计征。本研究通过动态 CGE 模型综合考量碳税对经济增长、节能减排、能源消费、收入分配及社会福利影响效应可知，税率以 35 元/吨 CO_2 为宜，不能过高，否则，会给纳税人带来超额负担，影响生产、消费及产业竞争力，抑制经济发展速度，社会福利水平将下降过快；税率可根据实施情况逐渐调整，使之成为促进碳减排、推动技术进步、提高经济效率的一个长期有效的工具。

若将碳税税率换算成单位能耗对应的税额，那么，每消费 1 吨的原煤、精洗煤、其他洗煤、焦炭、原油、汽油、柴油、燃料油、液化石油气、炼厂干气，将分别课征 67.78、85.48、27.14、105.50、106.25、103.12、109.63、112.04、110.17、107.03 元的碳税；每消费 1 立方千米的焦炉煤气、其他煤气、天然气，将分别课征 277.65、86.77、75.83 元的碳税（见表 8—1）。

5. 征收环节

前文分析结论认为对化石能源的消费环节课征碳税，比对化石能源的生产、采选环节课征碳税能更有效地降低碳排放强度、提高能源利用效率。考虑到“一带一路”背景下不断增长的交通运输需求，建议碳税的开征环节设定为化石能源的消费环节，采取源泉扣税法计征，通过征收碳税影响部门产出价格、刺激能耗强度降低等传导机制，引致低碳清洁能源替代效应逐渐增强，优化能源消费结构，促进碳减排效果提升。

6. 纳税期限

碳税的纳税期限为 1 个月，自期满之日起 15 日内申报纳税。

7. 碳税收入返还与减免

为了减少社会福利损失引致的不公平，降低碳税对宏观经济的负效应影响，把税收返还机制纳入税制构架中是很有必要的，国际上常用税收返还或税收减免政策促进经济稳定与公平发展。依据理论分析与实证检验结果，课征碳税同时适当减少企业流转税，可以有效促进单位 GDP 的碳减排；课征碳税同时减少居民个人所得税，可以有效减少碳税对社会福利的负效应影响，因此，建议将碳税收入按一定比例（50：50）返还给消费化石能源的企业与居民，减少企业增值税等流转税和个人所得税，保持税收收入中性。

若纳税人消费低碳能源并取得了较好的减排效果，那么，课征碳税时可以在税收返还的基础上，附加采取税收减免等优惠措施，激励减排、促进技术效率进一步提升。若考虑支持某些特定的能源密集型产业的发展，减少因征税对国际竞争力的冲击，可以在量化碳减排任务的情况下，给予税收返还与减免优惠。

二　改革现有税制，促进减排技术创新

碳税定位是我国环境税制设计需要考虑的重要环节，碳税的开征需同资源税改革相结合，合力达成节能减排目标。我国当前税制中没有针对碳减排单独设立征税，而在资源税、车船税及消费税中略有提及，节能减排的相关法律规定停留在解释条款这一层次，规范性不太系统。加之，碳税作为新税种，必然会对整个税收体系造成一定的影响，在设计碳税时须考虑与消费税、车船税、车辆购置税、企业所得税、个人所得税等相互协调，平衡纳税人的税负，减轻开征阻力。加大财政对绿色清洁能源的研发投资，进一步给予节能汽车产业优惠政策支持的同时，考虑进一步改革现有税制。

（一）改革资源税，促进节能环保

提高资源税中原油、天然气的税率水平。对煤炭采取既从价又从量的复合课税法，以减少单纯从量课征方法中不考虑开采过程中资源浪费、环境污染、价格变化等因素影响的损失，依据煤炭的回采率与开采的边际成本，设置不同级次的比例税率，提升资源的开采成本，促进资源节约与节能环保。

（二）改革消费税，提升燃油品质

燃料品质影响先进技术的应用，决定动力系统节能减排的效果。目前，我国交通工具中机动车辆对原油能耗的占比为30%，汽油中高含量的硫、烯烃，柴油中高含量的硫、芳烃、低含量的十六烷均不利于动力系统的节能减排，随着汽车保有量及原油对外依存度的不断增加，提升原油品质便成为关键之举。依据燃料碳排放的绿色环境标准，科学界定汽油、柴油的品质等级，设计不同油品的比例税率，即高品质的汽油、柴油对应较低的税率，低品质的汽油、柴油对应较高的税率，通过增大纳税负担引导石油、石化等行业的能源技术改造，促进燃料供给的品质

升级，[241]同时，建立对地方炼油厂、加油站油品的动态监管体系，严格责任追究制度，通过全面提升油品，推广应用节能减排的交通运输动力系统，优化交通工具的性能结构。

（三）改革车辆购置税，推动车企减排技术创新

依据交通工具节能减排标准、车辆尾气处理技术等级，设置不同级次的比例税率，对节能减排效果、车辆尾气处理技术优的车辆设置较低的税率，对节能减排效果、尾气处理技术一般的车辆设置较高的税率，以此加速车企对交通工具动力系统节能减排技术的研发改造，推动清洁能源交通工具生产，降低交通运输碳排放。

（四）协调税制结构，促进双重红利实现

国外课征碳税取得税收收入的同时，采取税收优惠或税收返还的方式进行税制结构调整，平衡减排与发展之间的关系，税收优惠或税收返还表现为减免所得税或社会保障税，财政收入保持中性。我国开征碳税，也可参考这样的税制结构性协调经验，即开征交通碳税，同步改革个人所得税，以增加碳税同时减少个人所得税的结构协调方式，降低碳税对居民收入的负面影响，减少社会福利损失，促进社会公平；同时，同步改革流转税（增值税），课征碳税时按一定比例减少纳税人的流转税额，减缓碳税引致产品价格上升而对宏观经济增长带来的负效应，减少效率损失，以增减互补的结构性税制改革，促进双重红利目标的实现。

三　协调国际税收，打造低碳发展的国际运输通道

丝绸之路经济带沿线地带能源、矿产、旅游等资源富集，在深化改革开放、积极打造综合性交通运输网络的背景下，国际经贸合作与文化交流不断增强，从境外进口的燃料品质、交通工具动力系统的节能减排效率，以及境外交通工具进入或途经境内均会影响我国的碳排放规模与强度。因此，有必要制定国际碳税征收制度，有效控制交通运输碳排放的国际转移现象。目前，境外有少数国家开征了碳税，在计税依据、税率、征税环节、计税方法、税收优惠等方面存在较大的差异，为了避免或减少国际重复课税、合理税收经济负担，拓展区域合作空间，开征碳税时考虑与合作方协商国际碳税制度，明确交通运输碳排放的空间转移责任，调整优惠政策的倾斜范围。与未开征碳税的合作国，尤其与丝绸

之路经济带沿线各国加大国际税收协调力度，统一燃料品质、交通工具动力系统能效的界定标准，协定一套控制境外交通工具进入或途经境内进行高碳排放的国际碳税规定，配给国际交通运输低碳发展的优惠政策，[242]减少交通运输碳排放的空间转移，合力打造丝绸之路经济带交通运输低碳发展格局。

四　促进交通运输低碳发展的措施

由于能源消费结构、能源利用效率（能源强度）、交通运输强度、交通运输结构、换算周转量是影响交通运输碳排放的重要因素，为了高效促进交通运输低碳发展，应同时采取以下措施。

（一）重视低碳交通宣传，完善碳排放法律法规

目前，我国交通工具中汽车能耗增速最快，温室气体排放、空气污染最大，2016—2025 年将以年均 20% 的增长率增长，为了有效控制这种碳排放的增长态势，需要长期重视教育，倡导居民个人、社会低碳出行的理念，充分利用广播、电视、网络、报刊等媒体，扎实宣传包含节约文化、环境道德、公序良俗等内容的绿色环保知识和道德文化制度，使全社会充分了解绿色发展、节能减排，培养消费者绿色出行、保护生态的意识与理念，增加低碳出行的责任感，强化绿色环保责任。提高公共交通服务质量、便捷度、舒适度，引导人们主动选择步行、骑自行车、乘坐清洁环保公共汽车、地铁等绿色交通出行方式，减少乘车能耗。总之，重视多途径的节能低碳公共宣传、教育培训，逐步引导内化人们节约能源、低碳出行的自律道德行为，促进交通运输碳减排。

统一区域综合联运的政策法规，明晰各种运输方式的行政管理范围与法律职责。参照国外发达国家的做法，严格燃油能耗经济性标准，对交通运输碳排放进行细化立法，制定科学的认定程序，增加汽车产品能耗认证、汽车燃油品质鉴定的法制条款。同时，规定驾校对驾驶员进行节能技术和节能习惯的相关培训，降低对空气的碳排放。完善对黄标车、黑标车等高碳排放的交通工具的惩处规定，构建包含交通运输碳排放规模与强度、空气质量标准、低碳技术效率等因素在内的《交通运输碳排放超标法》，细化碳排放超标的相关法律条款，从道德约束与法律强制方面共促交通运输碳减排绩效的提升。

（二）调整能源结构，提高交通运输能效

1. 开发清洁新能源，提高能源利用效率

开发生物燃料、物质电、氢能、风能、太阳能、电能、核裂变、碳捕获与封存等新能源，逐步替代交通工具对汽油、燃油等高碳排放燃料的应用，扩大目前电动车等清洁能源交通工具的应用范围，提高电动水运、陆运的占比。

2. 改造传统机能，研发节能减排技术

改造依赖汽油、柴油等高碳排放的传统能源消费技术系统，提高传统交通工具发动机的内燃技术，减小发动机排量。加快研发新型节能型发动机，研发尾气转化驱动能源的技术装备。加强铁路电气化改造，发展逐渐采用光伏发电技术替代煤电的铁路运输，引入天然气水运，管道运输业尝试以高分子聚合物紊流减阻技术，降低输油受阻的能耗，同时保障路面技术过硬，促进能源利用效率提高及碳减排绩效的提升。

3. 研发节能净化新技术，提高技术效率

目前，交通运输车辆内置的一般性能的空调在冷暖变化、湿度调节运作中释放出的二氧化碳比车辆尾气多，因此，需要研发节能减排的新型制冷剂技术，更新车辆内置的传统制冷剂空调，尤其是电动车空调的研发配备设施。研发汽车尾气净化新技术，改造机内治理技术，配备清洁空气等电子控制装置，研发机外尾气净化为无害气体技术，减少碳排放。

（三）优化交通运输结构，构建丝绸之路能源高铁

目前，丝绸之路经济带公路运输周转量占比较高，引致交通运输能耗与碳排放不断增大，属于高碳低效的一种运输方式，而铁路运输对碳减排具有较为显著的促进作用，属于低碳高效的运输方式。因此，应侧重铁路、地铁、轨道交通、BRT、高铁等基础设施建设，加密铁路交通运输网络，尤其是通往机场、码头、港口的轨道交通基础设施建设，保障区域机场、港口、铁路、公交站点等综合交通运输网络体系的通达化和无缝对接，提高系统联运、系统转运、系统供给的能力。[243]

丝绸之路经济带沿线地区资源丰富、能源富集，但是地理特征、经济发展现状等因素影响了运输效率。在改革开放向西深入推进的背景下，构建丝绸之路能源高铁，可以高效低碳地实现资源的空间流动，有效减

少拥堵效应，降低对石化能源的消耗，更重要的是可以减少公路运输增加的碳排放量，提高道路运输整体效率。因此，建议提高铁路运输等电能运输占比的同时，考虑建设能源高铁，以规模化、集约化、低碳化的新丝绸之路运输方式，加速要素流动、缓堵保畅、促进经济增长与减排效应的双提升。

（四）保障研发资金供给，提高智能化监管水平

交通运输降碳、减排、节能应同步进行。为了有效控制各地区的交通运输碳排放规模，平衡地区间交通运输碳排放空间转移规模与强度的相对差异，各地政府可依据经济社会发展目标，确保清洁能源研发资金的供给，科学设置各种交通运输排放规模上限，测算各种运输方式的碳排放强度，分解交通运输碳减排责任与任务，协同合作共建交通运输碳排放空间转移预警体系，统一交通运输绿色评估标准，组建监管专业团队，更新动态化的监控评估方式，全方位监控高碳排放的交通工具活动范围，配套交通运输碳排放奖惩举措，从重惩处高碳排放运输工具的违纪行为，提升交通运输绿色能效管理水平。同时，增大公交专用车道容量，大力发展多层次的、清洁环保的快速公交。[244]加强城市非机动车专用道的建设与运行管理，引导使用共享单车者自觉遵守交规，出台对违规骑车停靠、随意挤占非机动车专用道行为的监管和惩戒措施，确保安全便捷的低碳出行环境，促进各地区交通运输低碳发展。

第三节　研究展望

在本书的写作过程中，由于部分数据资料收集难度较大，短期内无法获取，因此本研究仅限于国内丝绸之路各省区，故在后续资料允许情况下，将进一步深入探究。

（1）丝绸之路经济带（国际段）交通运输碳排放研究。由于获取的数据与资料有限，本书仅针对丝绸之路经济带国内段交通运输碳排放情况进行了研究，缺少沿路国外样本数据分析，若纳入国外样本，测算的交通运输碳排放的空间转移效应可能会变小，不过，这对促进我国交通运输低碳发展的碳税制度设计的影响不大。

（2）丝绸之路经济带（国际段）交通运输碳减排责任研究。本书研

究了丝绸之路经济带国内段交通运输碳排放的省际转移，没有将其量化分解为各省应担负的减排责任份额，在后续研究中，考虑将丝绸之路经济带沿线交通运输碳排放的国际转移纳入研究范畴，结合国际碳减排压力，综合分析各国应承担的碳减排规模及碳减排强度的任务。

（3）丝绸之路经济带交通运输低碳发展的国际税收政策研究。在交通运输碳税政策模拟中，由于研究时我国 2017 年的投入产出表并未公开发布，因此，数据来源于 2012 年各省投入产出表，分析结果及预测趋势与实际变化存在误差，这是本章分析中存在的不足之处。今后的研究范围将扩展至国际范围，结合最新编制的投入产出表信息，检验交通碳税效应的国际差异，探索相关政策的国际协调机制。

（4）数据处理及检验方法研究。科学的实证分析结果可给现实应用提供参考。本章预测交通运输能耗及碳减排潜力时，不同的模型所选择的外生变量、控制变量不同，若将研究样本拓宽至国际层面，由于国家之间的空间发展差异较大，对类似问题进行实证分析时，模型中的变量设置需根据实际进行调整，有些问题分析可能涉及用复杂的空间计量方法进行估算及验证，有些问题分析需将结果转变为可视化的动态差异图形等，均需要对软件系统的数据处理及检验方法进行进一步研究。

参考文献

[1] J. T. Houghton, B. A. Callander, and S. K. Varney. Climate Change 1992: The Supplementary Report to the IPCC Scientific Assessment. Cambridge: Cambridge University Press, 1992, 23.

[2] IEA. Technology Roadmap: Bio fuels for Transport. International Energy Agency, Paris, 2011.

[3] 国际能源署:《运输，能源和二氧化碳：走向可持续发展》，2009，https://wenku. baidu. com/view/123662d0c1c708a1284a4452. html。

[4] IEA. CO_2 Emissions from Fuel Combustion Highlights. International Energy Agency, Paris, 2010.

[5] 何增荣:《中国低碳交通发展》，经济日报出版社 2018 年版。

[6] IEA. CO_2 Emissions from Fuel Combustion Highlights 2015.

[7] 谢守红、蔡海亚、夏刚祥:《中国交通运输业碳排放的测算及影响因素》，《干旱区资源与环境》2016 年第 5 期。

[8] 卢升荣、蒋惠园、刘瑶:《交通运输业 CO_2 排放区域差异及影响因素》，《交通运输系统工程与信息》2017 年第 2 期。

[9] 崔强、徐鑫、匡海波:《基于 RM－DEMATEL 的交通运输低碳化能力影响因素分析》，《管理评论》2018 年第 1 期。

[10] 保罗·A. 萨缪尔森 (PaulA. Samuelson):《经济学》(第 18 版)，人民邮电出版社 2008 年版。

[11] [英] 马歇尔:《经济学原理》，刘生龙译，中国社会科学出版社 2007 年版。

[12] [英] 阿瑟·塞西尔·庇古 (Arthur Cecil Pigou):《福利经济学》

（上、下册），金镝译，华夏出版社 2017 年版。

[13] Marshall A [M]. Principles of Economics, 1890.

[14] Pigou A. C., The Economics of Welfare [M]. London: Macmillan and Co. 1920.

[15] Samuelson Paul A. The Pure Theory of Public Expenditures [M]. The Review of Economics and Statistics. 1954.

[16] Pearce D. and K. Turner. Economics of natural resources and the environment [M]. Harvester Wheat sheaf. London. 1991.

[17] Grossman G. M., Krueger A. B., Environmental Impacts of a North American Free Trade Agreement [R]. NBER Working 6 Paper, 1991.

[18] Dietz T., Rosa E. A., Effects of Population and Affluence on CO_2 Emissions [J]. Proceedings of the National Academy of Sciences of the United States of America, 1997, 94 (1): 175 - 179.

[19] Aaras J., Chapman D. A., Dynamic Approach Lo the Environmental Kuznetsk Curve Hypothesis [J]. Ecological Economics, 1999, 28 (2): 267 - 277.

[20] Galeotti M., Lanza A., PAULI F., Reassessing the Environmental Kuznets Curve for CO_2 Emissions: A Robustness Exercise [J]. Ecological Economics, 2006, 57 (1): 152 - 163.

[21] Lantz V., Feng Q., Assessing Income, Population, and Technology Impacts on CO_2, Emissions in Canada: Where's the EKC? [J]. Ecological Economics, 2006, 57.

[22] He J., RICHARDP. Environmental Kuznets Curve for CO_2 in Canada [J]. Ecological Economics, 2010, 69 (5): 1083 - 1093.

[23] Kemp. Environmental Policy and Technological Change: Towards Deliberative Governance [J]. Innovation-Oriented Environmental Regulation ZEW Economic Studies1997 (10): 153 - 177.

[24] Hamilton. method [J]. Environmental policy analysis with limited information: principles and applications of the transfer Journal of Economic Perspective. 1998, 3 (2): 15 - 17.

[25] Sterner. T.《环境与自然资源管理的政策工具》，张蔚文、黄祖辉

译，上海人民出版社2005年版。

[26] Mulhall R. A. , Bryson J. R. , Energy price risk and the sustainability of demand side supply chains [J]. Applied Energy, 2014, 123: 327 - 334.

[27] Yao L. , Chang Y. , Shaping China's energy security: the impact of domestic reforms [J]. Energy Policy, 2015, 77 (11): 131 - 139.

[28] Odgaard O. , Delman J. , China's energy security and its challenges towards 2035 [J]. Energy Policy, 2014, 71 (3): 107 - 117.

[29] Vogler J. , Changing conceptions of climate and energy security in Europe [J]. Environmental Politics, 2013, 22 (4): 627 - 645.

[30] Wu K. , China's energy security: oil and gas [J]. Energy Policy, 2014, 73 (6): 4 - 11.

[31] Fan J. , Wang Q. , Sun W. , The failure of China's energy development strategy 2050 and its impact on carbon emissions [J]. Renewable & Sustainable Energy Reviews, 2015, 49: 1160 - 1170.

[32] Alexandros Gasparatos, Mohamed ElHaram, Malcolm Horner. A longitudinal analysis of the UK transport sector, 1970 - 2010 [J]. Energy Policy, 2008, 37 (2) .

[33] Christopher Carr, Flavia Rosembuj. Flexible Mechanisms for Climate Change Compliance: Emission Offset Purchases under the Clean Development Mechanism [D]. New York University Environmental Law Journal. 2013.

[34] Lenzen M. , Primary energy and greenhouse gases embodied in Australian final consumption: an input-output analysis [J]. Energy Pol-icy, 1998, 26 (6): 495 - 506.

[35] Machado G. , Schaeffer R. , Worrell E. , Energy and carbon embodied in the international trade of Brazil: an input-output approach [J]. Ecological Economics, 2001, 39 (3): 409 - 424.

[36] Bonilla D. , Keller H. , Schmiele J. , Climate policy and solutions for green supply chains: Europe's redicament [J]. Supply Chain Management: An International Journal, 2015, 20 (3): 249 - 263.

[37] David McCollum. Meeting an 80% reduction in greenhouse gas emissions from transportation by 2050: A case study in California [J]. Transportation Research Part D. 2008 (3).

[38] Kei Gomi, Kouji Shimada, Yuzuru Matsuok. A low-carbons scenario creation method for a local-scale economy and its application in Kyoto city [J]. Energy Policy, 2009.

[39] He, Zhiliang, Hong Huo. Vehicle-use intensity in China: Current status and future trend [J]. Energy Policy, 2011.

[40] Cheng Y. H., Shukla P. R., Mccollum D. Chang Y. H, Lu I. J. Urban Transportation Energy and Carbon Dioxide Emission deduction Strategies [J]. Applied Energy 2015, 157: 953 - 973.

[41] Shukla P. R. Dhar S. Energy Policies for Low Carbon Sustainable L. Achieving Long-term Energy Transport and Climate Transport in Asia [J]. Energy Policy 2015, 81: 170 - 175.

[42] Tobey J., The Effects of Domestic Environmental Policies on Patterns of World Trade: An Empirical Test [J]. Kyklos, 1990, 43 (2).

[43] Copeland B. R., and M. S. Taylor. North-South Trade the Environment [J]. Quarterly Journal of Economics. 1994, (109).

[44] Liddle B., Free Trade and the Environment-development [J]. Ecological Economics, 2001, (39).

[45] Babiker M. H., Climate Change Policy, Market Structure, and Carbon Leakage [J]. Journal of International Economics, 2005, 65: 421 - 445.

[46] Levinson A., and M. S. Taylor. Unmasking the Pollution Haven Effect [J]. International Economic Review, 2008, (49).

[47] Glaeser, Kahn. Low Carbon Transport [J]. A Greener Future, 2009, 7 (1): 12 - 13.

[48] Nakano S. A., and N. Okamura the Harmonized Input-output and the Measurement of CO_2 Embodiment Trade Database [R]. Cambodia Paris menu in International Trade: Evidence from DECD, STIW Working Paper, 2009.

[49] Marilyn A. , Brown, Frank South worth, Andrea Korzybski. The geography of metropolitan carbon footprints [J]. Policy and Society. 2009 (4) .

[50] Peters G. , J. Minx, C. L. Weber, and Federation. Growth in Emission Transfers via International Trade from 1990 to 2008 [J]. National Academy of Sciences, 2011, 108 (21) .

[51] SU B. , THOMSON, E. China's Carbon Emissions Embodied in Driving Forces, 2006 – 2012 [J]. Energy Exports and Economics (Normal and Processing), 2016 (59) 414 – 422.

[52] L. J. Schipper, R. Haas, C. Einsteinium. Recent Trends in Residential Energy Use in OECD Countries and their Impact on Carbon Dioxide Emissions: A Comparative Analysis of the Period 1973 – 1992 [J]. Mitigation and Adaptation Strategies for Global Change, 1996, 1 (2) .

[53] Mazzarino M. , The economics of the greenhouse effect: evaluating the climate change impact due to the transport sector in Italy [J]. Energy Policy, 2000, 28 (13): 957 – 966.

[54] De Haan P. , Peters A. , Scholz R. W. , Reducing Energy Consumption in Road Transport through Hybrid Vehicles: Investigation of Rebound Effects, and Possible Effects of Tax Rebates [J]. Journal of Cleaner Production, 2007, 15 (11): 1076 – 1084.

[55] Gonzalez P. F. , LAnda. JOM. Tracking European Union CO_2 emissions through LMDI (logarithmic mean divisible index) decomposition. The activity revaluation approach [J]. Energy Policy, 2009 (8): 3259 – 3267.

[56] Wang W. W. , Zhang M. , Zhou M. , Using LMDI Method to Analyze Transport Sector CO_2, Emissions in China [J]. Fuel &Energy Abstracts. 2011, 36 (10): 5909 – 5915.

[57] Zhang M. , Li H. N. , Zhou M. , et al. Decomposition Analysis of Energy Consumption in Chinese Transportation Sector [J]. Applied Energy, 2011, 88 (6): 2278 – 2285.

[58] Chung W. , Zhou G. , Yeung I. M. H. , A Study of Energy Efficiency of

Transport Sector in China from 2003 to 2009 [J]. Applied Energy, 2013, 112 (16): 1066 - 1077.

[59] Tiwari P. Gulati M. An Analysis of Trends in Passenger and Freight Transport Energy Consumption in India [J]. Research in Transportation Economics, 2013, 38 (1): 84 - 90.

[60] Azlina A. A. , Law S. H. , Mustapha N. H. N. Dynamic Linkages among Transport Energy Consumption, Income and CO_2 Emission in Malaysia [J]. Energy Policy, 2014, 73 (10): 598 - 606.

[61] Jiang J. , A Factor Decomposition Analysis of Transportation Energy Consumption and Related Policy Implications [J]. IATSS Research, 2015, 38 (2): 142 - 148.

[62] LIN S. , ZHAO D. , Marinovad. Analysis of the environment impact of China based on STIRPAT model [J]. Environmental Impact Assessment Review, 2009, 29 (6): 341 - 347.

[63] Cui Q. , Li Y. , An Empirical Study on the Influencing Factors of Transportation Carbon Efficiency: Evidences from Fifteen Countries [J]. Applied Energy, 2015, 141: 209 - 217.

[64] Maja I. Piecyk. Forecasting the carbon footprint of road freight transport in 2020 [J]. International Journal of Production Economics Elsevier journal, 2009 (8): 127 - 156.

[65] Yan R. J. Crookes. Reduction potentials of energy demand and GHG emissions in China's road transport sector [J]. Energy Policy. 2009.

[66] Yan R. J. Crookes. Reduction potentials of energy demand and GHG emissions in China's road transport sector [J]. Energy Policy. 2009.

[67] Phdungsilp A. , Integrated energy and carbon modeling with a decision support system: Policy scenarios for low carbon city development in Bangkok [J]. Energy Policy, 2010.

[68] Mielnik O. , Goldem berg J. , The Evolution of the Carbonation Index in Developing Countries [J]. Energy Policy, 2005, 27 (5): 307 - 308.

[69] Sun J. W., The Decrease of CO_2 Emission Intensity Is Deodorization at National and Global Levels [J]. Energy Policy, 2005, 33 (8): 975 - 978.

[70] Jose L., Zofio, Angel M. Prieto. Measuring Productive Efficiency in Input-Output Models by Means of Data Envelopment Analysis [J]. International Review of Applied Economics, 2007, 21 (4).

[71] Zhou P., Ang B. W., Han J. Y., Total Factor Carbon Emission Performance: A Malmquist Index Analysis [J]. Energy Economics, 2010, 32 (1): 194 - 201.

[72] Li D. Z., Chen H. X., Hui E., et al. A Methodology for Estimating the Life-cycle Carbon Efficiency of a Residential Building [J]. Building and environment, 2013, 59: 448 - 455.

[73] William W. Cooper, Lawrence M. Seiford, Kaoru Tone. Data Envelopment Analysis [M]. Springer US: 2007.

[74] Dana Madorsky-Feldman, Miri Sklair-Levy, Tamar Perri et al. An International Survey of Surveillance Schemes for Unaffected BRCA1 and BRCA2 Mutation Carriers [J]. Breast Cancer Research and Treatment, 2016, 157 (2).

[75] Arun B. Mullaji, Siddharth Shah, Gautam M Shetty. Mobile-bearing medial unicompartmental knee arthroplasty restores limb alignment comparable to that of the unaffected contralateral limb [J]. Acta Orthopaedics, 2017, 88 (1).

[76] Marco Mazzarino. The Economics of the Greenhouse Effect: Evaluating the Climate Change Impact due to the Transport Sector in Italy [J]. Energy Policy, 2000, 28 (13).

[77] Chester Mikhail, Martin Elliot, Sathaye Nakul. Energy, Greenhouse gas, and Cost Reductions for Municipal Recycling Systems. [J]. Environmental Science & Technology, 2008, 42 (6).

[78] Zhou Zhou, Hu Shanshan, Wang Binbin, Zhou Nan, Zhou Shiyi, Ma Xu, Qi Yanhua. Mutation analysis of Congenital Cataract in a Chinese Family Identified a Novel Missense Mutation in the Connery 46 gene

(GJA3) [J]. Molecular Vision, 2010, 16.

[79] Quaas, M., and A. Lange. Economic Geography and Urban Environmental Pollution [R]. Discussion Paper, 2004.

[80] Kheder, S. B., Geography Model and NZugravu. Environmental Regulation and French Firms International Comparative Study [J]. Ecological Economic Location Abroad: An Economic In ans, 2012, 77 (3): 48-61.

[81] Desmet K. and E. Rossi-Hansberg. Spatial Development [J]. American Economic Review, 2014.

[82] Desmet K. and E. Rossi-Hansberg. On the Spatial Economic Impact of Global Warming [J]. Journal of Urban Economics, 2015, 88 (1): 16-37.

[83] Garbaccio, R. E., M. S. HO and D. W. Jorgenson, Modeling the health benefits of carbon emissions reductions in China [R]. Kennedy School of Government, Harvard University, 2000, (8).

[84] Bjtrner, T. B., and H. H. Jensen. Energy Taxes, Voluntary Agreements and Investment Subsidies-A Panel Analysis of the Effect on Danish Industrial Companies' Energy Demand [J]. Resource & Economics, 2002, 24 (3): 229-249.

[85] Richard H., Regulating stock externalization under uncertainty [J]. Journal of environmental economics and management, 2003, (45): 416-432.

[86] James Hansen. Optimal Emissions Taxation under Imperfect Competition in a durable good Industry [J]. Bulletin of Economic Research, 2008, (56): 115-132.

[87] Jiang Bing. China's Energy Development Strategy Under Low-carbon Economy [J]. Energy, 2010, 12 (4): 1-8.

[88] Miller S., and M. A. Vela. Are Environmentally Related Taxes Effective [R]. IDB Working, Paper, 2013.

[89] Elkins P., BakerT. Carbon taxes and carbon emissions trading [J]. Journal of Economic Surveys, 2001 (15).

[90] Gerlagh R. , and W. Lise. Carbon Taxes: A Drop in the Ocean, or a Drop that Erodes the Stone? The Effect of Carbon Taxes on Technological Change [J]. Ecological Economics 2005, 54 (2): 241 -260.

[91] Symons, Smith. Carbon Taxer, Consumer demand and carbon dioxide e-missions: a simulation analysis for the UK [J]. Fiscal Studies, 1994, (2): 19 -43.

[92] Speck. S. A future for carbon taxes [J]. Ecol Econ, 2000, (32): 395 -412.

[93] William K. Jaeger. The welfare cost of a global carbon tax when tax reve-nues arerecycled [J]. Resource and Energy Economics, 1995, 17: 47 -67.

[94] Takeo Takeda, Yoshio Hatae. Japanese experience of screening [J]. Medical and pediatric Oncology, 2006 (20): 90 -98.

[95] Cornwell, Creedy. Carbon taxation, price and inequality in Australia [J]. Fiscal Studies 1996 (3): 21 -38.

[96] Symons E. J. , The distributional effects of European Pollution and Ener-gy taxes [J]. The International Energy Experience: Markets, Regula-tion and Environment Conference Proceedings, 1997.

[97] Stefano F. , Verde, Richard S. , The Distributional Impact of a Carbon Tax in Ireland [R]. The Economics and Social Review. 2009.

[98] Creedy, Martin. Carbon Taxation, fuel Substitution and welfare in Aus-tralia [J]. Australian Economic Review 2006, (1): 32 -48.

[99] Simon, Paul. Carbon taxes in England [J]. Public England and Man-agement, 2006 (3) .

[100] Gregmar I. Galinato, Jonathan K. Yoder. An integrated tax-subsidy poli-cy for carbon emission reduction [J]. Resource and Energy Econom-ics, 2010, (32): 310 -326.

[101] Klaus Conrad, The Optimal Path of Energy and CO_2 Taxes for Inter temporal Resource Allocation and Improved Energy Efficiency [M]. Arbiters paper, 2002.

[102] Anton Orlov, Harald Grethe, Scott Mc Donald, Carbon taxation in

Russia: Prospects for a Double Dividend and Improved Energy Efficiency [J]. Energy Economics, Vol. 37, No. 5 (2013): 128 - 140.

[103] A. Baranzini, J. Goldemberg S Speck. A Future for Carbon Taxes [J]. Ecological Economics, 2000 (4).

[104] Toshihiko Nakata, Policy, Alan Lamont. Analysis of the impacts of carbon taxes on energy systems in Japan [J]. Energy 2001, (29): 159 - 166.

[105] Floros. N., Vlachou. A. Energy demand and Energy-related CO_2 emission in Greek manufacturing: assessing the impact of a carbon [J]. Energy Economics, 2005, (27): 21 - 26.

[106] Wissema. W., Dellink. RAGE analysis of the impact of a carbon energy tax on the Irish economy [J]. Ecological Economics, 2007, 61 (4).

[107] Yin X., Chen W., Eom J., et al. China's Transportation Energy Consumption and CO_2 Emissions from a Global Perspective [J]. Energy Policy, 2015, 82 (1): 233 - 248.

[108] V. V. Klimenko, O. V. Mikushin, A. G. Tereshin. Do We Really Need a Carbon Tax? [J]. Applied Energy, 1999, (64).

[109] Gerlagh R., Lise W., Carbon taxes on technological change. The effect of carbon taxes: a drop in the ocean, or Ecological economics, a drop that erodes thestone? [J]. 2005, (54): 241 - 260.

[110] Lin, B. Q., and X. Li. The Effect of Carbon Tax on Per Capital CO_2 Emissions [J]. Energy Policy, 2011, 39 (9): 5137 - 5146.

[111] Hofer C., Sner M. E., Windle R. J. The Environmental Effects of Airline Carbon Emissions Taxation in the US [J]. Transportation Research Part D: Transport and Environment, 2010, 15 (1): 37 - 45.

[112] Kunert U., Kuhfeld H., The diverse structures of passenger car taxation in Europe and the EU commissions proposal for reform [J]. Transport Policy 2007, 14 (4): 306 - 316.

[113] Cohen-Blankshtain G., Framing transport environmental policy: the case of. company car taxation in Israel Transportation Research Part D

[J]. Transport and Environment2008, 13 (2): 65 74.

[114] Fu M. Kelly J A. Carbon related taxation policies for road transport: efficacy of ownership and usage taxes and the role of public; transport and motorist cost perception on policy outcomes [J]. Transport Policy, 2012, (22): 57 -69.

[115] Chunark P., Promjiraprawat K., Limm eechokchai B. Impacts of CO_2 reduction target and taxation on Thailand spewer system planning towards 2030 [J]. Energy Procedia, 2014, 52: 85 -92.

[116] Andrea Baranzini, Jose' Gold em-berg, Stefan Speck. A future for carbon taxes [J]. Ecological Economics, 2000, 32: 395 -412.

[117] Bruvoll A., Larsen B. M., Greenhouse gas emissions in Norway: do carbon taxes work [J]. Energy Policy, 2004.

[118] Treffers T., Faaij A. P. C., Sparkman J., Segregates, A. Exploring the Possibilities for Setting up Sustainable Energy Systems for the Long Term: Two Visions for the Dutch Energy System in 2050 [J]. Energy Policy, 2005.

[119] Manne A. S., Richels R., Global CO_2 Emission Reductions the impacts of Rising Energy Costs [J]. Energy Journal, 1991.

[120] Lawrence. H. Goulder, Energy taxes: traditional efficiency effects and environmental implications [J]. Tax policy and the economy, MIT press. 1994: 105 -108.

[121] Rogge, Hubble. Toward a New Conception of the Environment-Competitiveness Relationship [J]. Journal of Economic Perspectives, 1995 (9).

[122] Bernard P. Herber, Jose T. Raga. An International carbon tax to combat global warming: an economic and political analysis of the European Union proposal [J]. American Journal of Economics and Sociology. 1995.

[123] Benjaafar S., Li Y., Daskin M., Carbon footprint and the management models [J]. IEEE abstractions on Automation Science and Engineering, of supply chains: Insights from simple 2013, 10 (1): 99 -

116.

[124] Tol R. S. J. , The social cost of carbon: Trends, outlines and catastrophes [J/OL]. Economics: The Open-Access, Open-Assessment E Journal, Vol. 2, 2008 -25.

[125] Frank R. H. , Carbon tax silence, overtaken by events [N]. The New York times, 2012 -8 -25.

[126] Bernard P. Herber, Jose T. Raga. An International carbon tax to combat global warming: an economic and political analysis of the European Union proposal [J]. American Journal of Economics and Sociology. 1995.

[127] Chen Y. , Fan Y. Coping with Technology Uncertainty in Transportation Fuel Portfolio Design [J]. Transportation Research Part D: Transport & Environment, 2014, 32 (5): 354 -361.

[128] Kim J. , Moon I. , The role of hydrogen in the road transportation sector for a sustainable energy system: a case study of Korea [J]. International Journal of Hydrogen Energy, 2008, 33 (24): 7326 -7337.

[129] Ahanchian M. , Biona J. B. M. Energy Demand, Emissions Forecasts and Mitigation Strategies Modeled over a Medium-Range Horizon: The Case of the Land Transportation Sector in Metro Manila [J]. Energy Policy, 2014, 66 (1): 615 -629.

[130] 陈诗一:《能源消耗、二氧化碳排放与中国工业的可持续发展》,《经济研究》2009 年第 4 期。

[131] 高标、许清涛、李玉波等:《吉林省交通运输能源消费碳排放测算与驱动因子分析》,《经济地理》2013 年第 9 期。

[132] 谢守红、蔡海亚、夏刚祥:《中国交通运输业碳排放的测算及影响因素》,《干旱区资源与环境》2016 年第 5 期。

[133] 魏庆琦、赵嵩正、肖伟:《我国交通运输结构优化的碳减排能力研究》,《交通运输系统工程与信息》2013 年第 3 期。

[134] 张陶新:《中国城市化进程中的城市道路交通碳排放研究》,《中国人口·资源与环境》2012 年第 8 期。

[135] 朱长征:《基于协整分析的我国交通运输业碳排放影响因素研究》,

《公路交通科技》2015 年第 1 期。
[136] 沈满洪、池熊伟:《中国交通部门碳排放增长的驱动因素分析》,《江淮论坛》2012 年第 1 期。
[137] 肖宏伟、易丹辉:《基于时空地理加权回归模型的中国碳排放驱动因素实证研究》,《统计与信息论坛》2014 年第 2 期。
[138] 李建豹、黄贤金、吴常艳、周艳、徐国良:《中国省域碳排放影响因素的空间异质性分析》,《经济地理》2015 年第 11 期。
[139] 张诗青、王建伟、郑文龙:《中国交通运输碳排放及影响因素时空差异分析》,《环境科学学报》2017 年第 12 期。
[140] 许海平:《空间依赖、碳排放与人均收入的空间计量研究》,《中国人口·资源与环境》2012 年第 9 期。
[141] 吴玉鸣、吕佩蕾:《空间效应视角下中国省域碳排放总量的驱动因素分析》,《桂海论丛》2013 年第 1 期。
[142] 武红:《中国省域碳减排:时空格局、演变机理及政策建议——基于空间计量经济学的理论与方法》,《管理世界》2015 年第 11 期。
[143] 张翠菊、张宗益:《中国省域碳排放强度的集聚效应和辐射效应研究》,《环境科学学报》2017 年第 3 期。
[144] 李灵杰、吴群琪:《交通运输碳排放强度时空特征分析——以“一带一路”沿线中国西北地区为例》,《大连理工大学学报》(社会科学版)2018 年第 7 期。
[145] 卢升荣、蒋惠园、刘瑶:《交通运输业 CO_2 排放区域差异及影响因素》,《交通运输系统工程与信息》2017 年第 2 期。
[146] 宋德勇、刘习平:《中国省际碳排放空间分配研究》,《中国人口·资源与环境》2013 年第 5 期。
[147] 孙亚男、刘华军、刘传明、崔蓉:《中国省际碳排放的空间关联性及其效应研究——基于 SNA 的经验考察》,《上海经济研究》2016 年第 2 期。
[148] 张为付、李逢春、胡雅蓓:《中国 CO_2 排放的省际转移与减排责任度量研究》,《中国工业经济》2014 年第 3 期。
[149] 李磊:《经济开放区域的贸易隐含碳测算及转移分析——以新疆为例》,《经济研究》2012 年第 1 期。

[150] 孙立成、程发新、李群：《区域碳排放空间转移特征及其经济溢出效应》，《中国人口·资源与环境》2014 年第 8 期。

[151] 彭水军、张文城、卫瑞：《碳排放的国家责任核算方案》，《经济研究》2016 年第 4 期。

[152] 钟章奇、张旭、何凌云、陈博文：《区域间碳排放转移、贸易隐含碳结构与合作减排——来自中国 30 个省区的实证分析》，《国际贸易问题》2018 年第 6 期。

[153] 刘佳骏、史月、汪川：《中国碳排放空间相关与空间溢出效应研究》，《自然资源学报》2015 年第 8 期。

[154] 林伯强、邹楚沅：《发展阶段变迁与中国环境政策选择》，《中国社会科学》2014 年第 5 期。

[155] 张友国：《区域间供给驱动的碳排放溢出与反馈效应》，《中国人口·资源与环境》2016 年第 4 期。

[156] 张友国：《区域碳减排的经济学研究评述》，《学术研究》2017 年第 1 期。

[157] 刘建翠：《中国交通运输部门节能潜力和碳排放预测》，《资源科学》2011 年第 4 期。

[158] 高标、许清涛、李玉波、何欢：《吉林省交通运输能源消费碳排放测算与驱动因子分析》，《经济地理》2013 年第 9 期。

[159] 方国斌、马慧敏、宋国君：《中国交通运输能源效率及其影响因素分析——基于三阶段 DEA 和 GWR 方法》，《统计与信息论坛》2016 年第 11 期。

[160] 柴建、邢丽敏、卢全莹、胡毅、汪寿阳：《中国交通能耗核心影响因素提取及预测》，《管理评论》2018 年第 3 期。

[161] 杨柳、韩兆兴、林洁、徐洪磊、衷平、张帆、沈珍瑶：《基于 LEAP 的北京城市客运体系 CO_2 减排潜力评估》，《北京师范大学学报》（自然科学版）2015 年第 2 期。

[162] 王会芝：《交通能源消费碳排放情景预测研究——以天津市为例》，《干旱区资源与环境》2016 年第 7 期。

[163] 马海涛、康雷：《京津冀区域公路客运交通碳排放时空特征与调控预测》，《资源科学》2017 年第 7 期。

[164] 张宇、蒋殿春：《监管与中国水污染——基于产业结构与技术进步分解指标的实证检验》，《经济学》（季刊）2014 年第 1 期。

[165] 景维民、张璐：《环境管制、对外开放与中国工业的绿色技术进步》，《经济研究》2014 年第 9 期。

[166] 邓荣荣、长株潭：《两型社会建设试点的碳减排绩效评价基于双重差分方法的实证研究》，《软料学》2016 年第 9 期。

[167] 马大来、武文丽、董子铭：《中国工业碳排放绩效及其影响因素——基于空间面板数据模型的实证研究》，《中国经济问题》2017 年第 1 期。

[168] 周杰琦、汪同三：《FDI、要素市场扭曲与碳排放绩效——理论与来自中国的证据》，《国际贸易问题》2017 年第 7 期。

[169] 吴开亚、何彩虹、王桂新、张浩：《上海市交通能源消费碳排放的测算与分解分析》，《经济地理》2012 年第 11 期。

[170] 李健、景美婷、苑清敏：《绿色发展下区域交通碳排放测算及驱动因子研究——以京津冀为例》，《干旱区资源与环境》2018 年第 7 期。

[171] 袁长伟、张帅、焦萍、武大勇：《中国省域交通运输全要素碳排放效率时空变化及影响因素研究》，《资源科学》2017 年第 4 期。

[172] 欧阳斌、凤振华：《低碳交通运输规划方法与实证》，人民交通出版社 2018 年版。

[173] 王亚华、吴凡、王争：《交通行业生产率变动的 Bootstrap-Malmquist 指数分析（1980—2005）》，《经济学》（季刊）2008 年第 4 期。

[174] 王群伟、周鹏、周德群：《我国二氧化碳排放绩效的动态变化、区域差异及影响因素》，《中国工业经济》2010 年第 1 期。

[175] 张璐璐、吴威、刘斌全：《基于 DEA-Malmquist 指数的长江三角洲地区公路交通运输效率评价与分析》，《中国科学院大学学报》2017 年第 6 期。

[176] 柴建、邢丽敏、周友洪、魏宝来、汪寿阳：《交通运输结构调整对碳排放的影响效应研究》，《运筹与管理》2017 年第 7 期。

[177] 中国 2007 年投入产出表分析应用课题组，许宪春、彭志龙、刘起

运、佟仁城、李善同、何建武、刘云中、许召元：《“十二五”至2030年我国经济增长前景展望》，《统计研究》2011年第1期。
[178] 邓子基：《低碳经济与公共财政》，《当代财经》2010年第4期。
[179] 苏明、傅志华、许文、王志刚、李欣、梁强：《我国开征碳税问题研究》，《经济研究参考》2009年第72期。
[180] 苏明、许文：《中国环境税改革问题研究》，《财政研究》2011年第2期。
[181] 高鹏飞、陈文颖：《碳税与碳排放》，《清华大学学报》（自然科学版）2002年第10期。
[182] 杨超、王锋、门明：《征收碳税对二氧化碳减排及宏观经济的影响分析》，《统计研究》2011年第7期。
[183] 潘文卿：《碳税对中国产业与地区竞争力的影响：基于CO_2排放责任的视角》，《数量经济技术经济研究》2015年第6期。
[184] 贺菊煌、沈可挺、徐嵩龄：《碳税与二氧化碳减排的CGE模型》，《数量经济技术经济研究》2002年第10期。
[185] 王灿、陈吉宁、邹骥：《基于CGE模型的CO_2减排对中国经济的影响》，《清华大学学报》（自然科学版）2005年第12期。
[186] 朱永彬、刘晓、王铮：《碳税政策的减排效果及其对我国经济的影响分析》，《中国软科学》2010年第4期。
[187] 梁伟：《基于CGE模型的环境税“双重红利”研究》，天津大学，2013年。
[188] 娄峰：《碳税征收对我国宏观经济及碳减排影响的模拟研究》，《数量经济技术经济研究》2014年第10期。
[189] 叶金珍、安虎森：《开征环保税能有效治理空气污染吗》，《中国工业经济》2017年第5期。
[190] 蔡博峰：《国际机动车碳税经验》，《环境保护》2011年第1期。
[191] 张海星：《论混合型碳排放控制模式的理论与现实路径》，《税务研究》2015年第9期。
[192] 段茂盛、张芃：《碳税政策的双重政策属性及其影响：以北欧国家为例》，《中国人口·资源与环境》2015年第10期。
[193] 刘建梅：《经济新常态下碳税与碳排放权交易协调应用政策研究》，

中央财经大学，2016 年。
[194] 中国财政科学研究院课题组，傅志华、程瑜、许文、施文泼、樊轶侠：《在积极推进碳交易的同时择机开征碳税》，《财政研究》2018 年第 4 期。
[195] 魏庆琦、赵嵩正、肖伟：《资源环境税对交通运输碳排放强度调节效应的实证研究》，《软科学》2013 年第 6 期。
[196] 符淼、孙宇：《交通碳税对我国碳排放、社会福利及税收收入的影响分析——基于 TREMOVE 模型》，《重庆工商大学学报》（社会科学版）2015 年第 2 期。
[197] 陈雷、林柏梁、王龙、温旭红、李建：《基于碳减排政策的多式联运运输方式选择优化模型》，《北京交通大学学报》2015 年第 3 期。
[198] 李峰、王文举：《居民生活消费碳税开征的公平性——以征收汽车碳税为例》，《经济与管理研究》2016 年第 12 期。
[199] 李剑、苏秦：《考虑运输过程的供应链减排模型研究》，《中国管理科学》2017 年第 2 期。
[200] 张丽：《航海碳税与我国航运业绿色发展道路》，《中国航海》2018 年第 1 期。
[201] 马蔡琛、苗珊：《后哥本哈根时代全球环保税制改革实践及其启示》，《税务研究》2018 年第 2 期。
[202] 李茜：《中国交通运输低碳发展政策研究》，人民交通出版社 2018 年版。
[203] 高萍：《开征碳税的必要性、路径选择与要素设计》，《税务研究》2011 年第 1 期。
[204] 姚昕、刘希颖：《基于增长视角的中国最优碳税研究》，《经济研究》2010 年第 11 期。
[205] 司言武：《环境税经济效应研究：一个趋于全面分析框架的尝试》，《财贸经济》2010 年第 10 期。
[206] 周艳菊、胡凤英、周正龙、周雄伟：《最优碳税税率对供应链结构和社会福利的影响》，《系统工程理论与实践》2017 年第 4 期。
[207] 樊勇、张宏伟：《碳税对我国城镇居民收入分配的累退效应与碳补

贴方案设计》，《经济理论与经济管理》2013 年第 7 期。

[208] 陆旸：《中国的绿色政策与就业：存在双重红利吗?》，《经济研究》2011 年第 7 期。

[209] 毛艳华、钱斌华：《基于 CGE 模型的分区域碳税从价征收税率研究》，《财政研究》2014 年第 9 期。

[210] 许士春、张文文：《不同返还情景下碳税对中国经济影响及减排效果——基于动态 CGE 的模拟分析》，《中国人口 · 资源与环境》2016 年第 12 期。

[211] 李虹、熊振兴：《生态占用、绿色发展与环境税改革》，《经济研究》2017 年第 52 卷第 7 期。

[212] 王金南：《中国环境税收政策设计与效应研究》，中国环境出版社 2015 年版。

[213] 欧阳斌、郭杰、李忠奎、褚春超：《中国交通运输低碳发展的战略构想》，《中国人口 · 资源与环境》2014 年第 3 期。

[214] 李茜：《我国发展低碳交通迫在眉睫》，《宏观经济管理》2016 年第 4 期。

[215] 崔强、徐鑫、匡海波：《基于 RM-DEMATEL 的交通运输低碳化能力影响因素分析》，《管理评论》2018 年第 1 期。

[216] 杨建新：《论丝绸之路的产生、发展和运行机制》，《西北史地》1995 年第 2 期。

[217] 孙启鹏、马飞、刘丹、朱文英：《丝绸之路经济带国际运输通道》，西安交通大学出版社 2016 年版。

[218] 王锦平：《城市汽车尾气排放与环境污染及其防治对策》，《科技信息》2013 年第 1 期。

[219] Tobler W. R. , Lattice Tuning. Geographical Analysis, 1997, 11 (1): 36 – 44.

[220] Getis A. , Ord J. K. , The analysis of spatial association by the use of distance statistician, 1992, (5): 115 – 145.

[221] Ord J. K. , Getis A. , Local Auto-correlation Statistics: Distributional Issues and an Application. Geographical Analysis, 1995, 27 (4): 286 – 306.

[222] 李锡钦：《结构方程模型：贝叶斯方法》，高等教育出版社 2011 年版。

[223] Song X. Y. , Lee S. Y. Bayesian Estimation and Test for Factor Analysis Model with Continuous and Polysemous Data in Several Populations [J]. British Journal of Mathematical and Statistical Psychology, 2001, 54 (2): 237 -263.

[224] Litterman R. B. Forecasting with Bayesian Vector Auto-Regressions: Five Years of Experience [J]. Journal of Business and Economic Statistics, 1986, 4 (7): 5 -15.

[225] 傅志寰、胡思继、姜秀山等：《中国交通运输中长期节能问题研究》，人民交通出版社 2011 年版。

[226] Ang, B. W. , &Liu, N. Handling zero values in the logarithmic mean Divisible index decomposition approach [J]. Energy Policy, 2007, 35 (1): 238 -246.

[227] 周银香:《基于 CGE 模型的交通碳税政策效应模拟分析》，浙江财经大学，2018 年。

[228] 李志俊、原鹏飞：《去产能战略的影响评价及建议——基于动态 CGE 模型的研究》,《中国软科学》2018 年第 1 期。

[229] 梁伟、张慧颖、姜巍：《环境税“双重红利”假说的再检验——基于地方税视角的分析》,《财贸研究》2013 年第 4 期。

[230] [英] 约翰·希克斯 (John Richard Hicks):《价值与资本》，薛蕃康译，商务印书馆 1939 年版。

[231] 陈建华、刘学勇、秦芬芬：《CGE 模型在交通运输行业的引入研究》,《北京交通大学学报》(社会科学版) 2013 年第 7 期。

[232] 黄卫来、张子刚:《CGE 模型参数的标定与结果的稳健性》，《数量经济技术经济研究》1997 年第 12 期。

[233] 肖皓:《金融危机时期中国燃油税征收的动态一般均衡分析与政策优化》，湖南大学，2009 年。

[234] 郭正权:《基于 CGE 模型的我国低碳经济发展政策模拟分析》，中国矿业大学，2011 年。

[235] 陈诗一：《能源消耗、二氧化碳排放与中国工业的可持续发展》，

《经济研究》2009 年第 4 期。
[236] 徐国泉：《中国碳排放的因素分解模型及实证分析：1995—2004》，《中国人口·资源与环境》2006 年第 6 期。
[237] 钱斌华：《助推低碳经济的碳税政策研究》，立信会计出版社 2012 年版。
[238] 王克：《基于 CGE 模型的技术变化模拟及其在气候政策分析中的应用》，清华大学，2008 年。
[239] 吴玉鸣：《我国区域能源利用效率的随机性趋同研究》，《经济科学》2009 年第 6 期。
[240] 张军、吴桂英、张吉鹏：《中国省际物质资本估算：1952—2000》，《经济研究》2004 年第 10 期。
[241] 杨颖：《我国开征碳税的理伦基础与碳税制度设计研究》，《宏观经济研究》2017 年第 10 期。
[242] 欧阳向英：《中亚交通一体化与丝绸之路经济带政策的协调》，《俄罗斯东欧中亚研究》2016 年第 2 期。
[243] 孙久文、李恒森：《我国区域经济演进轨迹及其总体趋势》，《改革》2017 年第 7 期。
[244] 潘海啸：《低碳城市的高品质交通政策、体系与创新》，同济大学出版社 2011 年版。

致　谢

本书是在我博士学位论文基础上修改完成的。首先要感谢的就是我的导师——张映芹教授，她给了我读博的机会，为我开启了学术研究的大门。她知识渊博、治学严谨、思维敏捷，对待学生就像慈母般温柔，在学术遇到困难时，她总是宽容地笑着对我说："科学研究的道路不可能一帆风顺"，必须要有旺盛的精力和充沛的时间，做到信心、用心、耐心、恒心"四心合一"。恩师无论是在学习研究，还是工作生活，都给了我极大的帮助。在毕业论文写作过程中，从论文选题，到最后定稿，无不倾注着老师的心血。在工作方面也给了我许多有益的建议和经验，减轻了许多工作方面的压力。在此向老师表示最真诚的谢意。

其次要感谢在师大求学期间的老师们，我得到了许多老师的教诲和真诚帮助，他们是：张治河教授、雷宏振教授、李忠民教授、周晓唯教授、孔祥利教授、王琴梅教授、刘地久教授、曹培慎教授及庞红老师等，他们的授课深入浅出，精彩连连，对我的论文提出了许多富有建设性的修改意见。

当然，还要感谢我的博士同学，他们分别是：卓玛草、王平、吴雪、李斌、鲜路、孙军娜；以及同门师弟、师妹们，他们分别是：刘志鹏、王萌、高爱雄、郭维维、许易、张瑞芳、冯亚江等，感谢他们在我博士论文写作期间给予的鼓励和帮助。

感谢岳母为我家庭及孩子的付出，感谢父母哥嫂对我的牵挂和思念，祝愿所有关心我的亲人们健康长寿！感谢贤惠妻子的帮助和乖巧女儿的支持。妻子在繁忙的教学科研之余，为我著作查阅资料，耐心帮我分析思路，同时还承担了照顾老人和家庭的重任。

本书能顺利出版非常感谢中国社会科学出版社各位领导及张林编辑的大力支持和关怀，在编辑出版过程中，张林老师提出了许多中肯的建议，在此，我谨向所有支持、关怀我的人士表示最诚挚的感谢！

最后，感谢我的工作单位西安财经大学的各位领导和老师们对我学业的支持与帮助。本书即将出版，对我而言在以后的道路中仍需要再接再厉。我想，这是对于我的家人以及曾经帮助过我的各位人士的最好报答。希望我的工作不会辜负他们对我的殷切期望。